BEAST WARS™
UNIVERSE
JN063566

CHRONICLES of CYBERTRON

THE TRANSFORMERS : SEASON 1-2

「戦え！超ロボット生命体トランスフォーマー」

第1シーズン（1～16話）と、第2シーズン（17～65話）からなる。機械惑星サイバートロンから来た、オプティマス・プライム率いる善の"オートボッツ"と、メガトロン率いる悪の"ディセプティコンズ"の抗争を描く。両者を乗せた宇宙船は400万年前に地球へ墜落、1984年に火山の爆発で目覚める。エネルギー資源を巡る攻防戦の中、スパイク少年ら地球人と交流した。第2シーズンからは時間旅行や宇宙活劇など多彩なエピソードが続出し、ベクターシグマ等、TFの創成や歴史に関わる要因も登場した。

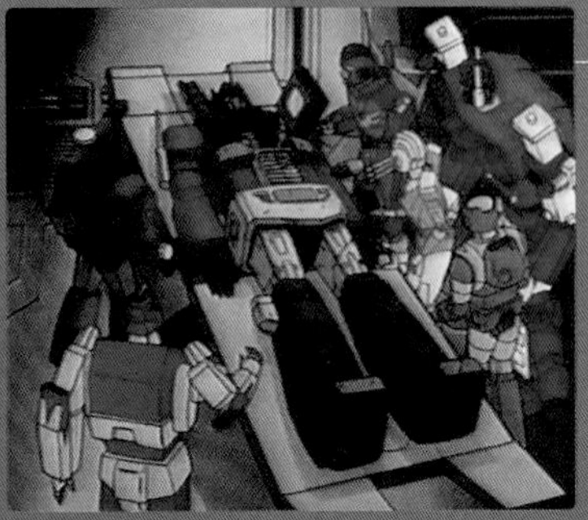

THE TRANSFORMERS : THE MOVIE

「トランスフォーマー　ザ・ムービー」

20年後の西暦2005年が舞台の映画版。ディセプティコンズ、惑星サイバートロンを支配下に。オプティマス・プライム戦死、リーダーの証"メイトリクス"委譲される。スタースクリーム、メガトロンを排除しリーダーを襲名する。ユニクロン出現、メガトロンをガルバトロンへと再生、メイトリクスの破壊を命じる。若き騎士ホットロッド、選ばれし者としてロディマス・プライムへと変身、メイトリクスの力を解放しユニクロンを滅ぼす。ロディマス、"サイバトロニアン・ウォー"の終結を宣言する。

THE TRANSFORMERS : SEASON 3

「戦え！超ロボット生命体トランスフォーマー2010」

『ザ・ムービー』の後を受け、西暦2006年が舞台の第3シーズン（66～95話）。前期に増してスペースオペラ的色彩が濃厚に。TFの邪悪な創造主クインテッサンズが第三勢力として暗躍する。ガルバトロン、より凶暴に復活し、ロディマス・プライムはリーダー稼業に悪戦苦闘する。ユニクロンの創造者プライマクロンとオラクル登場。オプティマス・プライム奇跡的に復活、ヘイトプレイグ（憎悪感染症）の蔓延に対して、メイトリクスの英知を全銀河に照らし、これを根絶。宇宙に一時の平和が訪れる。

THE TRANSFORMERS:SEASON4 ("THE REBIRTH")

「トランスフォーマー・ザ・リバース」

第4シーズン（96～98話）にあたる3部作。「人間とTFの合体」という新たなテーマを導入。惑星ネビュロスの人類が双方と同盟し、共生進化型TF"ヘッドマスター""ターゲットマスター"が誕生。プラズマエナジーチェンバーの鍵を巡り争奪戦が。オプティマス、「人類との融合が第二の黄金時代をもたらす」との啓示を受ける。発動したチェンバーにより、太陽があわや超新星化。スパイクとネビュロス人、増大した太陽エネルギーをサイバートロンに吸収させ、そのパワーにより黄金時代が再来する。

アニメシリーズが終了した1988年から1991年まで、北米でのTFのメディア展開は、1984年より続くマーヴルコミック版に一任される事になった（コミック版の物語や設定は、アニメと異なる独自の展開を見せていたが、BW制作の際には重要な参考資料となっている）。

その後1993年に、新シリーズ『トランスフォーマーズ・ジェネレーション2（G2）』が、トイ、コミック、TVアニメとそれぞれにシリーズ展開を開始した。ただし全55話のTVアニメは完全新作ではなく、"サイバーネットスペース・キューブの魔術"と称し、G1シリーズのフィルムにCGI加工（メカニカルに縁取りした映像スクリーンを、縦横に入れ替えながら場面転換するという目まぐるしい演出）を施した再編集版だった。また、G2のトイシリーズが、シリーズ第1期のトイの再版からスタートしたため、TVアニメの方でも、選択されたエピソードの殆どが、G1の第1、第2シーズンの「現代編」で占められていた。ことTVアニメに限って言えば、G2とは過去の戦史を振り返るシリーズだったと言えるだろう。

『ビーストウォーズ・トランスフォーマーズ』(以下BW、TF)は、1984年より開始されたTFシリーズの正式な続編である。世界観の継続性を重んじる欧米においては、後にG1(ジェネレーション1、劇中では"グレートウォー"の時代)と呼ばれるシリーズ第1期から、最新作『ビーストマシーンズ』まで連綿と続くTFの物語は、もはや一つの神話(ミトス)とまで呼ばれている。まずはこのTV版正史の流れを、ざっと俯瞰してみよう。

"グレートウォー"とは、古くはG1コミックシリーズから使われて来たTFの大戦争を総括する用語で、その定義には漠然とした所がある(たとえば旧アニメ未来編の時点では、ユニクロンの打倒までを「先のグレートウォー」と称し、その間も何次かの大戦に分けられている)。

BWの劇中で述べられた限りでは、グレートウォーは数百万年前に端を発する第1次と、1984年にアークのTF達の覚醒により地球を中心に起こった第2次に分かれていると推察される。

旧アニメからBWまでの空白期間はおよそ300〜500年(スタッフ談)、グレートウォー終結から300年後とされている。よって、"ザ・リバース"のラストから本格的終戦までは、大きく見積って200年を要した事になる。いずれにせよ、この空白期に、戦争はオートボッツ側の勝利で終わり、和平合意の成立で敵味方共、多くの戦士が退役し、一市民に戻った。それに相前後して新世代のTF"マクシマルズ"と"プレダコンズ"が登場、かくして、この4種族による平和共存の時代が到来した。そして……

BEAST WARS TRANSFORMERS : SEASON 1

「超生命体トランスフォーマー ビーストウォーズ」

9年振りの新作として、第1シーズン(1〜26話)がスタート。3DCGI の導入によりイメージが一新され、ストーリー性とキャラクター描写も充実した。基本はシリアス志向ながら、随所でコミカルな演出の味付けをした娯楽作に仕上がっている。オプティマス・プライマルら新世代のTF達は謎の惑星に不時着。異質な環境に適応すべく原住生物の体構造を取り入れ、ビースト形態を獲得する。惑星の莫大なエナージョン資源は新たな戦争の火種となるため、母星と全銀河の平和を守るべく、ここに"ビーストウォーズ"が開始される。第1シーズンでは両勢力の攻略戦と惑星環境の驚異、そしてその背後に潜むエイリアンの謎が描かれ、また戦力増強の鍵となる"ステイシス・ポッド"の争奪戦や、プロトフォーム、スパーク等、TF誕生の神秘が語られる。中盤からはスタースクリームの客演等、G1との連続性が明確化した。

BEAST WARS TRANSFORMERS : SEASON 2

「超生命体トランスフォーマー ビーストウォーズメタルス」

第2シーズン(27〜39話)では新たな戦力"トランスメタルズ"や"フューザーズ"が登場。惑星上から殆どのエナージョンが消滅し、また惑星の正体が太古の地球であった事実が露見、ゴールデンディスクの真価が明らかになる等、ビーストウォーズに様々な転機が訪れる。中でもダイノボットの去就においてドラマは絶頂を迎え、ここで彼本来のキャラクター性は極限まで昇華される。戦いと勝利のために生き、誇りある死を熱望する彼は、ゴールデンディスクに自己の未来を左右される事を恐れ、運命の支配者が自分自身である事を証明するために苦闘する。最終的に彼は「名誉の死」の機会を自ら選ぶ事で、ディスクの力に打ち勝ったのである。これに前後してメガトロンは最終手段である歴史改変計画に本格着手、山中に眠るオートボット宇宙船アークに侵入して初代オプティマスを破壊。未来を変える時間嵐を巻き起こす。

BEAST WARS TRANSFORMERS : SEASON 3

「超生命体トランスフォーマー ビーストウォーズメタルス」

シリーズの最後を飾る第3シーズン(40〜52話)において、ビーストウォーズは終結。エイリアン"ヴォック"もその姿を現すが、彼らの真の目的は最後まで明かされなかった。また当シーズンでは玩具メーカーの意向が強まり、終盤に至っても新キャラクター、新形態の登場編が連続した。歴史改変の野望は寸前で食い止められ、以後はアークの攻防が主眼に。メガトロンは独自のトランスメタル化技術を完成、新ダイノボットを誕生させる。一方エイリアンは、時間流を乱したメガトロンを破壊すべくタイガーホークを地球へ派遣する。マクシマルズはディセプティコン戦闘艦ネメシスとの決戦で絶対の危機を迎えるが、旧人格を取り戻したダイノボットの協力により逆転、長き戦いは遂にマクシマルズの勝利で決着した。かくしてビーストウォーズは終結したが、トランスフォーマーの戦いの歴史は『ビーストマシーンズ』へと引き継がれて行く…。

THE TRANSFORMER CIVILIZATION

■トランスフォーマー世界の基礎知識

CYBERTRON

惑星サイバートロン

全てのトランスフォーマーの故郷である機械惑星。遥かな太古から機械生命の住む星として存在し、その起源は諸説入り乱れている。また、かつては主星を離れた放浪惑星だったが、現在は何処かの太陽系の直交公転軌道を巡っている。古くは善の"オートボッツ"と悪の"ディセプティコンズ"の二大勢力からなり、悠久の歴史の大部分を、惑星を二分する"グレートウォー"に費やしてきたが、オートボッツの勝利により和平合意が成立、平和共存の時代"パックス・サイバトロニア"を実現した。以後、新世代のTFであるマクシマルズとプレダコンズを加え、この4勢力の代表者からなる最高議会"ハイ・カウンシル"によって統治されている。

MAXIMAL SPACE STATION

マクシマル宇宙ステーション

サイバートロンの軌道を巡る大型宇宙基地。ハイ・カウンシルの管理の下、マクシマル、オートボットの宇宙船舶の中央発着場及び管制中枢として、有事には惑星防衛のための前線戦闘基地として機能する。本編では、ゴールデンディスクを強奪したメガトロンを追って消息不明となった、マクシマル宇宙船アクサロンとその乗員を捜索すべく、各時代に航時探査機テンポラル・プローブを送り出した。

PREDACON COMMAND OUTPOST ONE

プレダコン第一前哨司令基地

サイバートロン星域の外縁部に配置されたプレダコンの司令ステーション。表向きは宇宙観測基地の一つとされているが、一方ではプレダコン同盟の有力な議会組織トライプレダカス・カウンシルの指揮下で、様々な謀略目的に利用されている。内部には多数のプレダコンが勤務し、将軍用の議事室が備えられている(後の解説によっては、劇中の将軍達は当基地ではなく、サイバートロン本星にいるとの見方もある)。

PREDACON WARSHIP

プレダコン・ウォーシップ

プレダコン所属の超時空戦闘艦。メガトロンの一団によって奪われ、ゴールデンディスクに記された"エナージョンの源泉"への渡航に利用された。アクサロンとの戦闘により未知の惑星に墜落、以後プレダコンの司令基地となった。

AXALON

アクサロン

オプティマス・プライマルの指揮する外宇宙探査用超時空航行船。プロトフォームXを遺棄する密命を帯びていたが、メガトロンの戦闘艦を追跡すべく任務を変更、自動追尾した敵艦のワープ航跡に引かれ、未知の惑星に辿り着く。

TRANSWARP CRUISER

トランスワープ・クルーザー

トライプレダカス・カウンシルが秘密裏に建造し、ラヴィッジに貸与した小型宇宙船。ラヴィッジとの接合によって、彼の持つ遮蔽、透明化機能を共有する(船自体に遮蔽能力はない)。BWの関係者全てを抹殺するため派遣される。

TRANSWARP DRIVE

トランスワープ・ドライブ

従来のスペースブリッジ、ハイパースペース航法、ワープゲート等に次ぐ、TFの最新宇宙航行技術。トランスワープ・スペースを通じて時間と空間を突き抜け、超光速の航行スピードのみならず、時間移動をも実現する。今や外宇宙探索と大航海の時代を謳歌するTF達は、これらの宇宙航法を用いて広く銀河に拡散し、異星文明との交流や植民地の建設、そして銀河の守護者としての役割を果たしつつある。だが、この技術の完成は後にビーストウォーズを招く事となる。

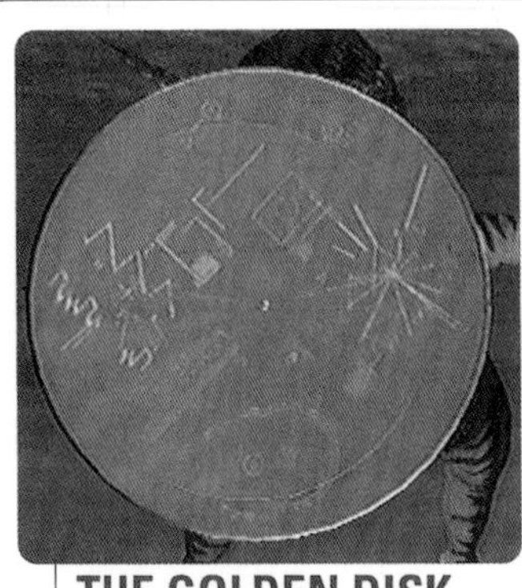

THE GOLDEN DISK

ゴールデンディスク

サイバートロンで最も厳重に保管されていた地球の遺物。1977年にアメリカ合衆国が打ち上げた宇宙探査機ボイジャーに搭載された、地球と人類、及びその文化に関する画像や音声等を記録した直径約30cmの金メッキされた銅盤(通称はゴールデンレコード)。後にG1メガトロンの手で、未来の子孫に向けた歴史改変の指令と、宇宙船アークへのアクセスコード等の情報が書き加えられた。過去の世界に持ち込めば、それは未来を変える究極の力となりうる。

ビーストウォーズとは、客観的に見れば、特異な状況を舞台とした、少数者同士による「秘密の戦争」だと言える。だが彼ら"ビーストウォリアーズ"を生んだその背景には、壮麗な文明社会と高度なテクノロジー、そして想像を超えた生態を持つ、トランスフォーマーの驚くべき世界が存在するのだ。

G1 TRANSFORMERS
G1トランスフォーマー

マクシマルとプレダコンの先達である、巨大な体躯と鋳造合金の装甲を持った旧世代のサイバトロニアン。善のオートボッツと悪のディセプティコンズの二大勢力に分かれ、他に類を見ないその変形能力によって"トランスフォーマーズ"の名で宇宙に知られている。後の子孫達と異なり、その身体はごく一般的な機械部品で構成されているが、体内には生命の証である"スパーク"を宿している(なお、この「スパーク生命観」は、BWシリーズから新たに付加された要素である)。終戦に伴い多くの戦士達が退役したものの、今なおサイバートロン社会の中心的な役割を担っている。

"PROTOFORM" TRANSFORMERS
"プロトフォーム" トランスフォーマー

マクシマルズ、プレダコンズ等、ナノテクノロジーを基調とした新世代TF。人類と同サイズの小さな身体に、有機生命への変形能力をほぼ標準的に身に付けており、その発生にはTF以外の要因が関与している。彼らの原形である"プロトフォーム"は正体不明の製造施設("メイトリクス"と"ピット")から送られて来るが、これにTFとしての知識や人格をプログラムする事で、サイバトロニアンの一員となって誕生する。ロボット形態への変形にはアクティベーション・コードの音声入力を用い、マクシマルは"マクシマイズ"、プレダコンは"テラライズ"と、コードはそれぞれ異なる。

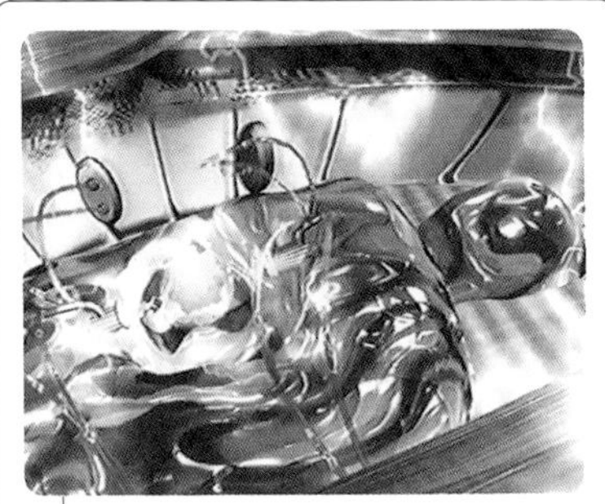

PROTOFORM
プロトフォーム

TFの「誕生以前」に相当する原初形態。有機物質を含む微少機械"ナナイト"の集合体からなり、内部に納められた"スパーク"と一組で構成される。その誕生のためには他種族、ことに有機生命体との遺伝子的融合を必要とする。

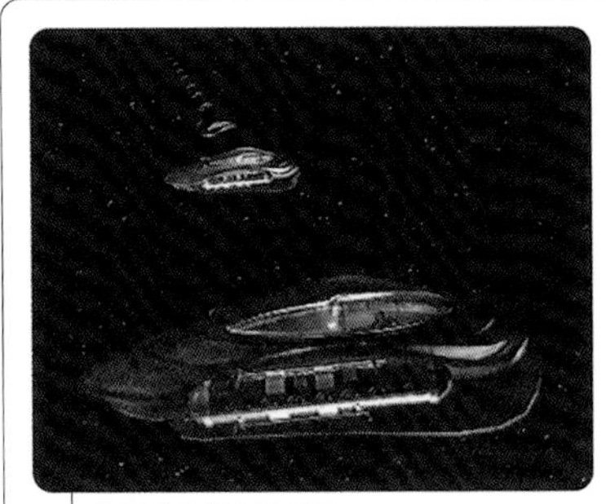

STASIS POD
ステイシス・ポッド

深宇宙探査など長期間、長距離にわたる任務の際、人員輸送に費やされるエネルギーと居住空間をセーブし、またプロトフォームを、起動のために必要な適合生命体の元へ送り届けるため、TF自身によって開発されたテクノロジー。

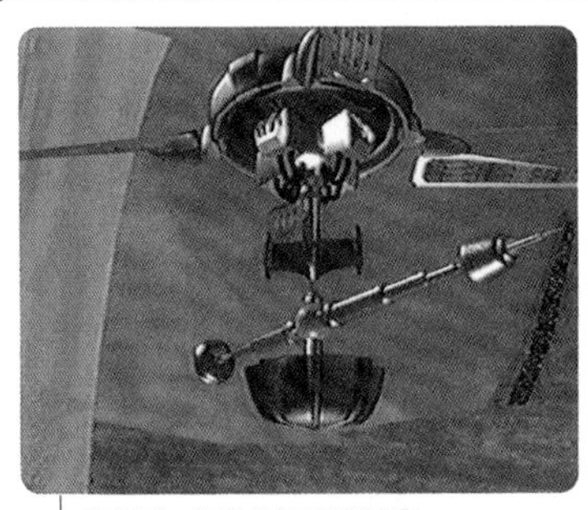

DNA SCANNING
DNA スキャニング

TFの変身形態の追加や、プロトフォームの起動に必要な他種生命の身体構造データを採取するための技術。スキャン・ビームによって対象生命体の遺伝情報を瞬時に解析するほか、死体や化石骨から生前の姿を再構築する事も可能。

STASIS LOCK
ステイシス・ロック

「停滞固定」という意味の生命維持機能で、TFが極度の損傷やエネルギー欠乏に瀕した際、システムを凍結してスパークを保護する。プロトフォームを固体化して保存する際にも用いるが、それにはポッドのロック機能が必要となる。

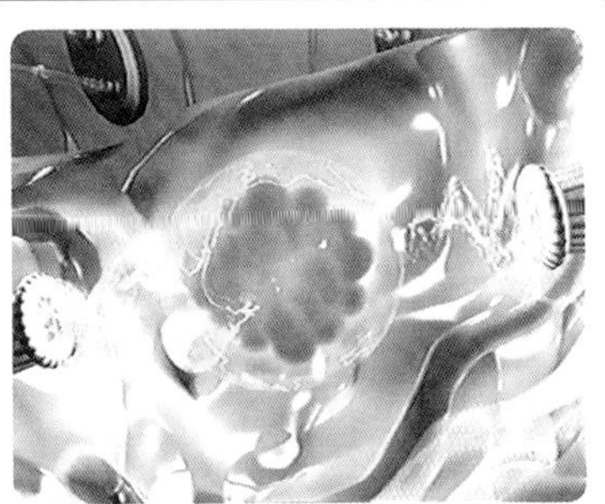

THE SPARK
スパーク

TFの魂とも言うべき発光体。既存の機械と"トランスフォーマー種"を分ける要因で、感情や直感、善悪の心の根源となる。プロトフォームに組み込まれて製造施設から搬出されるが、真の起源はこの世界を超えた彼方にある。

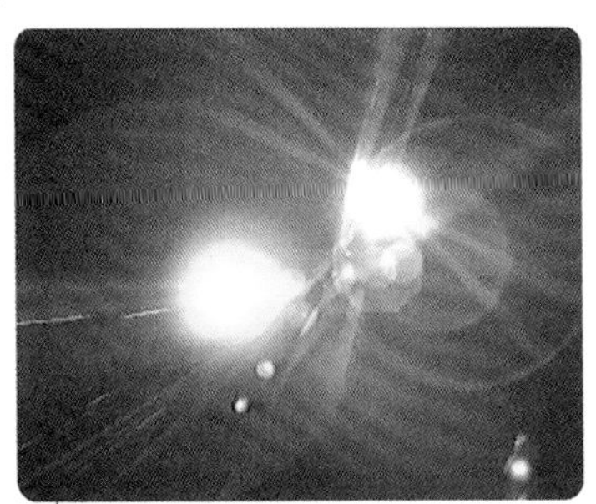

THE MATRIX
メイトリクス

BW世界での"メイトリクス"とは、第一にサイバートロンに存在する"マクシマル・プロトフォーム製造施設"を指す。だがこの名はまた、死したスパークが還る場所の意にも用いられ、"メイトリクスの裏側"などと称されている。

OPTIMUS PRIMAL >>> MAXIMAL LEADER

□ オプティマス・プライマル —— マクシマルズ・リーダー　□ ビーストモード —— ゴリラ

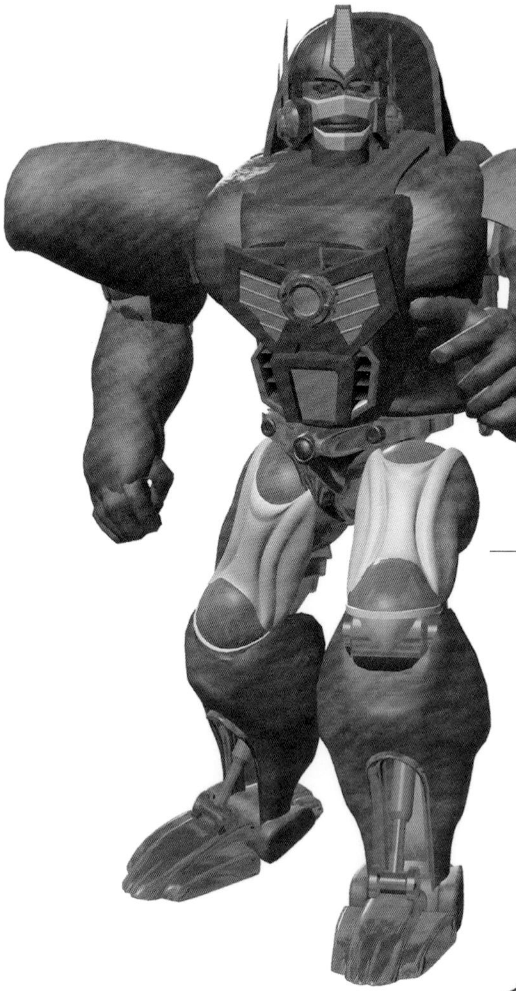

特技：リーダーシップ、戦略及び戦術、遠距離及び近接戦闘、操縦、コンピュータ、生物学、動物学、古代文化、宇宙航法に精通。

背景：オプティマス・プライマルは、初代のオプティマス・プライムにあやかった名前を持つ宇宙探検家であり、かの旧世代の英雄とは全くの別人である。深宇宙探査船アクサロンはオプティマスが指揮する最初の船であるため、リーダーシップについてもまだ学習中であり、時にそれは苛酷な実地訓練を伴う事になる。

性格：オプティマスはカリスマ的で自信にあふれ、いくぶん経験は浅いものの、生来のリーダーである。また、同じ体格の者達の中でも、最も剛腕なマクシマルの一人である。彼は毅然としているが温和でもあり、他のマクシマルに比べても、激昂し怒声を上げる事は稀である。ダイノボットとラットラップの二人は表に出さないが、仲間のマクシマルは皆、彼を尊敬している。彼はビーストウォーズに巻き込まれた事を快く思っていない。彼は基本的に平和主義者で、全ての生命に対して敬意と好奇心を抱いており、本来ならばプレダコンと戦うよりも、話し合いたいと考えている。

●**ダイノボット**は時にオプティマスの悩みの種となる。だが、少々攻撃的に過ぎるとはいえ、彼が尊敬すべき同盟者である事は、明白な事実である。

●**ラットラップ**の態度や仕草は、しばしばオプティマスをうんざりさせるが、彼の技量やジョークには敬意を払っている。

●**チーター**は、オプティマスにとって息子のような存在である。彼らはチームにおいても、非常に親密な関係にある。オプティマスは、チーターの無茶で生意気な性格には難色を示しているが、彼の素質を高く買ってもいる。

●**ライノックス**はオプティマスの良き友であり、オプティマスは彼を絶対的に信頼している。オプティマスの後を任せられるマクシマルは、ライノックスを置いて他にはいない。

●**タイガトロン**の平和を愛する心に、オプティマスは深い共感を抱いている。

●**エアレイザー**は、オプティマスの空を飛ぶ事への愛着を理解しており、彼に忠誠を誓っている。

●**シルバーボルト**はオプティマスにとって、アーサー王に対する騎士ランスロットのような存在である。彼は理想的なマクシマルであるが、それでもなお問題を起こしうる存在である。

ROBOTIC-FORM
Grey & Purple Humanoid With Jets And Flight Capability

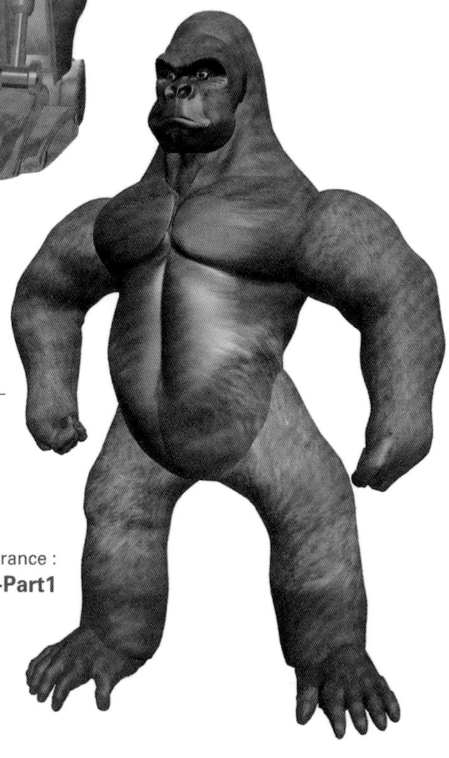

BEAST-FORM
Stocky 800 Pound Gorilla

1st Appearance :
#1. Beast Wars-Part1

WEAPONRY & SKILLS

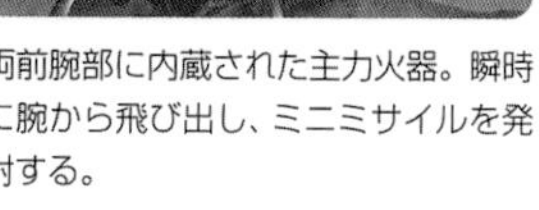

両前腕部に内蔵された主力火器。瞬時に腕から飛び出し、ミニミサイルを発射する。

MINI DOUBLE-BARRELED MISSILE LAUNCHERS
小型二連装ミサイルランチャー

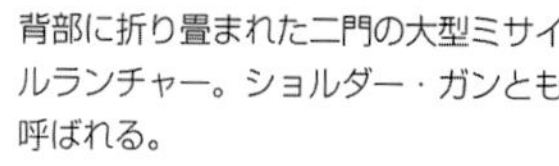

背部に折り畳まれた二門の大型ミサイルランチャー。ショルダー・ガンとも呼ばれる。

MEGA MISSILE LAUNCHERS
メガミサイルランチャー

高周波振動を発するニンジャスタイルの剣。メガトロンの腕を切断するほどの切れ味を誇る。

SONIC SWORDS
ソニック・ソード

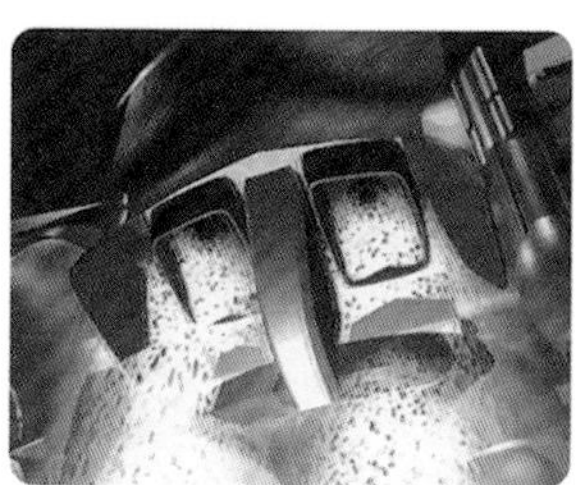

飛行用に装備された二連スラスター。その強大な推力は、宇宙船の落下をも受け止める。

PRIMEJETS
プライムジェット

トランスメタル・オプティマス・プライマルの誕生:
ビーストウォーズ・プラネットにおけるマクシマルズとプレダコンズの戦いは、惑星の各所に設置されていた警報装置を刺激し、この世界の異常環境を作った当事者であるエイリアン達を呼び寄せた。到来したエイリアンと対峙したオプティマスは、彼らがこの惑星上で何らかの実験を行っていた事、そしてトランスフォーマーの妨害によって破綻した実験を放棄し、衛星に擬装していた惑星破壊装置で地上を一掃せんとしている事を知る。オプティマスはタランチュラスが密かに用意していた脱出船に乗り込み、独りエイリアン・マシーンの破壊を試みる。それは標的の至近距離まで接近し、脱出船に搭載された超時空航行装置"トランスワープ・セル"を起爆させ、大規模な時空間爆発を引き起こすという、危険な賭けであった。全ての操作を終え安全圏へ脱出しようとしたその時、メガトロンの仕掛けた罠によりオプティマスは船内に閉じ込められてしまう。怒りと共にメガトロンの名を叫んだ彼は、なす術もなくエイリアン・マシーンと共に爆発四散した。

肉体を破壊されたオプティマスのスパークは現世を離れ、超空間の彼方にある、死したスパークの還る場所"メイトリクス・ディメンジョン"へと召されていった。一方、エイリアン・マシーンの破壊は強力な量子エネルギーの奔流"クォンタム・サージ"を引き起こし、惑星上のトランスフォーマー達の一部を"トランスメタル"へと変異させる。残されたマクシマル達はリーダーの死を悲しむ間もなく、新たな戦いに直面した。だが、戦闘のさなか、先のトランスワープ爆発によって惑星上空に時空の穴が開いた事を知ったライノックスは、僅かな望みを託しオプティマスの再生を計画する。彼はオプティマスのスパークの痕跡を追って自己の中枢意識をトランスワープ空間内に投入し、メイトリクスの元へ還ろうとするスパークを現世へ誘導、そして事前に回収していたブランク・プロトフォーム(スパークを欠いた素体)にこれを移植することにより、オプティマスの再起動に奇跡的成功を収めたのである。トランスメタルとなって死の淵から甦ったオプティマスは、以前よりも強大なパワーを獲得し、またリーダーとしても大いに成長した。

ROBOTIC-FORM
Grey And Bronze Humaniod
With Weapons Pack

VEHICLE-FORM
Blue Metallic Gorilla
With Flying Hoverboard

BEAST-FORM
Blue Metallic Gorilla

1st Appearance :
#29.Coming Of The Fuzors-Part2

WEAPONRY & SKILLS

ビークルモードで使用するスラスターを、銃として使用。インファーノと早撃ちを競った事もある。

BLASTER
ブラスター

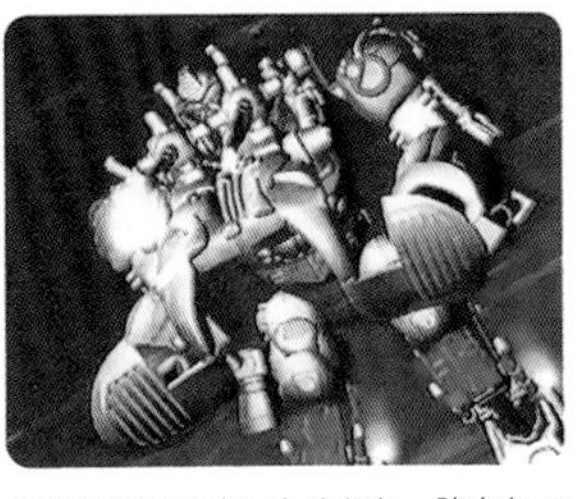
背部装甲にマウントされた、強力な二連装機関砲。

BLAST CANNONS
ブラストキャノン

ブラストキャノンの砲身を、2本の棍棒として使用。

BATTLE CLUBS
バトルクラブ

トランスメタルとフューザーの持つ特性。ヴォック因子を帯びた彼らをエイリアンの感知システムは識別できない。

IDENTIFICATION WITH THE VOK
ヴォックとの同一性

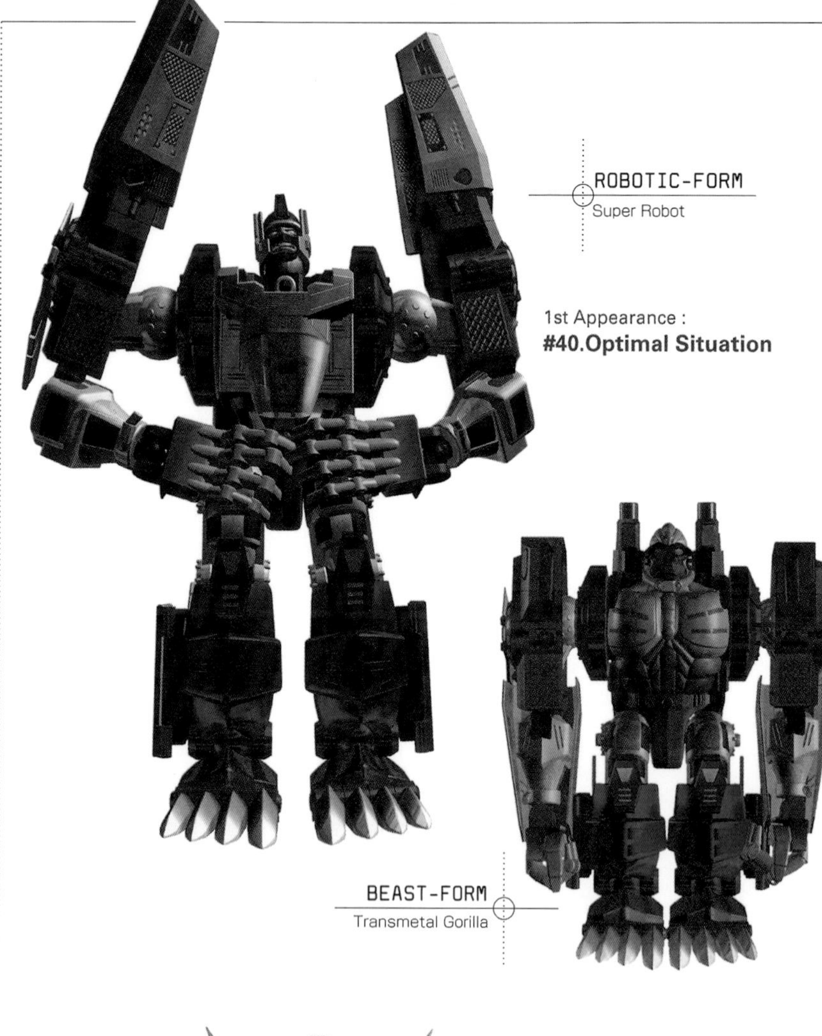

ROBOTIC-FORM
Super Robot

1st Appearance :
#40.Optimal Situation

BEAST-FORM
Transmetal Gorilla

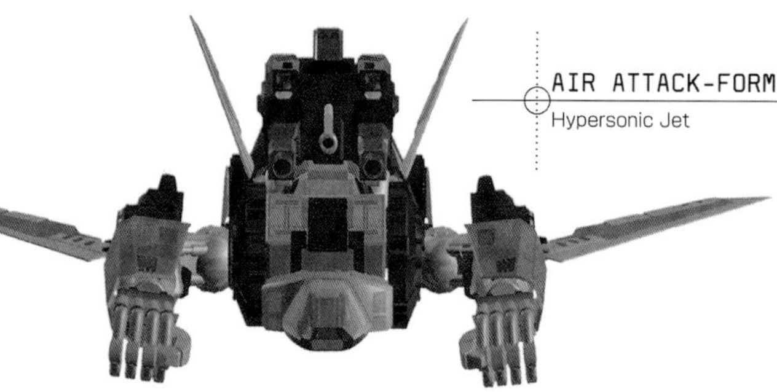

AIR ATTACK-FORM
Hypersonic Jet

GROUND ASSAULT-FORM
Armored Tank

オプティマル・オプティマスの誕生：エイリアン・マシーンの攻撃によって地上の殆どのエナージョンは消失した。2枚のゴールデンディスクを共に失い、プレダコンの上部組織にその所在を知られてしまったメガトロンは、最後に残されたカードとして、彼らトランスフォーマー自身の歴史を改変する作戦に出た。

400万年前、地球に不時着した宇宙船アークの中で長い眠りについていたマクシマルズの祖先オートボッツの司令官オプティマス・プライム、後の戦いを勝利に導いたこの伝説的な英雄を過去の時点で抹殺し、メガトロンは未来の勝利を悪の手中に収めようとしたのである。彼の放った一撃はプライムの頭部を直撃し、それと共に未来を変える時空渦動“タイムストーム”が巻き起こった。時間流の交錯する渦の中で勝ち誇るメガトロンであったが、彼はブラックアラクニアの思いもよらぬ一撃によって打ち倒される。本来マクシマルのプロトフォームである彼女は、オートボッツの滅んだ世界からは生まれ得ない。自己の存在を守るために、ブラックアラクニアはマクシマルズと協力してプライムの蘇生に取りかかった。その過程でオプティマスは、初代プライムのスパークを保護するために、自身のスパークとの融合を試みる。メイトリクスと一体化したプライム・スパークとの融合は、オプティマスの身体に激烈な変化をもたらし、彼を巨大でメカニカルな体躯と、4つの変形モードを有するスーパーロボットに変異させる。こうしてオプティマル（最上の）オプティマスが誕生し、その圧倒的な威容の前にメガトロンは撤退、歴史は辛うじて改変を免れたのである。メガトロンの更なる攻撃に備えるべく、アークの眠るセント・ヘレンズ火山を要塞化しオプティマスは、プレダコンズの執拗な歴史改変計画の阻止に全力を注ぐ事になる。

オプティマル・フォームとなってからのオプティマスは、性格的には元のままだが、有機的な要素が鳴りをひそめ、声色にやや金属的な響きを帯びるようになった（プライム・スパークと融合している間は、初代オプティマスを思わせる口振りで話している）。また、この変異の過程は不可逆であり、修復の完了した初代プライムの身体にスパークを戻した後も、彼のスーパーロボット形態は、そのままに残された。

WEAPONRY & SKILLS

オプティマル・フォームの主武装であるレーザーサイト照準式の二連装砲。すべての変形モードで使用可能。

PLASMA CANNONS
プラズマキャノン

下腕部から射出され、携帯式の盾となる装甲パネル。スーパーロボットモードでは両肩にも装着される。

BLAST SHIELDS
ブラストシールド

ビースト形態の索敵機能。嗅覚も併用する。

SCAN MODE
スキャンモード

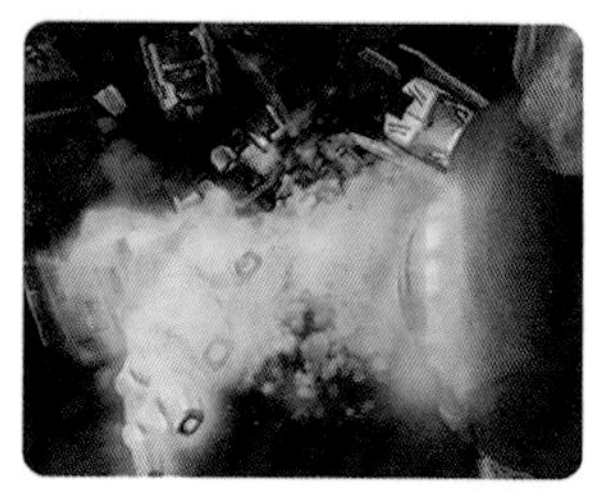

TM2チーターの理性を呼び覚ますため、スパーク・ライトを共鳴させ導いた。

SPARK POWER
スパーク・パワー

RHINOX >>> TECHNICAL SPECIALIST

□ライノックス —— 技術スペシャリスト　□ビーストモード —— サイ

特技：大規模破壊活動、鋭敏な臭覚、突撃（特殊戦闘能力）、機械修理。
嗜好、趣味：植物学、園芸学、哲学、科学。
性格：ライノックスはオプティマスと同等のパワーを苦もなく発揮する。だが、最前線で戦うには基本的に動作が鈍いという理由から、彼の力は主に防衛的局面において活用されている。彼の最も顕著な性質は、その思慮深さである。ビースト、ロボットの両形態においても、ライノックスは慎重に動き、注意深く話しをする。彼の論理的な研究活動は、この惑星の様々な謎を解き明かしている。オプティマスと同じく、ライノックスもビーストウォーズを好ましい事態とは思ってはおらず、その点において彼らの見解は一致する。彼は誰とでも友人になれる性質を持っているが、それは現実的にありえないという事も承知している。彼は気の利いたジョークを好んでおり、ラットラップとの付き合いに、よく用いている。

●ライノックスと**オプティマス**の関係は、友情とお互いへの尊敬の念からなる。

●**ダイノボット**とは友人になりたいと考えているが、彼の凶暴な性質や、彼とラットラップとの絶え間ないケンカには辟易している。

●**チーター**は、ライノックスにとっては余りにもせわしない存在である。ライノックスはチーターに対して好感を持っているが、話が通じるほど長く彼を引き留めておく事は滅多にできない。また彼はよく、チーターの早口でスラングだらけの話し方を理解するのに苦労している。

●**ラットラップ**はライノックスの最も気の合う相棒である。彼はラットラップのためならば、どんな所へでも駆けつける。彼はラットラップのジョークを好んでおり、一緒にいる時は、笑いが絶えない。

●**タイガトロン**とライノックスは、お互いに非常に強い尊敬の念を抱いている。

●**エアレイザー**はライノックスの事を、大好きなおじさんのように慕っている。そして彼もまた、そうであるかのように、彼女に接している。

■ライノックスは次々とパワーアップする仲間達を横目に、シリーズ全編を通じてオリジナルのビーストウォリアー形態を貫き通した。後半戦につれて表立った活躍は減ったが、その技術的手腕で常にグループを支え、最終的にメガトロンとの長き戦いに終止符を打った真の功労者である。

ROBOTIC-FORM
Green And Tan Humanoid

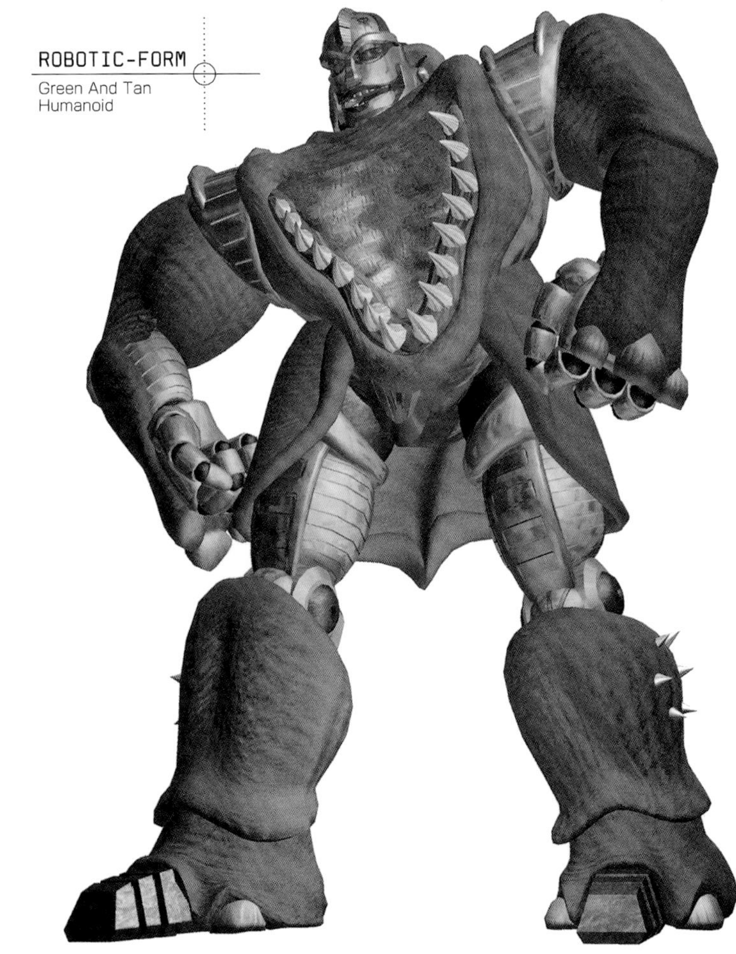

BEAST-FORM
Tan Rhino With Two Horns

1st Appearance :
#1. Beast Wars-Part1

WEAPONRY & SKILLS

ケーシングされたエネルギー弾を発射する携帯式ガトリング銃。薬莢に似たエナジー・キャパシターを排出する。

CHAINGUN
チェーンガン

その図体と質量を生かした体当たりは、巨石をも粉々に砕く。

CHARGE
突撃

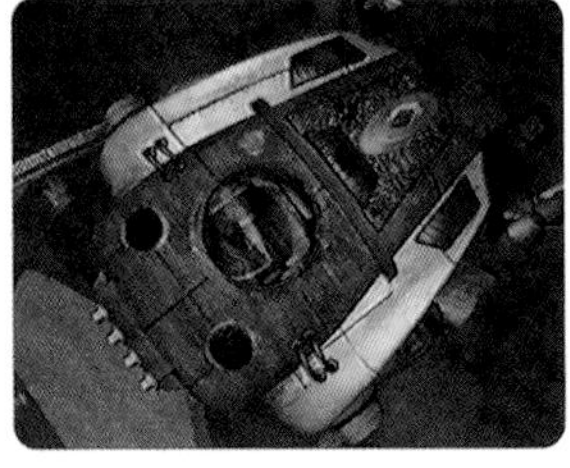

調査、研究、修理から死者の復活まで、あらゆる技術的要求を一手に引き受ける。

TECHNICAL SUPPORT
装備開発・補修

オプティマス不在の際は、積極的にグループの指揮を執る。場合によっては、腕力に物を言わせる事も。

LEADERSHIP
リーダーシップ

RATTRAP >>> SPY,INFILTRATOR,THIEF

□ラットラップ── スパイ、潜入者、泥棒　□ビーストモード── ネズミ

ROBOTIC-FORM
Gold And Grey Humanoid

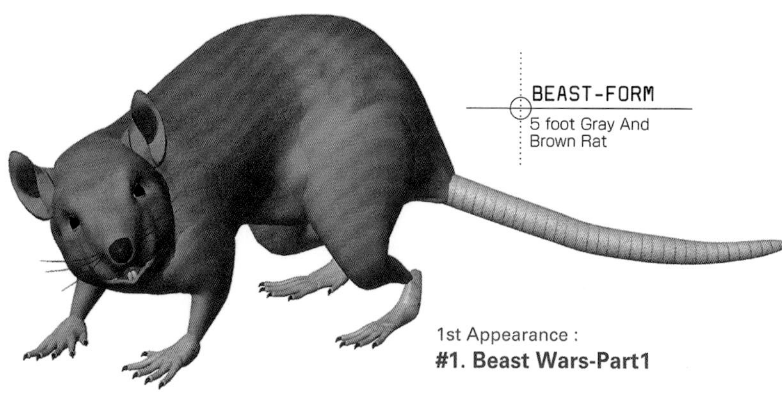

BEAST-FORM
5 foot Gray And Brown Rat

1st Appearance :
#1. Beast Wars-Part1

特技：隠密行動、射撃術、鋭敏な聴覚、第六感、赤外線ビジョン、コンピューター操作、破壊活動、罠の設置及び探知。

嗜好、趣味：略奪、チーズ、賭博、侮辱行為。

背景：ラットラップの過去は、謎と彼自身の作り話の両方によって隠されている。しかし、彼の身に付いたコマンドー技術自体が、苛酷な人生経験を経たであろう事の十分な証拠となっている。彼はこれまでに様々な経験を積んでおり、極めて場慣れした雰囲気を漂わせている。

性格：ラットラップは、マクシマルズの中で最も小さく非力なメンバーであるが、その潜入、脱出、及び情報収集能力は、それを補って余りある。彼は先を争って前線に飛び込んでいくタイプではなく、むしろ不意打ちによって敵を仕留める方を好む。巧妙で賢い戦法の達人であり、決して臆病ではないが、馬鹿げていると思う命令に従う事は、頑として拒否する。オプティマスは普段から、ラットラップをグループの副官と見なしているが、彼は権威というものを嫌っており、肩書き組の一員になる事を望んでいない。彼はジョークを飛ばし、他人（特にダイノボット）をからかう事を好む。普段の居場所は暗く汚い自分のねぐらであり、暗闇の中でも非常に良く見通す事ができる視覚と、極めて鋭敏な聴覚を持っている。彼はライノックスを例外として、一人で行動する事を好む。

●**オプティマス**にとって、ラットラップは時に大きな頭痛の種となるが、プレダコンズとの戦いの中では、彼はかけがえのない戦力である。

●**ダイノボット**はよくラットラップの頭を噛みちぎってしまいたいと考えているが、そうすると他に争う者がいなくなり退屈してしまう。ラットラップもまた彼の事を全く同じ風に考えている。

●**チーター**はまるでラットラップの弟のようである…少なくとも、彼を丸め込んで何かをやらせたい時には。この少年は決してラットラップのジョークを理解せず、彼のさえずりは常にラットラップをいらいらさせる。結局は猫と鼠の関係である。

●**ライノックス**はラットラップの最も気の合う相棒であり、ラットラップが命を賭けてもいいと思う数少ないマクシマルの一人である。

●**タイガトロン**はラットラップのユーモアのセンスを全く理解していないが、彼らは戦闘やそれ以外の面でも、互いに上手くやっている。

●**エアレイザー**は、彼のチャーミングな一面の虜

WEAPONRY & SKILLS

携帯式の小型銃。

FUSION PISTOL
フュージョン・ピストル

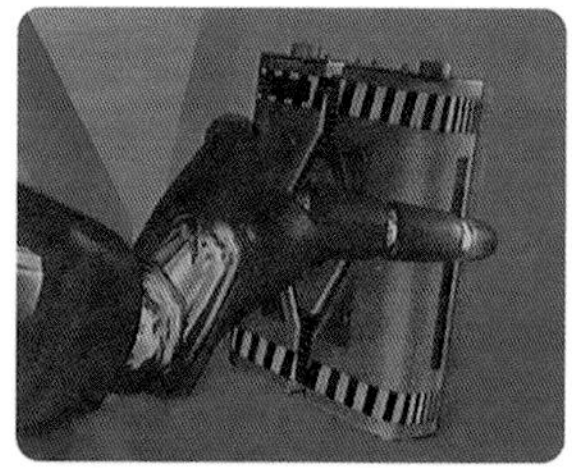

前腕部に収納された爆弾装備。他にも同型で機能の異なるものを数種装備している。

DEMOLITION CHARGE
デモリッション・チャージ

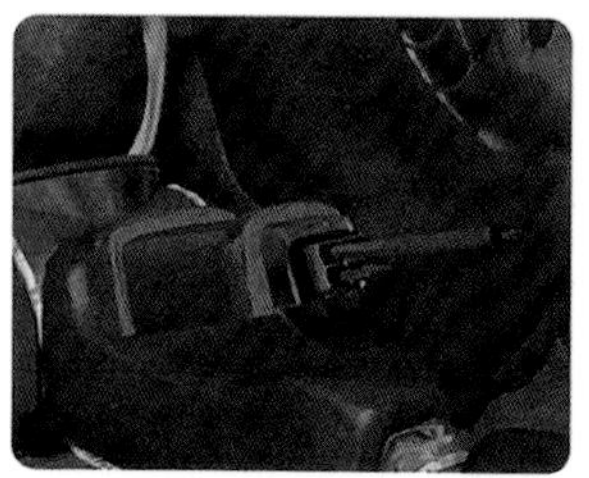

牢破り等に使用する潜入キット。

INFILTRATION KIT
インフィルトレーション・キット

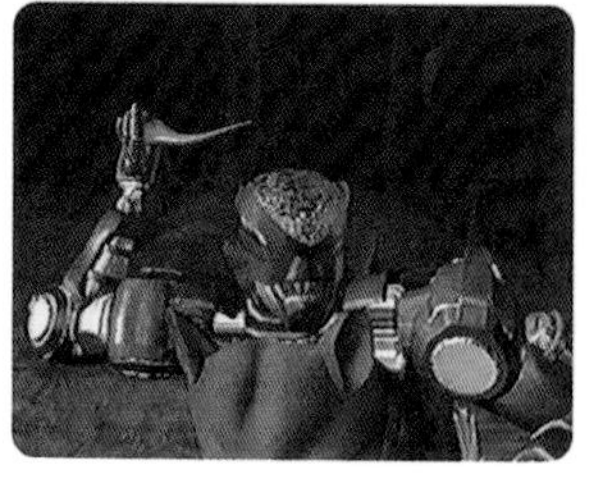

手首に内蔵された飛び出し式ナイフ。

WRIST KNIVES
リストナイフ

になったりはしない。彼女は、ラットラップが腕の立つ戦士である事は認めているが、彼と同じユーモアのセンスは持ち合わせていない。

●シルバーボルトはラットラップにとって余りにも「お上品」であるため、ラットラップはいつも彼をやりこめようとしている。だが彼は、シルバーボルトがしばしば自分と並ぶほどの鋭い機転を働かせる事に驚いている。

■クォンタム・サージの洗礼を受けたラットラップは、より強靱なボディと新たな機能を有するトランスメタルへと進化した。彼は日頃から軽薄な言辞と悲観的な態度で周囲をうんざりさせているが、ここぞという局面では常に目ざましい働きを見せる。また、元プレダコンのダイノボットとは暇さえあれば辛辣な悪罵の応酬をくり返したが、彼の最大の理解者であり、その死を最も惜しんだのは、紛れもなくこのラットラップであった。

スクリプト抜粋：

ラットラップ「俺がこいつの事どう思ってるか知ってるだろ…信用はならねえし体臭もキツい。それに物を食う有様ときたら…」

ダイノボット「ピットよ、いつまでこのたわ言に堪えねばならん！」

ラットラップ「おまけに、こらえ性もねえ…でも俺はもう、こいつにゃ慣れちまったよ」

ダイノボットは驚き、オプティマスは微笑む。

第31話"Maximal, No More"より

シルバーボルト「サイバートロン。見知らぬ故郷か」

ラットラップ「ぜったい気に入るって！　ラジウムの隠し味がきいたメック・フルードの美味いとこ知ってんだ。頭ハジケるぜ！　それだけじゃねえ…」

彼はあたりを見渡し、チーターが思春期の好奇心で聞き耳を立てているのに気づくと、シルバーボルトを隅に引っぱり

「そこの従業ボットときたら、胴体プレートも着けねえで歩き回ってんだぜ。この意味わかるか？」

彼はシルバーボルトを肘でつつく。

第37話"The Agenda Part One"より

ラットラップ「俺の言った通り、お前はろくでなしのトカゲ野郎だ…でもよ、お前がどっちの側に立ってたかわかって、良かったぜ…」

ダイノボット「お前の風下はご免だがな、ネズミよ…」

第35話 "Code Of Hero"より

ROBOTIC-FORM
Silver And Red/Bronze Humaniod

1st Appearance :
#27.Aftermath

VEHICLE-FORM
Small, High-speed Rat-shaped Hot Rod

BEAST-FORM
5 foot Silver And Bronze Rat

WEAPONRY & SKILLS

携帯式の主力武器。旧型と色が異なるが、形状は同じ。

FUSION RIFLE
フュージョン・ライフル

ビースト時の尻尾を鞭として使用。その他にも剣、槍、オール、釣り竿にケーブルと、多目的に活用された。

TAIL-WHIP
テイルウィップ

薄紫色の殺虫ガスを噴射する対昆虫爆弾。

BUG-BOMB
バグ・ボム

磁力クランプで破壊対象に吸着する爆弾装備。トランスワープ・クルーザーを撃破した。

FUSION GRENADE
フュージョン・グレネード

CHEETOR >>> SCOUT

□ チーター —— 偵察員　□ ビーストモード —— チーター

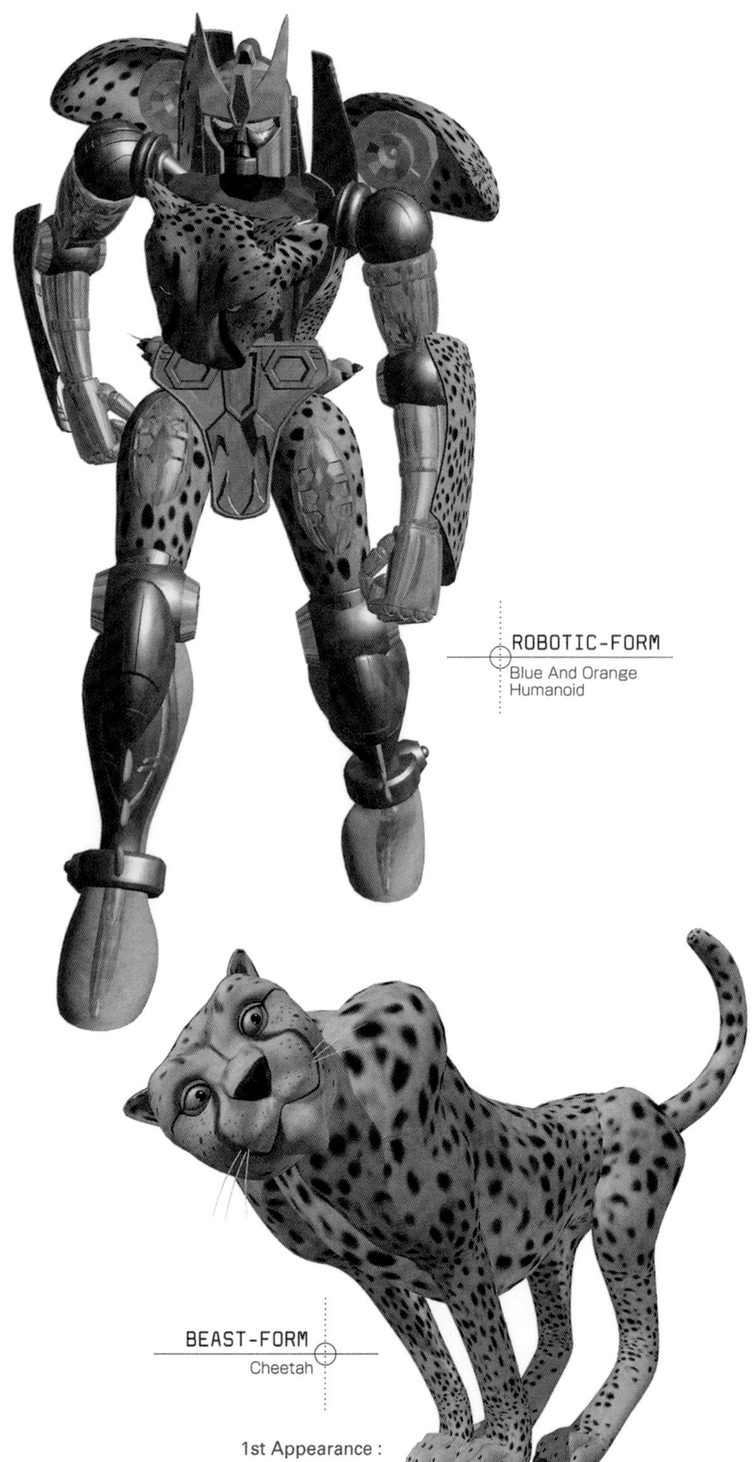

1st Appearance :
#1. Beast Wars-Part1

特技：スピード、敏捷性、射撃術、追跡能力、軽業、密林でのサバイバル、パイロット及びドライバー技術。

嗜好、趣味：アクション。

性格：チーターは、グループ内におけるティーンエイジャーである。彼は直情的でいたずら好きな、落ちつきのないエネルギーの毛玉であり、常に走り回り、動き、狩りをしたがっている。チーターは偵察を任務としている。その鋭い目と、両モードにおける驚くべきスピードが、彼をしていかなる状況にも飛び込ませ、またそこからの脱出を可能にしている。また彼は、マクシマルズに対し激しいほどに忠実であり、仲間のためならば誰であろうと"それがダイノボットでも"命を賭ける事をいとわない。彼は何事にも非常に熱狂的であり、時にはそれが度を越してしまう。彼はまた大層な自信家であり、それが多くのトラブルの元となっている。

●**オプティマス**とチーターは、父と子にも似た関係にある。時にオプティマスの忠告や保護者的な態度に腹を立てる事もあるものの、チーターはオプティマスを非常に尊敬している。

●**ダイノボット**は、チーターの情熱的な性格、歌い方、喋り方など、彼のあらゆる面を嫌っている。チーターもダイノボットの事がさほど好きなわけではないが、オプティマスがこの元プレダコンを必要と感じているため、チーターは彼と仲良くしようと努めており、しばしば滑稽な結果を招いている。

●**ラットラップ**は時折、「子供」のする事に腹を立てる事もあるが、基本的には非常に良好な関係を保っている。チーターはラットラップを尊敬してはいるが、彼のジョークのオチは、決して理解できない。

●**ライノックス**の緩慢な動作は、チーターの許容限度を超えている。彼はライノックスを嫌っているわけではないが、彼は余りにも落ちつきがないため、ライノックスのゆったりしたペースに合わせる事ができない。

●**チーター**はタイガトロンを偶像視している。タイガトロンもそれに気づいており、チーターに対しては父性愛のようなものを感じている。

●**エアレイザー**とチーターはかつて回路を共有した事があり、それが両者の間に姉と弟のような絆を生んでいる。

WEAPONRY & SKILLS

携帯式の武器。その臓器のような外観のため"ガット・ガン"とも称される。

QUASAR CANNON
クェーザー・キャノン

もう一つの携行銃(主にタイガトロンと共演する際、差別化のために所持する)。

QUASER RIFLE
クェーザー・ライフル

両腕に内蔵された光線兵器。左右を組み合わせて発射する事もある。

QUASER BLASTERS
クェーザー・ブラスター

ビーストの尻尾を、鞭口に似た鞭として使用する。

TAIL WHIP
テイルウィップ

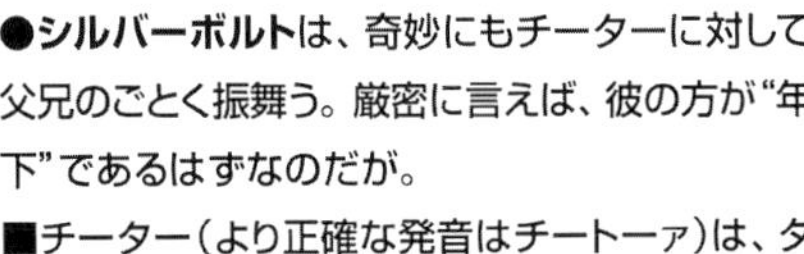

●**シルバーボルト**は、奇妙にもチーターに対して父兄のごとく振舞う。厳密に言えば、彼の方が"年下"であるはずなのだが。

■チーター(より正確な発音はチートーァ)は、タイガトロンやシルバーボルトなど、地球で誕生したトランスフォーマー達と比べれば、時間の上では明らかに"年長"であるのだが、彼らの誰よりも若い"少年"としての人格をプログラミングされている。普段から、父のように慕うオプティマスを"ビッグボット"と呼び、タイガトロンとは"ビッグキャット""リトルキャット"と呼び合う仲である。また、その感受性ゆえか彼のスパークには、予知夢にも似た様々な洞察を含む"ヴィジョン"を見せる潜在能力がある。クォンタム・サージの影響でトランスメタルへと変化してからも、この性格は元のままだったが、ブラックアラクニアを仲間に迎えてからというもの、彼女とシルバーボルトとの関係に横恋慕し始め、さかんに彼女の気を引こうとした。とはいえ、三角関係に悩むよりは、まだプレダコンズとの戦いに気を引かれる年頃のようであり、それ以上、深入りする事はなかった。

スクリプト抜粋:

ブラックアラクニア「あんたはいい子さ、だから二度までは大目に見てやる。だけど三度目は許さないよ、いいね?」

チーター「ボクは子供じゃない。それにたぶん、それほどいい子でもないぜ…」

第43話 "Cutting Edge"より

■メガトロンが開発したトランスメタル化技術の実験に巻き込まれたチーターは、"トランスメタル2"として、さらなる変異を経験する。この変身過程は彼のスパークに大きな影響を及ぼし、その結果、彼は以前より強い自負と独立心を持った"青年"へと、若干の成長を遂げた。が、彼がその真価を発揮するのは、『ビーストマシーンズ』の戦いを待つ事になる。

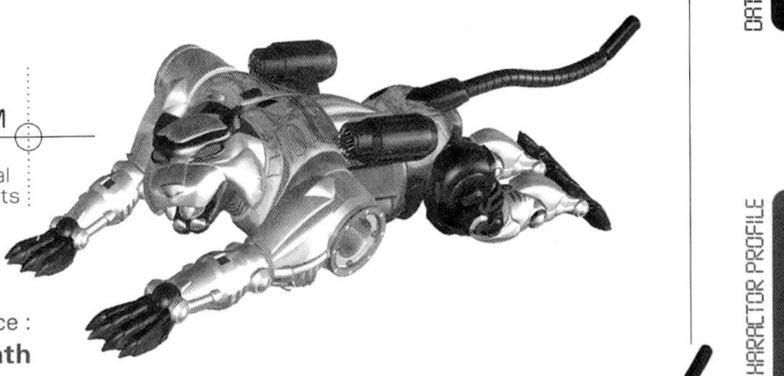

VEHICLE-FORM
Silver And Gold Cheetah With Metal Wings And Turbojets

1st Appearance :
Apperance:#27.Aftermath

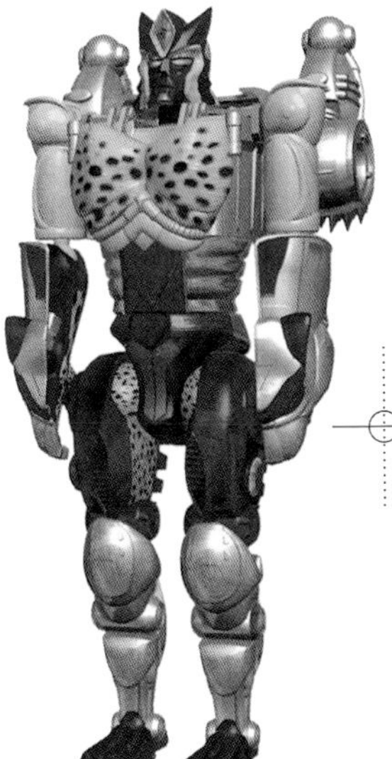

BEAST-FORM
Silver And Gold Cheetah

ROBOTIC-FORM
Blue And Gold Humaniod

1st Appearance :
#44.Fearl Scream

ROBOTIC-FORM
Mutated And Scarred Orange Humanoid

BEAST-FORM
Cyber Creature

WEAPONRY & SKILLS

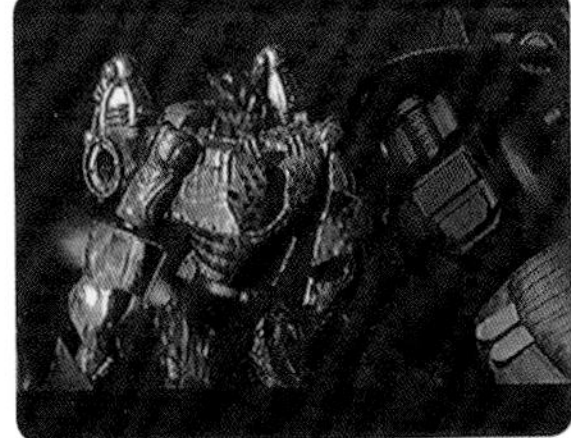

体内に蓄積されたエナージョン・エネルギーを放出する。シナリオ段階では、武器として腕から放射する案があった。

ENERGON DISCHARGE
エナージョン放出

背部ジェットパックと共用の、大型ロケット発射器。

ROCKET LAUNCHER
ロケットランチャー

マッハ2の地上走行スピードと、飛行能力を与える加速ブースター。

BOOT JET
ブートジェット

自己修復能力や超感覚を発揮するトランスメタル2特有の超能力。

SPARK POWER
スパーク・パワー

DINOBOT >>> FRONT LINE COMBAT EXPERT

□ ダイノボット ── 前線戦闘エキスパート　□ ビーストモード ── ヴェロキラプトル

ROBOTIC-FORM
Blue And Silver Humanoid

BEAST-FORM
Velociraptor

1st Appearance :
#1. Beast Wars-Part1

特技：乱闘、隠密行動、騙し討ち、バーサーカー戦闘。

背景：ダイノボットの野望は、戦いと勝利にある。しかしその実、彼が密かに妄想しているのは、英雄的な死を遂げる事なのだ。彼にとって戦いの中で死に、"戦士のリサイクリング"を受ける事以上の栄誉はありえない。これこそ、彼が戦闘において狂気と見紛うほどの恐れ知らずとなる理由であるが、それは反面、無様な死の危険に瀕した時などに、ユーモアを発露させる理由ともなる。

性格：ダイノボットは戦いのために生き、敵と相対している時に最も幸せを感じる。彼の力と狡猾さ、猛々しい残忍さが、彼を最も恐るべきマクシマルとしている。ダイノボットはプレダコンの出身だが、最初にマクシマルズと接触して以来、彼の人生は別の側にあってこそ充実すると決断し、そして最終的な勝者はマクシマルズであろうと考えている（マクシマルズが勝てないとわかれば、彼はいとも簡単に元の側に戻るだろう）。ダイノボットは絶対の名誉に生きる戦士であり、滅多に誓いは立てないが、彼がひとたび誓えば、それを死ぬまで忠実に守る。彼はかつての仲間、特にメガトロンとテラソーを憎んでおり、彼らを仕留める機会を常に窺っている。

●**オプティマス**は意外にも、ダイノボットを絶対的に信頼している。彼がオプティマスに忠誠を誓う事は決してないだろうが、密かに裏切る事もまた、彼の性格からはあり得ないと確信している。

●**ラットラップ**は、彼が最も嫌うマクシマルであり、この考えはお互い様である。奇妙だがある意味、この点で彼らは最高の友人も同然なのである。

●**チーター**はオプティマスのために、ダイノボットに対し好意的になろうと努めているが、それは容易ではない。ダイノボットは彼に対し軽蔑しか感じておらず、親睦の試みをすげなくはねつけている。

●**ライノックス**は、ダイノボットの事を、特に好いても嫌ってもいないが、彼とラットラップの間の絶え間ない、くだらない口論にはうんざりしている。ダイノボットは、ライノックスを愚鈍だと考えているが、彼の肉体的なパワーには一目置いている。

●**タイガトロン**とダイノボットには、通じる所が殆どない。ダイノボットは、平和な時を愛するというタイガトロンの心情が理解できない。

●**エアレイザー**は、彼の傍では少しナーバスになり、そのため彼とは距離を置いている。彼自身も女性戦士という存在が理解できないため、この関係をよしとしている。

WEAPONRY & SKILLS

携帯式の回転武器。シールドや滑空用のローターとしても使用可能。

ROTARY BLADE
ロータリー・ブレード

愛用の同軸反転剣。普段は体内に収納されている。

ELECTRON SWORD
エレクトロン・ソード

両眼から発射するエネルギー光線。命と引替えに放った最後の一条によって、ゴールデンディスクを葬り去る。

CYBERTRONIC BEAM
サイバトロニック・ビーム

最後の戦いで矢尽き刀折れたダイノボットが即席で作り上げた手製の斧。人類にもたらされた最初の道具となった。

WAR-HAMMER
ウォーハマー

TIGATRON >>> REMOTE SCOUT

□タイガトロン —— 遠距離偵察　□ビーストモード —— ホワイト・シベリアン・タイガー

特技：遠距離偵察、環境調査。

背景：タイガトロンはマクシマルズの“気高い蛮人”である。ステイシス・ポッドに収容されていたプロトフォーム・トランスフォーマーの一人だが、彼のトランスフォーマーとしてのメモリーは、ポッドが地球に墜落した時、ほぼ完全に消去されてしまった。その結果タイガトロンの人格は、彼のために複製された虎の肉体から大きく影響を受けている。

性格：タイガトロンは一匹狼の放浪者で、大地とそこに住む生物達の一部である。彼が戦いの中でマクシマルの側に付く理由は、ただ一つプレダコンズが彼の愛する惑星を破滅させようとしているからである。ひとたびビーストウォーズが終結すれば、彼はきっと野生の世界に戻ってゆくだろう。彼は、エアレイザー同様マクシマル基地には居住せず、わずかにレーザー中継ステーション網へ定時報告を入れるのみである。彼の主な役割は、プレダコンの活動に関する警報を出すために、マクシマルズのテリトリーの外縁部をパトロールする事である。

●**オプティマス**の平和を愛し、やむなく戦士の努めを果たすという、タイガトロン自身と重なりあう姿に、彼は敬意を抱き、感服している。

●**ダイノボット**とタイガトロンはあまりにも共通点がないため、殆どお互いの事を理解していない。タイガトロンは、完全な平和があれば、他には何も望まない。

●**ラットラップ**はタイガトロンに対して、他の者にするようにからかったりはしない。これは主に、タイガトロンが彼のちょっかいに反応しないからである。彼らは互いにうまくやっており、ラットラップはタイガトロンを“ストライプス（縞々）”のあだ名で呼んでいる。

●**チーター**は、タイガトロンの勇敢さや智性を密かに崇拝している。タイガトロンもそれを知っており、チーターに対しては父のような気持ちで接している。

●**ライノックス**とタイガトロンは、互いを深く尊敬し合っている。

●**エアレイザー**とタイガトロンは、奇妙に親密な関係を持っている。

■本来タイガトロンのポジションには、狼に変形するトランスフォーマー、ウルファング（P48参照）が予定されていた。

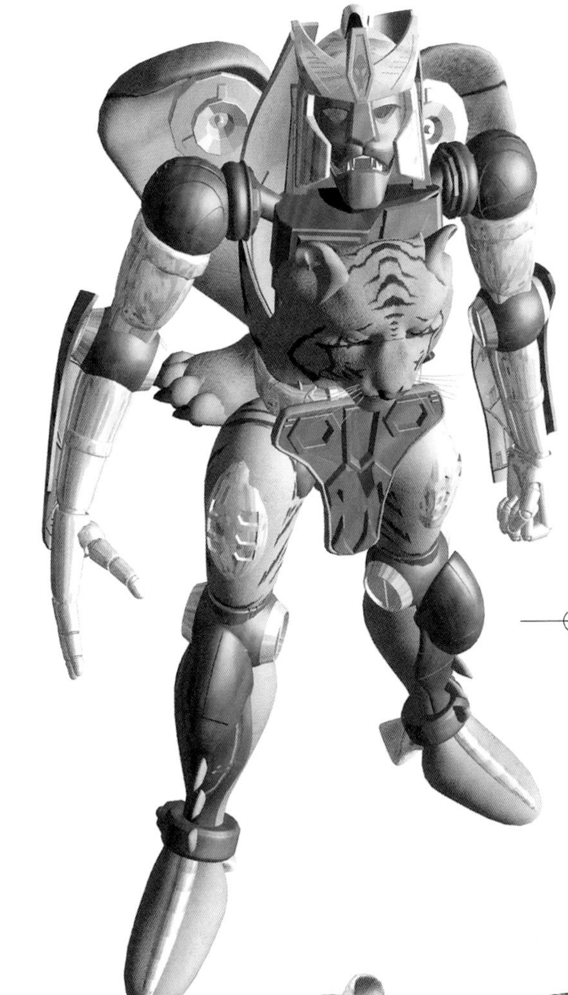

ROBOTIC-FORM
Green And White Humaniod

BEAST-FORM
White Siberian Tiger

1st Appearance :
#7.Fallen Comrades

WEAPONRY & SKILLS

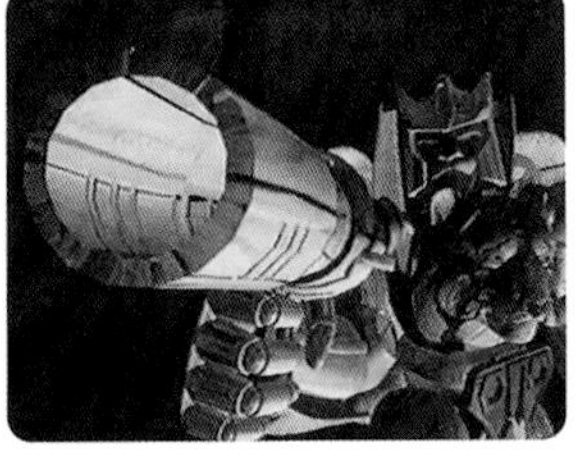

チーターのガットガンと同型の主力武器。火炎放射、冷凍と、複数のモードを有する。

TOXIC BLASTER
トクシック・ブラスター

チーターと同じくアームシールドの内側に、小型ミサイルを二基搭載する。

MISSILE LAUNCHER
ミサイル・ランチャー

偵察に威力を発揮するスキャンモード。

TELEPHOTO LENZ
テレフォト・レンズ

敵地への潜入などに使用する遮蔽機能。見た目に変化はないが、無音行動が可能である。

STEALTH MODE
ステルスモード

AIR RAZOR >>> REMOTE AIR RECONNAISSANCE

□エアレイザー —— 遠距離航空偵察　□ビーストモード —— ハヤブサ

ROBOTIC-FORM
Silver And Taupe Humanoid

1st Appearance :
#15.The Spark

BEAST-FORM
A Large Falcon

特技：遠距離航空偵察、短距離の超音速飛行。

背景：エアレイザーは、ステイシス・ポッドのプロトフォームから誕生し、マクシマルズの仲間に加わった。彼女のトランスフォーマーとしての本来の記憶は正常な物であるが、この惑星は彼女の誕生の地であり、ビースト形態を取っている方が、心の安らぎを覚えるのである。

性格：エアレイザーを誕生させるための手助けとしてチーターのチップが使用されたため、彼女は他のマクシマルよりもいくぶん考え方が若い傾向にある。タイガトロンと同じく、彼女は殆どの時間を基地の外で過ごしている。彼女はビーストモードでも非常な高速を発揮するが、絶対的に必要な場合は、急降下からトップスピードで水平飛行に移り、ロボットモードにトランスフォームしてアフターバーナーを点火させる事により、超音速飛行を行う。が、この飛行法は彼女のエネルギーを極度に消耗させてしまう欠点を伴う。

●エアレイザーは**オプティマス**の事を尊敬し憧れている。仲間の内では、彼だけが飛翔の喜びを知っているからだが(彼女はシルバーボルトとは面識がない)、何よりも彼女はマクシマルであり、彼はそのリーダーなのだ。

●**ダイノボット**は彼女をどこかナーバスにさせるため、できるだけ彼を避けようとしている。口には出さないが、ダイノボットも女性戦士というものにどう対処すべきか掴みかねており(自分を殺そうとしている者であれば別だが)、彼自身も距離を置くようにしている。

●**ラットラップ**のお喋りな態度に彼女は腹を立てたりはしないが、魅力を振りまこうとする彼の試みについては、全く関心がない。彼女はラットラップを腕の立つ同胞と考えてはいるものの、くだらないジョークを面白がる人だとも思っている。

●**チーター**は、エアレイザーをクールだと思っている。彼らは、同じ回路を共有したためか、姉弟のような絆を持っている。

●エアレイザーと**ライノックス**は、仲の良いおじと姪のような関係にある。それはライノックスが彼女の誕生に立ち会ったからである。

●**タイガトロン**とエアレイザーは、この惑星に対する愛情と、野生の中にありたいという衝動を共有している。

■なお、エアレイザーの英語表記は、TV版スクリプトとトイとではつづりが異なる(P52参照)。

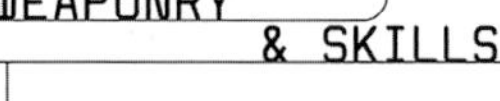

両腕から発射されるダート型のミサイル。初戦でテラソーを木っ端微塵にした。

WRIST MISSILES
リストミサイル

マイクロウェーブを増幅したメーザーブラストを発射する。

MASER GUN
メーザーガン

超音速の突撃による衝撃波攻撃。プレダコン基地の自動防衛線を根こそぎ粉砕した。

SONIC BOOM
ソニックブーム

高空からの偵察に威力を発揮する、超望遠視覚モード。

TELEPHOTO VISION
テレフォト・ビジョン

SILVERBOLT >>> FUZOR,NEW RECRUIT

□シルバーボルト —— フューザー、新兵　□ビーストモード —— オオカミ& ワシ

特技：強力な指導能力、機知に富む。

性格：シルバーボルトは、新たに加わったマクシマルのメンバーである。時折彼はナイーヴに映るが、これはまさに彼の騎士道精神的な性格に起因するものである。彼は白馬の騎士であり、究極的なヒーローの理想像である。彼は弱き敵とは戦わず、戦況において不当な優勢をよしとしない。彼は、もしもそれが不名誉な事であると考えれば、決して戦わない。彼は、最悪の敵であろうとも予期せぬ苦境に陥った時は、自らの命を賭して救おうとするだろう。彼のこの清廉潔白さは、時に不利な状況を招きうる。

●彼は**オプティマス**を、リーダーとして尊敬し、敬服している。

●**ダイノボット**と彼は、互いにほとんど相容れぬ仲である。

●シルバーボルトと**ラットラップ**は、昼と夜のような関係である。しかし、彼らはお互いのウィットの応酬を楽しんでいる。

●彼は**チーター**に、父親のような愛情で接している。

●**ライノックス**には、副官に対し相応の敬意を払っている。

■シルバーボルトは、あたかも中世の騎士のごとく時代がかった口調で話し、台詞がキマる度に、どこからともなくファンファーレが鳴る。その公明正大さと博愛精神は見せかけにあらず、彼のスパークの衷心から発せられるものであり、ブラックアラクニアをして「悪女にとって夢のような男」と言わしめた。また情熱家ゆえに、嫉妬や復讐に燃えた時の勢いもひときわ激しい。

スクリプト抜粋：

シルバーボルト「シルバーボルト"テラライズ"？性にあわぬ文句だ」

第28話 "Coming Of The Fuzors Part 1"より

ブラックアラクニア「言うだけなら簡単さ。あんたはヒーローごっこに酔ってるんだ。あたしは心底悪い女なんだよ」

シルバーボルト「君の心を覗く時、そこに悪はない。ただ、愛だけだ」

第48話 "Crossing The Rubicon" より

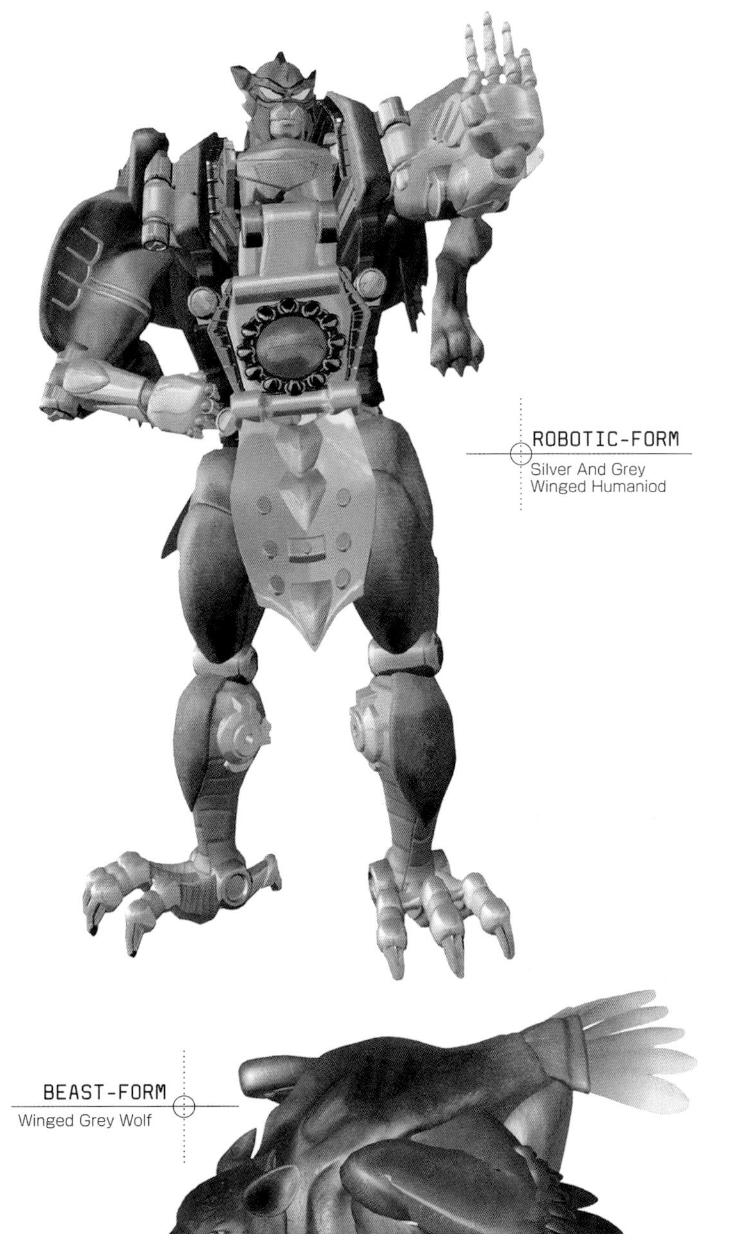

1st Appearance :
#28.Coming Of The Fuzors-Part1

WEAPONRY & SKILLS

両翼端から発射する、羽根状のミサイル。

WING MISSILES
ウィングミサイル

ウィングミサイルは、槍としても使用可能。

SPEAR
スピア

彼は、ロボット、ビーストの両モードでの飛行が可能な、数少ないマクシマルである。

FLIGHT CAPABILITY
飛行能力

胸部に搭載された（と思われる）機銃。第28話のスクリプトには記述されていたが、劇中には未登場。

CHEST GATLING-GUN
チェスト・ガトリングガン

TM2 BLACKARACHNIA >>> CREATIVE SUBVERSION

□TM2 ブラックアラクニア —— 頭脳的破壊工作　□ビーストモード —— クモ

ROBOTIC-FORM
Black And Purple Humanoid

1st Appearance :
#48.Crossing The Rubicon

BEAST-FORM
Transmetal Spider

ブラックアラクニアとシェル・プログラム：アクサロンの惑星降下直前、軌道上に放出されていたステイシス・ポッドの幾つかは地上に落下し、プロトフォームを狙うプレダコンとの間で、幾度も争奪戦が繰り広げられた。ブラックアラクニアは、本来マクシマルのプロトフォームであったものが敵に奪われ、起動時に組み込まれた"シェル・プログラム"のため、プレダコンとなって誕生したトランスフォーマーである（プレダコン時代のデータはP30を参照）。シェル（心を閉ざす）プログラムとは、起動時のプロトフォームに人格と基礎知識を入力する"プログラミング・チップ"の機能をオーバーライドして、トランスフォーマーにプレダコンとしての自我を植え付ける人格改変プログラムである。このため、ブラックアラクニアは長らく、恐るべき宿敵としてマクシマルズを苦しめたが、シルバーボルトとの間に芽生えたロマンスを契機に、彼女自身の存在を危うくするメガトロンの歴史改変計画を阻止する事で、遂にプレダコンズと袂を分かった。シルバーボルトの願いとは裏腹に、あくまで一人のプレダコンとしてマクシマルズ内に身を置いたブラックアラクニアは、さらなるパワーを獲得すべく、密かに入手したトランスメタル・ドライバーを元に、自身のトランスメタル化を決行する。だがシルバーボルトの制止によって作業は失敗し、その影響でシェル・プログラムがブラックアラクニアの中枢意識を侵食、彼女は精神崩壊の危機にさらされる。ライノックスはシェル・プログラムを解除してブラックアラクニアを救おうとするが、この事態を察知したタランチュラスがプレダコンズと共にマクシマル基地を急襲、施術は妨害され、シェル・プログラムに備えられたセーフガード機能によって全システムを破壊されたブラックアラクニアは、あえなく絶命する。しかし、トランスメタル化の実行段階でエイリアン因子を帯びていた彼女の亡骸にトランスメタル・ドライバーが反応、その秘めたる力の解放によってブラックアラクニアは、新たなトランスメタル2として生まれ変わった。

■ブラックアラクニアの精神は、システム破壊の際にシェル・プログラム自体が消去された事により完全なマクシマルの物となったが、以前の悪女的な性向はそのまま残されている。

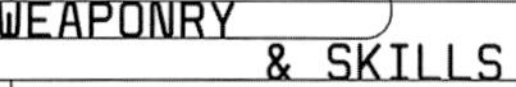

WEAPONRY & SKILLS

口部から発射する、エネルギー状のウェブで結ばれた鉤爪。先端のピンサーからサイバーベノムを放出する。

GRAPPLING HOOK
グラップリング・フック

強力なラウンドハウス・キックの連打を浴びせる。

POWER KICK
パワーキック

両腕から繰り出される二組の鋭利な爪。

WRIST BLADES
リストブレード

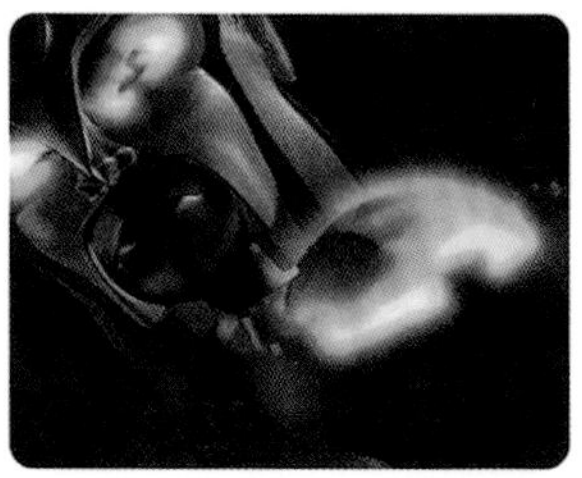

テレキネシス、自己修復、遠距離知覚、空中浮揚等の超能力を発揮する。

SPARK POWERS
スパーク・パワー

DEPTHCHARGE >>> MAXIMAL SECURITY COMMANDER

□デプスチャージ —— マクシマル保安局員　□ビーストモード —— エイ

背景：マクシマルズの植民星オミクロンが、不死身の変異スパーク実験体“プロトフォームX”によって壊滅させられた際、当時の保安責任者であったデプスチャージは瀕死の重傷を負いながらも、ただ一人生き残った。彼はそれ以来、復讐を胸に、逃走したプロトフォームXを追い求めた（その間にも、プロトフォームXによるスターベース・ラグビーの殺戮で、デプスチャージの友人達の多くが命を落とした）。遂にXを捕らえ惑星サイバートロンに連行したデプスチャージは、Xのスパークを破壊する方法の模索を進言するが、マクシマル・エルダーズとオプティマス・プライマルはこれを聞き入れず、封印されたXはオプティマスの指揮する宇宙探査船アクサロンに積み込まれ、生きたまま秘密裏に投棄される事となった。この処分を不服としたデプスチャージは、再びXの行方を追った。

Xの反応をキャッチしたデプスチャージの宇宙艇が、ハイ・カウンシルによって航行を禁止された宇宙域に侵入した際、彼は、メガトロンが引き起こしたタイムストームの影響で発生した時空変動場“テンポラル・ヴォーテクス”に呑み込まれ、ビーストウォーズの舞台である太古の地球へ転移した。大気圏突入後、海中に没した宇宙艇から脱出する際、彼は耐水用の緊急措置として海洋生物の形態を取り込むが、時空転移と同時に受けた残留クォンタム・サージの影響によって、巨大な金属質のエイと、飛行クルーザーに変形するトランスメタルとなった。そしてこの太古の世界で、今はランページと名乗る仇敵プロトフォームXと再会し、デプスチャージは再び熾烈な戦いを開始したのである。

デプスチャージは怒りに突き動かされたトランスフォーマーであり、ランページへの復讐以外の事柄には、つとめて無関心と冷徹な態度を装う。上層部とオプティマスへの反発心も根強く、彼に対する不快感を隠そうともしない。そのためマクシマルズの任務にも非協力的だったが、最終決戦においてはネメシスの浮上を阻止するべく、単身で海底に赴いた。ここで彼はランページとの最後の戦いを迎え、壮絶な相打ちを遂げる。彼自身はネメシスを止められなかったが、ランページを倒した事が結果的にTM2ダイノボットを目覚めさせ、ついにはマクシマルズを勝利に導くきっかけとなったのである。

ROBOTIC-FORM
Blue And Silver Humanoid

1st Appearance :
#41.Deep Metal

BEAST-FORM
Metallic Manta Ray

VEHICLE-FORM
Aerial Cruiser

WEAPONRY & SKILLS

胸部およびビーストモードの口から連続発射される円板状のエネルギー弾。

ENERGY DISKS
エナジーディスク

遠隔操縦スキャナーとしても機能する、コバンザメを模した二連ミサイルランチャーと、携帯式のライフル銃を装備。

SHARK LAUNCHER/RIFLE
シャーク・ランチャー／ライフル

エイの尻尾を、槍として使用する。

TAIL SPEAR
テイルスピア

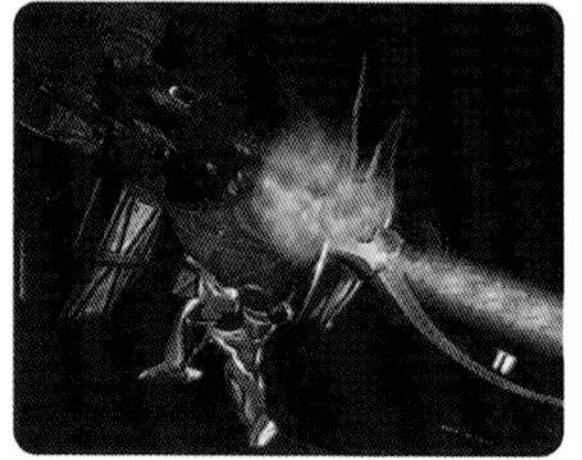

背部ウィングをケープのように翻し、強固な防御力で敵の攻撃を防ぐ。

WING SHIELD
ウィングシールド

TIGERHAWK >>> VOK EMISSARY/MAXIMAL WARRIOR

□ タイガーホーク ── ヴォック密使／マクシマル戦士　□ ビーストモード ── ホワイトタイガー & ハヤブサ

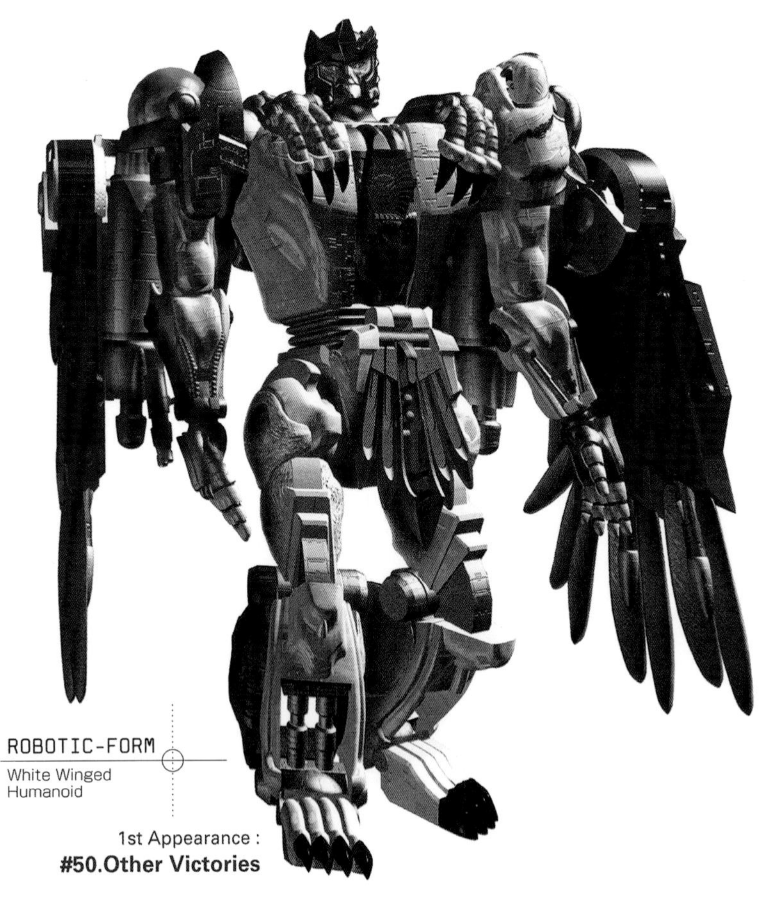

ROBOTIC-FORM
White Winged Humanoid

1st Appearance :
#50.Other Victories

BEAST-FORM
Winged White Tiger

背景：エイリアン・マシーンの攻撃によって荒廃した地球環境の調査と、軌道上から落下したステイシス・ポッドの捜索のために旅をしていたタイガトロンとエアレイザーは、深い谷あいに茂る不思議な植物を発見する。が、この植物もまたエイリアンの施設の一部だった。突如、動き出したエイリアン・プラントに捕らえられた二人は、眩い光に包まれ、宇宙の彼方へと運び去られて行った。二人が転送された星雲状の異空間こそ、太古の地球を実験場にして、幾度となくトランスフォーマー達を脅かしたエイリアンの本拠地であった。"ヴォック"と名乗る彼らエイリアン達は、地球圏のトランスフォーマーによる時間流の阻害を察知、その元凶であるメガトロンを排除するために、タイガトロンとエアレイザーのボディを融合させ、強力なトランスフォーマー、タイガーホークを創造、ヴォック自らが融合して再び地球へと出発した。その際、二人のスパークは分離され、その場に放置されたが、タイガーホークの後を追って、共に地球へと向かって行った。

地球に飛来したタイガーホークは、手始めにプレダコン基地を粉砕、メガトロンをも対決の末に打ち倒す。だが、タランチュラスの不意打ちに不覚を取り、彼の巣窟に捕らえられてしまう。タランチュラスはタイガーホーク内部のエイリアン因子を排除して自らの部下にしようとしたが、タイガーホークの体内から這い出た二体のヴォックがタランチュラスを襲撃、もつれあう三者はタランチュラスの装置によって、共に破壊された。

そして地球に帰還したタイガトロンとエアレイザーのスパークは一つに合体し、チーターによって救出されたタイガーホークの身体に再び宿った。こうして彼らは、奇妙な形で仲間との再会を果たしたのである。かくしてビーストウォーズの戦列に復帰したタイガーホークは、最終局面においてメガトロンの操るディセプティコン戦闘艦ネメシスに、独り戦いを挑むが、彼のエレメンタル・パワーをもってしてもネメシスの強大な攻撃力には及ばず、フュージョン・キャノンの劫火の前に、あえなく散ったのである。

■ちなみに、エアレイザーはハヤブサであるから、タイガーホーク（タカ）という名前は誤りとする見方があるが、広義の"hawk"には「タカ科・ハヤブサ科を含む猛禽の総称」という意味があるので、この命名にさしたる問題はない。

WEAPONRY & SKILLS

小型ミサイルを発射する二連ランチャーを手首に装備。

WRIST LAUNCHER
リストランチャー

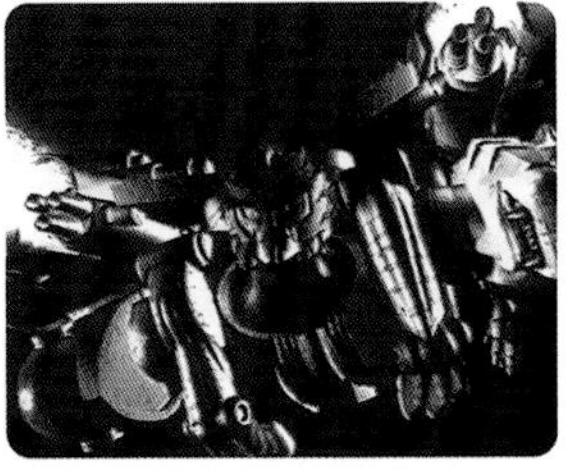

翼に装備した二連機関砲。

GATLING GUNS
ガトリングガン

翼下より、大型のミサイルを発射する。

MISSILE LAUNCHERS
ミサイルランチャー

雷、竜巻、地震など、大自然の力を操る他、シールド投射、エナジーブラストなどの超絶的な能力を発揮した。

ELEMENTAL POWERS
エレメンタル・パワー

MAXIMAL BASE AND EQUIPMENTS

□ マクシマル基地&装備

AXALON / MAXIMAL BASE
アクサロン／マクシマル司令基地

軌道上の戦闘で破損し惑星に墜落した宇宙船アクサロンは、以後マクシマルズの戦いの拠点となった。内部には作戦室や補修設備、監房、乗員用の個室等が配置され、またエナージョンフィールドを打ち消す整流コイルで守られている。敵基地に比べて損傷は軽く、プレダコン艦のスペースドライブ装置を用いて一度は惑星離脱を試みたが、これに頓挫して以降は完全に再発進不能となった。後にランページによって破壊され、艦首部分を残して大半が水中に没した。

MAXIMAL COMPUTER
マクシマル・コンピュータ

司令基地内に設置された大型電子頭脳。分析、診断、計算や各種システムの制御を担当し、また娯楽用に各種ゲームも取り揃えている。スパークを持たぬ思考機械であり、基本的に人格や感情の類は持っていない（防衛プログラム"センティネル"共々、男性的なトーンで話すが三人称は「彼女」である）。TFの体内にはこれと同種のオンボード・コンピュータが標準装備されており、主にエネルギー残量やフィールド危険値の警告等、機能面でのサポートを行う。

C/R CHAMBER
C/R チェンバー

Creation/Restoration Chamberの略で、損傷したマクシマルを復元し、また惑星の原住生物のDNAデータを複製して彼らに新たなビーストモードを付加する等の作業を行う（「クリエーション」とあるが、プロトフォームを製造する事はできない）。クォンタム・サージ発生の際は、修復作業中のライノックスとダイノボットを直撃から遮り、彼らのトランスメタル化を妨げた。船内にはこの他にも、簡易補修台が備えられている。

AUTOWEAPONS
オートウェポン

基地の外壁や周辺部に多数配備された対地、対空用自動防衛兵器。砲撃手によらずコンピュータの判断で操作され、動く物体を問答無用で攻撃する。また後に開発された防衛システム"センティネル"の一環で、基地内への侵入者撃退のため、タングラー・ガン、麻痺銃、サイクロトロン・フィールド、スコーチ・ソーサー、電撃投射器、ディスラプター・ボルト、凍結フィールドなど多種多様な兵器が追加された（ただし、ラットラップには全て突破されている）。

DIVING BELL
ダイビング・ベル（潜水鐘）

水中に沈んだアクサロンのコンピュータ・コアから、防衛プログラム・センティネルのコントロール・モジュールを回収するため、ブラックアラクニアが考案、製作した一人乗りステルス潜水作業艇。完全手動操作式で、敵の探知を逃れられるよう、騒音とエナジー・シグニチャー（エネルギー波形）を発する事なく作業が可能。コンソールにヘッドアップ式のソナー・アレイ、船体下部に作業用のエクステンダー・アームを装備し、バラスト機構により潜水、浮上する。

THE ARK
ジ・アーク

400万年前の地球に墜落したオートボッツの宇宙船。内部には多数のG1トランスフォーマーが緊急ステイシス状態で眠りにつき、復活の日を待っている。メガトロンは早くからこの船の所在を確認していたが、最後の切り札とするため、自ら洞窟の入口を爆破し封印していた。なお"アーク"の呼び名はマーヴルコミック版とトイ設定でのみ使用されたもので、旧アニメ版では単に"オートボッツ宇宙船"、墜落後は"オートボッツ司令部"と呼ばれていた。

NEW MAXIMAL BASE
新マクシマル基地

メガトロンによる初代オプティマス暗殺未遂以来、アークの防衛が急務となったため、ランページに破壊されたアクサロンの艦首をセントヘレンズ火山内部に運び込み、新たな拠点として要塞化した。洞窟内部をラヴィッジの宇宙船の残骸等を利用して内装し、入口は鋼板を繋ぎ合わせたブラストドアで固め、二基の自動砲座を配したが、アークのフォースフィールドの転用に失敗し、センティネルも敵に奪われるなど、防御面の弱体化を余儀なくされた。

AUTOBOT SHUTTLECRAFT
オートボット・シャトルクラフト

アーク船内に格納されていたオートボッツの小型宇宙艇。ネメシスの猛攻に対抗し、ライノックスの操縦でネメシス艦橋に突撃、メガトロンに体当たりしてビーストウォーズに決着をつけた（スクリプト段階の構想では『TFザ・ムービー』劇中に登場するシャトルの使用を想定していた）。ネメシスに装備されていたトランスワープ・セルを転用し、生き残ったマクシマルズと、捕縛したメガトロンを乗せて一路サイバートロンへ帰還した。

MEGATRON >>> LEADER OF THE PREDACONS

□ メガトロン ── プレダコンズ・リーダー　□ ビーストモード ── ティラノサウルス

ROBOTIC-FORM
Purple And Black Humanoid

1st Appearance :
#1. Beast Wars-Part1

BEAST-FORM
Gigantic T-Rex

特技:リーダーシップ、戦術及び戦略、遠距離及び近接戦闘、コンピュータ、奸計、異常心理学、宇宙航行術。

嗜好、趣味:メガトロンの唯一の関心は力である。彼は常に策略と人心操作をもって、力の獲得とその維持拡張に心血を注いでいる。

性格:メガトロンは真の悪漢である。彼は聡明にして無情、そして冷徹である。メガトロンの指揮及び戦闘能力は、オプティマスとほぼ互角であるが、敵を背後から攻撃するチャンスがある時、あるいは内部の敵対勢力を破壊する時以外は、むやみに戦おうとはしない。それは彼が臆病者だからではなく…彼はもし必要とあらば差しの対決も辞さない…ただ、そのような事態に陥いる事は、作戦プランの欠如を意味していると見なしているのである。彼は、機会があれば殆どのプレダコンが喜んで自分を亡き者にするであろう事を心得ており、戯れに裏切りを仕向ける事もある。それは彼の精神を鋭利にするだけでなく、部下達は互いの腹の探り合いに忙殺され、彼を真の脅威から確実に遠ざけてもいるのである。彼は決して誰も信じない。その思いはダイノボットの造反以来、より根深くなったと言えよう。

●**スコーポノック**はメガトロンの副官である。メガトロンは彼に対して友情を装うが、これは主に他の部下達から、彼の背後を警戒させるためである。

●**テラソー**はメガトロンへの忠誠を装うが、メガトロンは彼が計略家であることを見抜いている。メガトロンはしばしば彼に陰謀の実行を許すが、あくまでも最後の瞬間にそれを叩き潰すためにである。

●**ワスピネーター**は身の程知らずで気まぐれな愚か者であり、飛行能力と曲芸以外なんの取り柄もない。テラソーのあらゆる陰謀に対する噛ませ犬、そのためだけに彼は存在していると言っても過言ではない。

●**タランチュラス**はメガトロンが最も危険視し、軽蔑するプレダコンである。彼はメガトロンの好みには陰気過ぎ、その悪食はメガトロンをぞっとさせる。

●**ブラックアラクニア**は、メガトロンの最大の脅威となりうる存在である。が、奇妙な事に、メガトロンは彼女を見込んでおり、弟子と見なしてさえいる。

●**インファーノ**は、メガトロンが信頼を置く数少ないプレダコンである。彼の頭脳には、いかほどの敬意も払っていないにせよ。

●**クイックストライク**は道具である。彼の裏切りは脅威にあたらないが、性格的に何をしでかすかわからない存在である。

WEAPONRY & SKILLS

右手のダイノヘッドから発射する破壊光線。実体弾のマグナボムも搭載している。

PLASMA BLAST/MGNA-BOMB LAUNCHER
プラズマブラスト／マグナボム・ランチャー

左腕に装備した巨大な鉤爪。ミサイルランチャーとしても使用し、脱着も可能。

CLAW GRABBER HAND
クローグラバー・ハンド

両腰部のアーマーに搭載した、二連ミサイル発射器。

MISSILE LAUNCHER
ミサイルランチャー

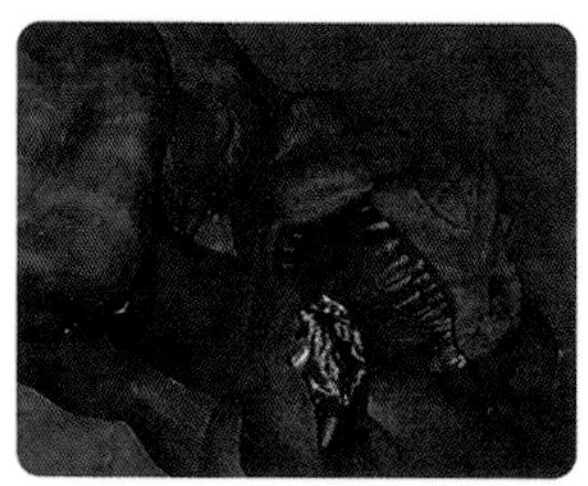

ビーストモードにおける主力武器。鋭利な牙で獲物に食らいつく。

T-REX JAWS
T-レックス・ジョーズ

野望の系譜：メガトロンは本来、プレダコン同盟のいかなる組織にも属さない反逆分子であり、"パックス・サイバトロニア"の現状を堪えがたい隷属状態と見なしている。メガトロンの野望は、全てのプレダコン組織を彼の支配の元に統一し、プレダコンズ（ならびに、その先達であるディセプティコンズ）を、惑星サイバートロンの究極の支配者とする事である。

"エナージョンの源泉"の所在が記されているというゴールデンディスクを盗み出したメガトロンは、トランスワープ戦闘艦を奪い、ディスクが示す惑星、太古の地球を目指した。果たしてそこは再び戦争を起こすに十分すぎる程のエナージョン資源に満ちた世界であったが、オプティマス・プライマル率いるマクシマルズの介入により戦闘が勃発、ここで彼の第一目的は、一旦マクシマルズの撃滅に移る。が、地球の各地に置かれた謎のエイリアン・サイトの一つでもう一枚のゴールデンディスクを発見し、来たるべきエイリアンに関する秘密を手に入れたメガトロンは、彼らをも征服の対象と見据え、その野望を究極的な宇宙制覇へと肥大させていった。そしてエイリアン・マシーンの破壊に乗じてオプティマスの抹殺に成功、同時にトランスメタルの身体を手に入れるが、一方で地球上の殆どのエナージョンは消滅してしまった。そのためエイリアンのメタルハンター・ベースが襲来した時は、これを乗っ取り、帰還船としてサイバートロン本星を攻撃しようと企んだ。

その後"トランスワープ爆発"の波が未来のサイバートロンに到達し、彼らの所在がじきに本星の知る所になると計算したメガトロンは、本格的な歴史改変に着手、人類の祖先を根絶し、「人類とオートボッツが協力し、グレートウォーに勝利する」という歴史を変えようとした。また、メガトロンの生存を知ったトライプレダカス・カウンシルより抹殺指命を受けた元ディセプティコン兵士ラヴィッジに命を狙われるが、彼の計画が初代メガトロンの意志である事を明かし、ディセプティコンズの再興を夢見るラヴィッジを仲間に引き入れた。そして決定的な手段として、宇宙船アークに眠る初代オプティマス・プライムを破壊し、未来を揺るがす時空嵐を引き起こした。この作戦は寸前で阻止されたが、これ以後もメガトロンはアーク攻撃と人類抹殺を主眼に置き、二重三重の計略を展開する事になる。

VEHICLE-FORM
Purple And Bronze T-Rex/Harrier Jet

BEAST-FORM
Gigantic Purple And Bronze Metallic T-Rex

ROBOTIC-FORM
Purple And Bronze Humaniod

1st Appearance :
#27. Aftermath

WEAPONRY & SKILLS

強力なビームを放つメガトロンの主力武器。先端はピンチャー・クローおよびディスク・プレイヤーとなる。
TAIL BLASTER
テイルブラスター

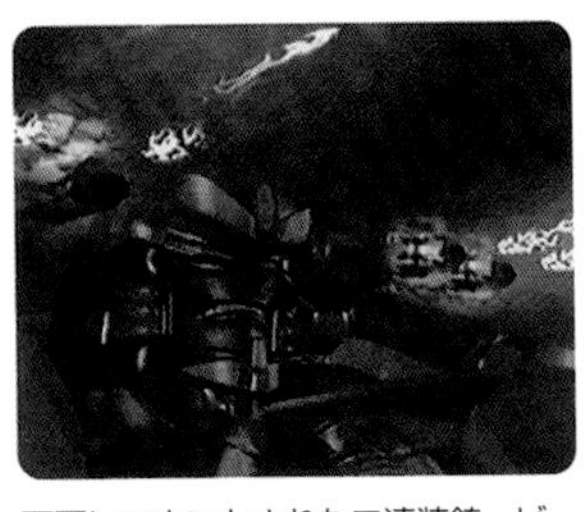
両肩にマウントされた二連装銃。ビースト時の指先が変化したもの。
SHOULDER GUNS
ショルダーガン

ビーストモードの浮揚、推進器。ロボット形態での使用も可能。
FANJET
ファンジェット

プロトフォームX（ランページ）のスパーク核を収容したクランプ状の小箱。ランページを服従させるために使用。
ENERGON CAGE
エナージョン・ケージ

ROBOTIC-FORM
Winged Red Humanoid

最終局面：プライム・スパークとの融合が、オプティマスを強大なスーパーロボットへと変身させた事実を目の当たりにしたメガトロンは、自身もそれに匹敵しうる力を手に入れるべく、再び宇宙船アーク内部に侵入した。この船に眠るディセプティコンの指導者、悪のトランスフォーマー史上最も強力で、伝説的な戦士である初代メガトロンの持つスパークこそが、新たな力の源に相応しいと考えたのである。首尾よく"G1スパーク"との融合を果たしたメガトロンであったが、またしてもタランチュラスの裏切りにより、火山の煮えたぎる溶岩の中へ突き落とされる。だが、この致命的な環境の中でメガトロンのナナイト構造は激烈な変態を遂げ、伝説に謳われた怪物のごとき真紅のドラゴンとなって再び立ち上がったのである。

一方、遠い時空の彼方のエイリアン・ヴォックらは、メガトロンが引き起こしたタイムストームによる時間流の断裂が彼ら自身の存在を脅かす事を憂い、その元凶を排除するべく密使タイガーホークを送り込む。地球へ飛来したタイガーホークは、手始めにプレダコン基地を粉砕し、降伏を迫る。メガトロンは恐るべき力を振るうエイリアンの執行者に苦戦を強いられ、遂に打ち倒されるが、「G1スパークを宿すメガトロンを殺せば、再びタイムストームを招く」とするオプティマスと、タイガーホークの力を欲するタランチュラスの暴走行為によって辛くも危機を脱する。この一件でタランチュラスとヴォックの分離体は共に破壊され、タイガーホークは本来のスパークと合流しマクシマルに加わった。その後、タランチュラスが発見、修復していたディセプティコン戦闘艦ネメシスと、自らの勝利が記されているというサイバートロンの予言書を手に入れたメガトロンは、いよいよ絶対の勝利を確信し、マクシマルズに最後の決戦を挑む。が、彼の部下達は次々と死亡、あるいは離反してゆき、かつての人格を呼び覚ましたダイノボットは再びメガトロンを裏切り、最後はライノックスの操るオートボット・シャトルがネメシスの艦橋に決死の突入、その直撃を受けたメガトロンは、遂に敗北の時を迎える。

かくしてG1スパークは初代メガトロンの身体に再び戻され、全ての歴史はあるべき姿を取り戻した。勝利に沸くマクシマルズを乗せ、サイバートロンへと帰還するオートボット・シャトルの外壁に磔となったメガトロンは、独り苦悶の叫びを上げるのであった。

1st Appearance :
#49. Master Blaster

BEAST-FORM
Winged Red Dragon

WEAPONRY & SKILLS

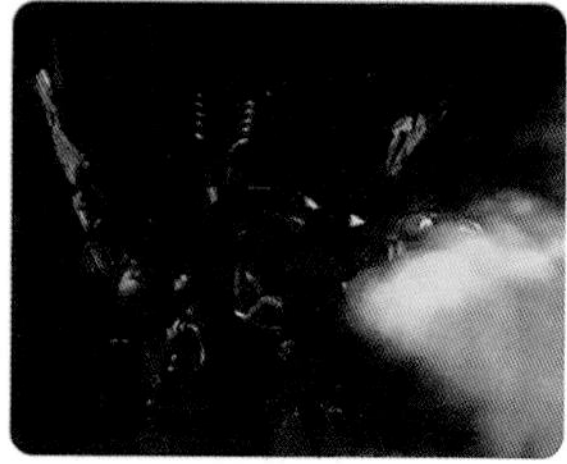

ドラゴンの口から発する熱線。全てのモードで使用可能。

BLAST OF FRAME
火炎ブラスト

敵を瞬時に凍結する冷気の放射。火炎同様、全形態で使用可能。

BLAST OF COLD
冷凍ブラスト

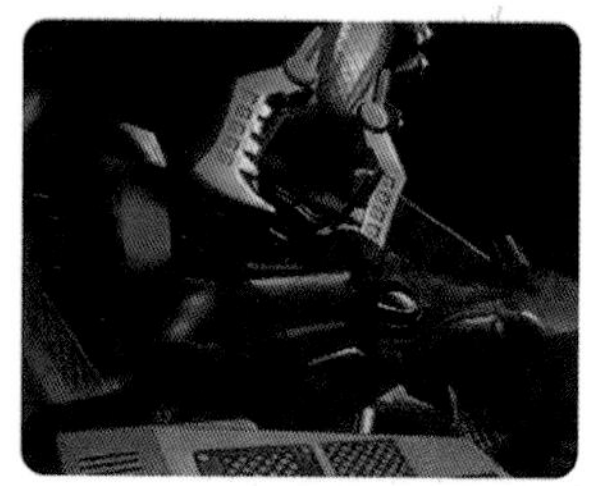

尻尾の先に装備された強力な鉤爪。

PINCHER TAIL
ピンチャーテイル

ドラゴンの牙より、捉えた敵を麻痺させる電撃を発する。

ENERGY BOLT
エネルギーボルト

SCORPONOK >>> PREDACON SECOND IN COMMAND

□スコーポノック —— プレダコンズ副司令　□ビーストモード —— サソリ

特技：砂漠でのサバイバル、長距離及び近接戦闘、熱源探知、長距離偵察。

性格：スコーポノックは、メガトロンの地位を脅かそうと考えない唯一のプレダコンであり、副司令の座を光栄と感じている。彼は近接戦闘よりも敵を射撃で吹き飛ばす事を好んでいるが、どちらの攻撃も得意である。彼の最大の長所はその武器システムの柔軟性にある。彼のサイバービーはスパイミッションに役立ち、また敵を撹乱する兵器に転じる事も可能である。スコーポノックの難点は、自らの剛勇を皆に見せつけるのに熱心すぎるあまり、時に自分の仲間さえも巻き添えにしてしまう事である。スコーポノックは常に戦場へ真っ先に乗り込み、彼の“友人”であるメガトロンの称賛を受けている。彼は闘いを楽しむ…勝ち目のある時は…だが彼はいつも、窮地に追い込まれる事を恐れており、時にそれが彼の行動を妨げる。

●スコーポノックは**メガトロン**に対して忠実であり、彼らは友人同志であると考えている。それは必ずしも、彼がメガトロンを救うために命を賭ける、という事を意味しないが、そのように仕向けられている事もありうる。

●彼は**テラソー**の事を、単にメガトロンのうわべを真似ているだけの、臆病な軟弱者に過ぎないと軽蔑している。

●**ワスピネーター**は、いつもスコーポノックの事を侮辱しているが、スコーポノックは彼を友人として扱っている。彼はワスピネーターがふざけていると思っているのだ！

●**タランチュラス**はスコーポノックをぞっとさせる。彼はタランチュラスが嫌いである。

●スコーポノックは、彼を不安がらせる**ブラックアラクニア**を、さらに嫌っている。

●**インファーノ**はスコーポノックの地位を脅かしており、スコーポノックもその事に気づいている。もしも可能であれば、彼は勇んでインファーノを破壊するだろう。

■スコーポノックはパイロット版の第2話以降、口調がより愚鈍な感じに変更されている(「スコーポノック、メガトロンに忠実」など)。基地内に専用のラボを所有し技術者の真似事もするが、粗悪な発明も多く、優秀さではタランチュラスやブラックアラクニアに及ばない。クォンタム・サージ発生の際、彼はテラソーと共に溶岩槽に転落、トランスメタル化の片鱗を表わしつつも、そのまま消息不明となる。だが誰一人として、彼の損失を惜しむ者はいなかった。

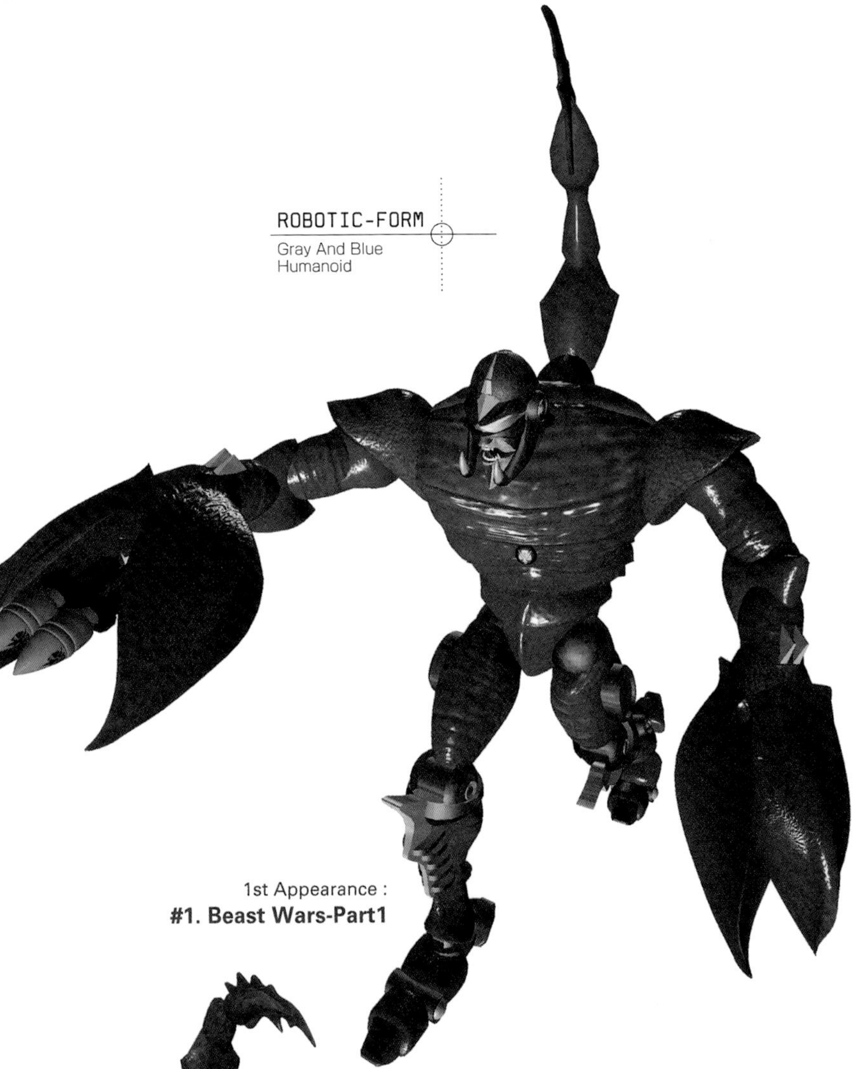

ROBOTIC-FORM
Gray And Blue Humanoid

1st Appearance :
#1. Beast Wars-Part1

BEAST-FORM
Giant Scorpion

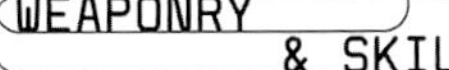

ハサミ内部から発射され、敵を憶病者に変えるウィルス爆弾として使用(だが効果は全く逆に表れた)。

CYBERBEE 1
サイバービー1

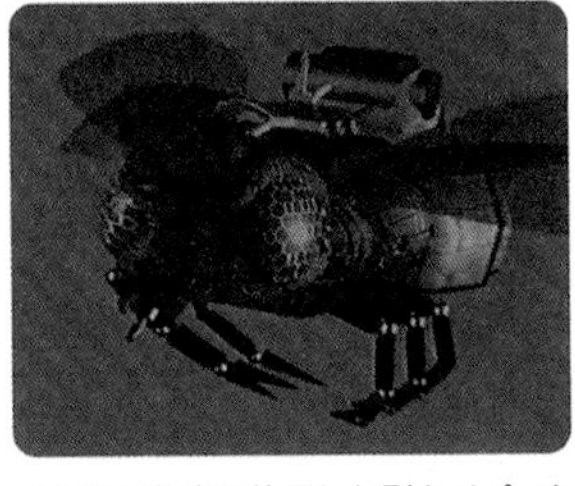

飛行島の偵察に使用した別タイプ。タイガトロンに捕獲され、マクシマル基地への伝令に使われた。

CYBERBEE 2
サイバービー2

標的を執拗に追跡する、二連装のホーミングミサイル発射器。

CLAW LAUNCHER
クローランチャー

尻尾の投射器より発射する生物学的兵器。エイリアンのバイオドームの外壁に侵入口を穿った。

TOXIC STING
トクシック・スティング

TARANTULAS >>> INFILTRATOR AND SPY

□タランチュラス —— 侵入者、スパイ　□ビーストモード —— クモ

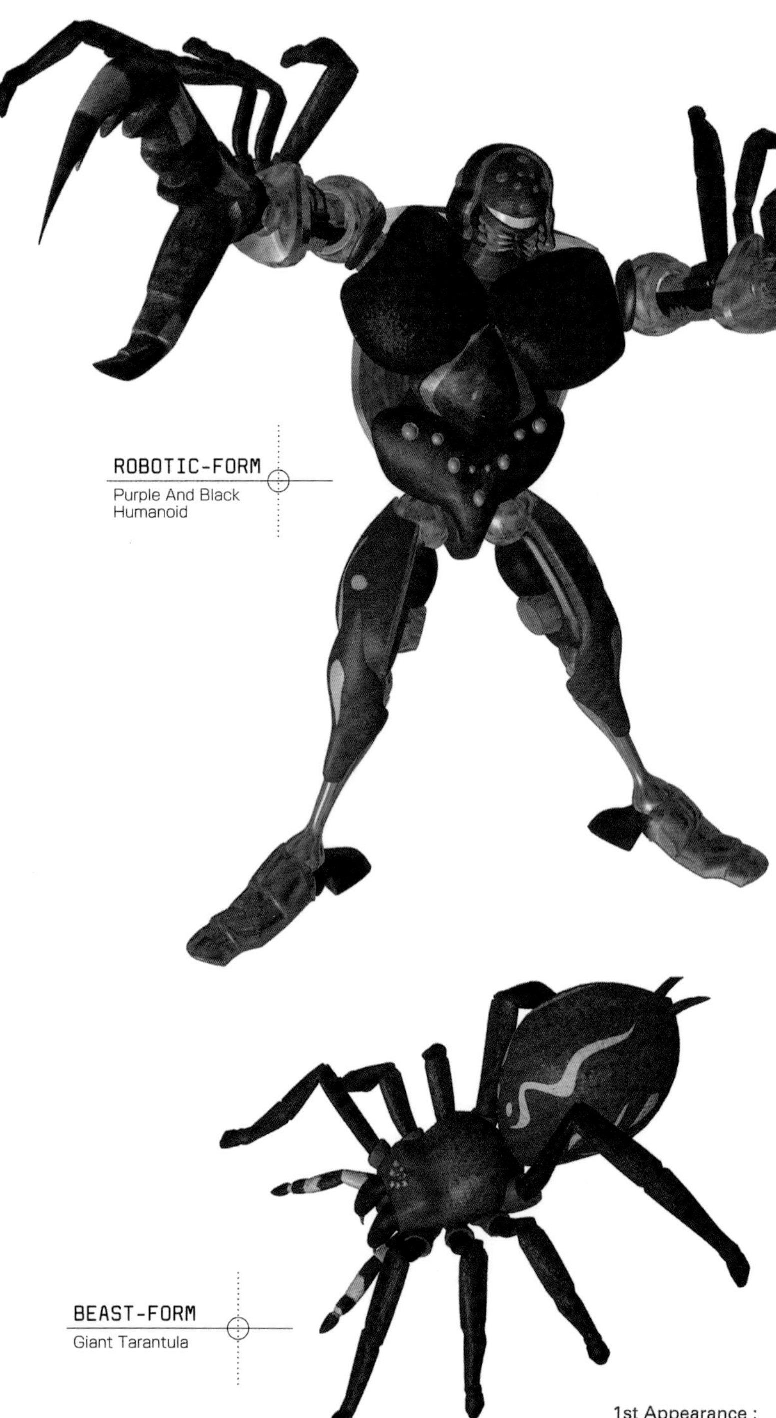

ROBOTIC-FORM
Purple And Black Humanoid

BEAST-FORM
Giant Tarantula

1st Appearance :
#1. Beast Wars-Part1

嗜好、趣味：餌。食べられる物なら何でも好きである。

性格：タランチュラスは最も無気味なプレダコンである。彼は口数は少ないが、いつも周りの者をいらいらさせる独り笑いをしている。彼は謎めいた闇の生き物で、何ものも近くに寄せつけない。彼は破壊的な格闘技術を身につけている。

●**全てのプレダコン**が彼を恐れており、誰も彼を信用していない。それこそ、彼の望む所である。彼は**ブラックアラクニア**に魅力と恐怖の両方を感じてはいるが、それでもなお、全てのプレダコンを嫌っている。

■タランチュラスは、奸智のたくましさにおいて事実上メガトロンに匹敵する実力の持ち主であり、ビーストウォーズにおける役割や、キャラクターとしての比重はことのほか高い。その不気味さや猟奇性、そして高慢で自惚れに満ちた性格は、メガトロンに対抗する危険分子として(スタースクリームの廉価版のようなテラソーと比べ)、極めて異彩を放っている。また技術者としても優秀さを遺憾なく発揮し、実効力のある兵器を多数開発しては幾度もマクシマルズを苦境に追い込んだ。また、よほど自らのビーストフォームに執心しているのか、機会のあるごとにクモ類による組織固めを図っており、まずブラックアラクニアのビーストモードを独断でクロゴケグモに指定、インファーノの起動に際しても、当初はクモのDNA情報を与えようとしていた。また、後にクイックストライクを仲間に引き込もうと言葉巧みに接近、メガトロンを火口に叩き落とす際にまんまと利用した(サソリはクモの仲間である。それでも、愚かな上にメガトロンに従順なスコーポノックには、ついぞ声をかけなかったが)。早くから秘密の巣窟に居を構え、独自の策略を用いて暗躍、またエイリアンの脅威を誰よりも憂慮しており、独り先んじて惑星から逃れるべく、プレダコン基地のエンジンルームからトランスワープ・セルを盗み出し、ステイシス・ポッドに組み込んで脱出船を急造した。この際に使用したトランスワープ・セルが、後にエイリアン・マシーンの破壊に利用され、引いてはトランスメタルズ誕生の要因となる。また、ここで発生したトランスワープ爆発の波はやがて未来のサイバートロン星域に到達し、トライプレダカス・カウンシルにメガトロンの所在を教える手がかりとなったのである。

WEAPONRY & SKILLS

タランチュラスの主武装である、8本のクモ肢に内蔵された機関銃群。

MACHINE GUNS
マシーン・ガン

携帯式の銃で、ブラスター、エナジーウェブ、グラップリング・フック等、他目的ランチャーとして使用される。

WEB LAUNCHER
ウェブ・ランチャー

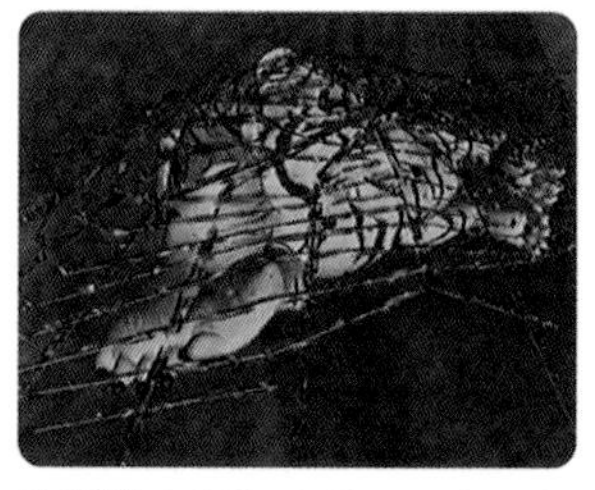

敵や獲物の身動きを封じ、エネルギーを吸い取る金属製のクモ糸。

STASIS WEB
ステイシス・ウェブ

スキャンモードの一つで、暗視用の赤外線視覚。

INFRA-VISION
インフラ・ヴィジョン

>>> LIEUTENANT OF THE PREDACON SECRET POLICE / UNICRON'S SPAWN OPERATIVE

── プレダコン秘密警察中尉／ユニクロンズ・スポーン工作員

■タランチュラスの正体は、ハイ・カウンシルの命によりメガトロン率いる犯罪者集団に潜入していたプレダコン秘密警察の将校である。だが、彼のさらなる裏の顔は、サイバートロン社会の陰で版図を広げる闇の勢力"ユニクロンズ・スポーン"の一員であり、同志であるトライプレダカス・カウンシルらと共に、ユニクロンズ・スポーンによる宇宙支配を目論んでいる。

脱出船で、独り惑星から逃れようとしたタランチュラスは、インファーノの火炎放射器に焼き払われるが、サイバーリンクによって自己の中枢意識を一時的にブラックアラクニアの精神に転移させ難を逃れる。クォンタム・サージを浴びてトランスメタルへと変化した彼の本体に戻って以後、新たな秘密基地を手に入れ、またエイリアンが再接近したのを機に、タランチュラスはメガトロンとの決別を宣言、トライプレダカス・カウンシルにより派遣されたラヴィッジの到着と共に、プレダコン秘密警察の内偵者であるという、もう一つの身分を明らかにした。

ブラックアラクニアの寝返りによりメガトロンの歴史改変計画が頓挫しラヴィッジも破壊された後、彼は一時的にメガトロンとの同盟関係を回復するが、初代メガトロンのスパークを手に入れるべく再びアークに侵入した際、クイックストライクを抱き込んでメガトロンを裏切り、アークの自爆コードを起動してG1トランスフォーマー、ひいては未来のマクシマルズとプレダコンズの全てを滅ぼそうとした（彼らユニクロンズ・スポーンは、マクシマルズやプレダコンズとは起源が異なるため、タイムストームの影響を受けない）。だがこの計画は、皮肉にも彼の得意とするウィルス戦法により、またしてもブラックアラクニアの手で阻止される。最後に、エイリアン・ヴォックの使者であるタイガーホークを捕らえ、彼の中のエイリアン因子を取り除いて自らの手駒としようとするが、タイガーホークから分離したヴォックに取り憑かれ、彼自身の装置によってヴォックもろとも破壊された。

彼は死の直前に、アークと共に地球に墜落したディセプティコンの宇宙戦闘艦ネメシスを発見し、完全な稼動状態に修復していた。このタランチュラスの遺産を用いて、メガトロンはマクシマルズに最後の決戦を挑んだのである。

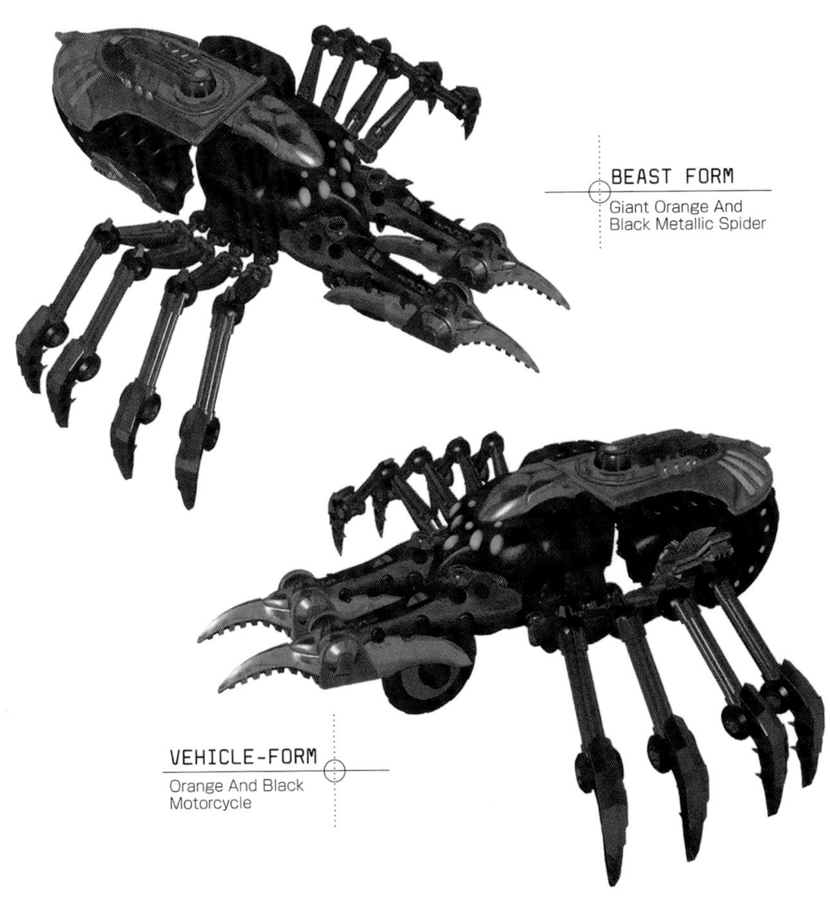

BEAST FORM
Giant Orange And Black Metallic Spider

VEHICLE-FORM
Orange And Black Motorcycle

ROBOTIC-FORM
Purple And Black Humanoid

1st Appearance :
#27. Aftermath

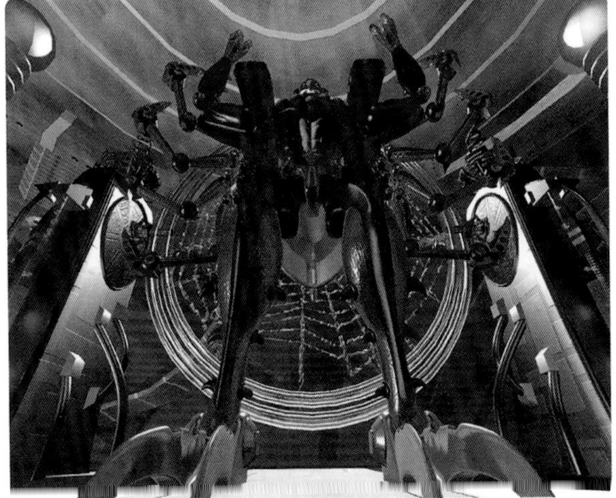

WEAPONRY & SKILLS

両肩より多数のミサイルを一斉発射する。

CLUSTER BOMBS
クラスター・ボム

ビークル形態の前輪を回転円鋸として使用。また光線銃としても機能する。

SAW BLADE/HAND BLASTER
ソーブレード/ハンドブラスター

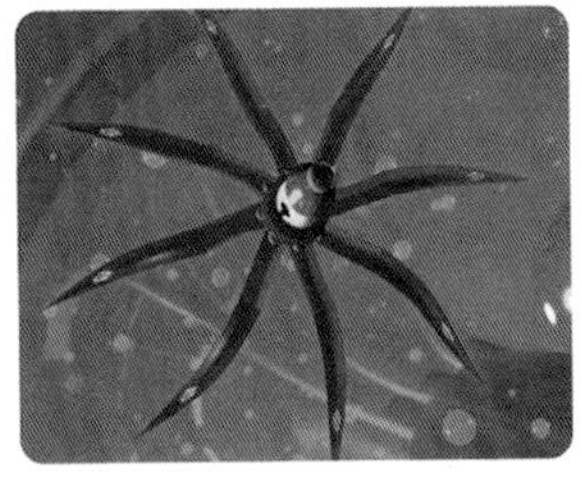

個人から巨大な敵まで対象を選ばず、好んでウィルス性のデータトラックスを使用する。

VIRAL WARFARE
ウィルス戦法

補修や建設作業、奇襲攻撃などタランチュラスの手足となり、ありとあらゆる目的に活用されるクモ型ドローン。

SPIDER-BOTS
スパイダーボット

TERRORSAUR >>> AERIAL COMBAT AND RECON

□テラソー —— 航空戦及び偵察　□ビーストモード —— プテラノドン

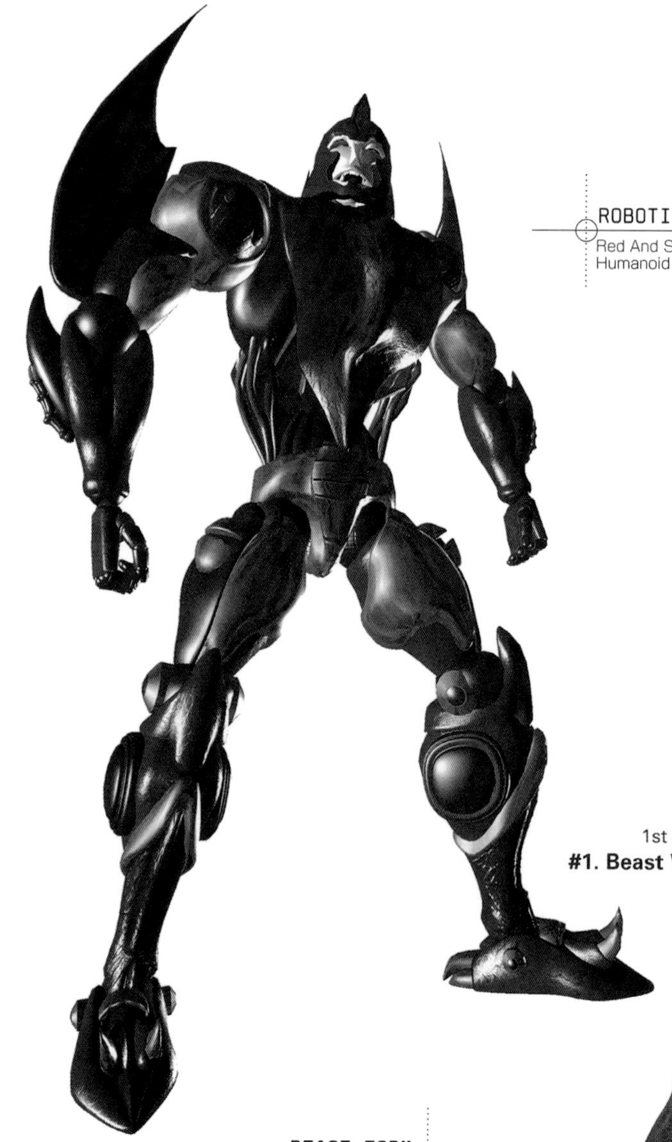

ROBOTIC-FORM
Red And Silver Humanoid

1st Appearance :
#1. Beast Wars-Part1

BEAST-FORM
Pterodactyl (flyer)

特技:戦闘、悪知恵、コンピューター操作、空中戦。
嗜好、趣味:テラソーの趣味は、メガトロンを追い落とす方法を考える事である。
性格:テラソーは、メガトロンがプレダコンを指揮する事になって以来、自分は騙されたと頑なに考えている。彼のパワーは、メガトロンより遥かに強大で、より賢く、自分こそが真の支配者たるべきであると(どれも完全な誤りだが)、そう信じ込んでいるのだ。彼は典型的なゴロツキに過ぎず、実の所、全くの臆病者である。彼は空中では自信に溢れるが、それは主に、空ならば誰とも正面から向き合わずにすむためである。敵と戦う時も、拳を交わすよりも空からの機銃掃射を好む。彼はくよくよと心配事をしている事が多く、そうでない時はあたり構わず不平をまき散らしている。彼は自らの指揮権に支持を取り付けるべく、いつも他のプレダコン達と駆け引きしている。

●彼は、今でこそ**メガトロン**が権力を握ってはいるが、いつの日か自分が取って代わるという妄想に取りつかれている。

●彼は**スコーポノック**をいかれた馬鹿者と考えており、もしもメガトロンの後ろ楯がなければ、彼を完全に排除しているだろう。

●彼は**ワスピネーター**についても馬鹿だと考えているが、彼はグループで他に唯一の飛行能力者であるため、友人を装っている。

●**タランチュラス**は、彼を悩ませ恐れさせている。

●テラソーはメガトロンほど**ダイノボット**の事を憎んではいないが、隙あらば彼を仕留めようと考えている。

●**ブラックアラクニア**については、困惑し、当惑している。テラソーは彼女を理解も、信頼もしていない。

●彼は、**インファーノ**についても非常に困惑している。

■テラソーはG1シリーズで言う所のスタースクリームに近い役回りを与えられているが、後に共演もするこの先輩格に比べると、テラソーは多分に三下、青二才の印象が強く、そのぶん面目の潰され方も痛々しい。彼もスコーポノック同様、クォンタム・サージの直撃を受けた際にフローティング・プラットフォームから転落、基地内に侵食した溶岩のただ中に沈み、トランスメタルへの変異を匂わせつつも退場となる。非情なプレダコンズにあっては、彼の安否は単に数字の問題でしか語られる事がなかった。

WEAPONRY & SKILLS

プラズマ・バーストを連射する、体内収納式の携帯銃。

PLASMA RIFLE
プラズマライフル

両肩から展開する二基のミサイルランチャー。パワーサージの影響下では、大口径のエネルギー兵器に変化していた。

SHOULDER GUNS
ショルダーガン

両眼より発射する二条の熱線。

HEAT BEAMS
ヒートビーム

両軍において、飛行可能な者は"フライヤー"と、他と区別して呼称される。テラソーは両モードでの飛行が可能。

FLIGHT CAPABILITY
飛行能力

WASPINATOR >>> AERIAL COMBAT AND RECON

□ワスピネーター —— 空中戦闘、偵察　□ビーストモード —— ハチ

嗜好、趣味：ワスピネーターは飛ぶ事と、蜜を吸う事の二つが好きである。

性格：ワスピネーターは、その飛行能力ゆえに、自分こそ最も優れたプレダコンであると確信しており、その事をためらいもなく吹聴している。彼はメガトロンがリーダーの地位にある事を全く気にしていない。なぜなら彼は、自分こそが選ばれた指導者であり、それが証明される日が来るのは時間の問題であると確信しているのである。彼は仲間のプレダコン達のパワーを尊敬しているが、彼らを恐れてはいない。ワスピネーターの欠点は、すぐに注意力散漫になる所である。彼はビーストウォーズに関してはしらけた態度を取っており、個人的には、ビーストウォーズに深入りする必要は全くないと考えている。

●ワスピネーターは**メガトロン**の命令通りに働く。少なくとも彼の視界から出るまではだが。いずれにしろ、彼はメガトロンがいかに危険であるかを知っており、常にもっともらしい言い訳を用意している。

●**テラソー**に対して彼は同志のふりをしているが、だからといって辛辣な言葉を控えたりはしない。

●**スコーポノック**はあまりにも愚鈍であり、貴重な時間を無駄にする価値は全くないと考えている。

●**タランチュラス**と**ブラックアラクニア**が彼を脅かす事はない。彼らは自分より下等だと考えているためだが、それでも彼はあまり長い時間、二人の側にいようとはしない。

●**インファーノ**は新たな不安の種である。ワスピネーターは、この新人プレダコンの飛行能力と武装は脅威だと感じている。

■ビーストウォーズきってのコメディリリーフであるワスピネーターは、何かにつけてはこっぴどく打ちのめされ、C/Rタンクを往復する不幸な毎日を過ごしている。敵はもとより味方からさえも軽んじられ消耗品扱いされており、最も目覚ましい活躍と言えば、スタースクリームに身体を乗っ取られた上でのアクサロン占拠ぐらいだった。道化を絵に描いたような役回りではあるが、虫けらに毛の生えた程度の頭脳かと思いきや、第二の月の消滅から、惑星の秘密やゴールデンディスクの力の程を推理し的中させるなど、意外に賢い面も見せる。新たな基地を確保するため原人の村を襲撃した際、とうとう悪事に嫌気がさしてプレダコンを脱退、後に原人達の王として迎えられる。かくしてワスピネーターにもようやく幸せな日々が訪れたのである。

ROBOTIC-FORM
Yellow And Green Humanoid

1st Appearance :
#1. Beast Wars-Part1

BEAST-FORM
Giant Wasp

WEAPONRY & SKILLS

手持ちの携帯銃からスティンガー・ミサイルを発射する。

STINGER LAUNCHER
スティンガー・ランチャー

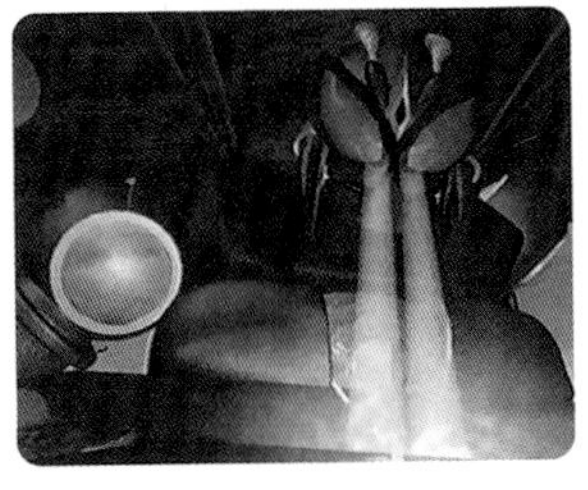

両眼から発射する光学兵器。

EYE-LASERS
アイ・レーザー

両形態での飛行およびホバリングが可能。彼の唯一の取り柄である。

FLYING CAPABILITY
飛行能力

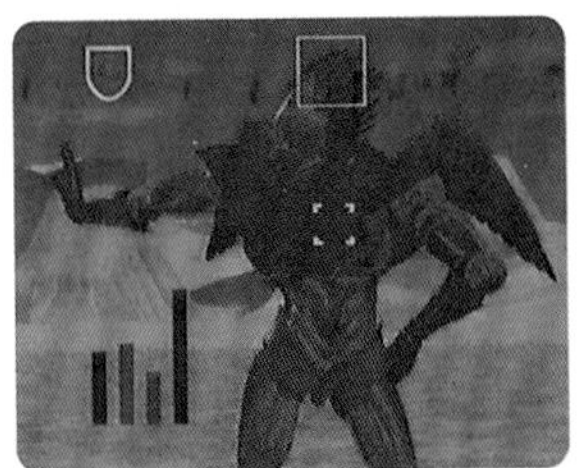

トランスフォーマーの高精度視覚機能。彼の場合は当初、複眼型映像表示が予定されていた。

SCAN MODE
スキャンモード

BLACKARACHNIA >>> CREATIVE SUBVERSION

□ブラックアラクニア ── 頭脳的破壊工作　□ビーストモード ── クロゴケグモ

ROBOTIC-FORM
Black And Gold Humanoid

BEAST-FORM
Black Widow Spider

1st Appearance :
#8.Double Jeopardy

特技：近接戦闘、プロパガンダ、体制転覆。

性格：ブラックアラクニアは最も知的な、そしてあるいは最も危険なプレダコンである。彼女はまだメガトロンに対して直接の攻撃には出ていないが、それは時間の問題である。彼女はまた、ただ一人メガトロンに対して意図的に横柄な態度を取っている。メガトロンは彼の最も汚いトリックを彼女に伝授する事で、身に迫る危険を楽しんでいる。彼女は他のプレダコン達を少なからず軽蔑している。

●**メガトロン**とブラックアラクニアは今の所、師弟のような関係にある。少なくとも彼女が行動に移るチャンスを見極めるまでの間は…。メガトロンも、彼女こそが相応しい敵であると感じ始めている。

●**ワスピネーター**は彼女にとって完全に消耗品である。

●**スコーポノック**は愚鈍だが時には役に立つ。

●ブラックアラクニアは、**タランチュラス**が彼女に熱を上げているという事実を、時折利用する。

●**インファーノ**は彼女には理解しがたい存在である。彼のメガトロンへの絶対的忠誠心は少々厄介である。

■ブラックアラクニアは本来、マクシマルのプロトフォームとして造られたものが、タランチュラスの“シェル・プログラム”を組み込まれ、プレダコンとして誕生したビーストウォリアーである。彼女の意識には善なるマクシマル・プログラミングが土台として残っているが、普段の彼女は、常に頂点を目指し、他者を利用しては力の獲得に努める、完全なプレダコンである。惑星脱出船を我が物にしようとした時、彼女はサイバーリンクを通じてタランチュラスに精神を乗っ取られ、トランスメタル体としての復活に利用される。分離後もタランチュラスの監視、支配下に置かれるが、隙を見て独自にゴールデンディスクの解読情報を入手、これを独占した。だが疑いを抱くタランチュラスに精神の開示を強要され、たまりかねた彼女は奴隷同然の立場から逃れるべく、暴発寸前のエナージョン・サージを自ら浴び、命懸けでタランチュラスに精神支配の解除を迫った。また、この時に出会ったシルバーボルトとは互いに魅かれ合い、後に彼の命を救うため、ディスクから得たアークへのアクセスコードを提供する。そしてメガトロンの歴史改変を妨害したために、遂に見限られた彼女は、以後マクシマルと行動を共にする事になる…あくまで一人のプレダコンとしてではあるが。

WEAPONRY & SKILLS

ブラックアラクニアの主武装である、8本のクモ肢に内蔵された機関銃群。

MACHINE GUNS
マシーン・ガン

ロボット生命体を麻痺させる猛毒。

CYBERVENOM
サイバーベノム

高所や断崖への移動の際に利用する、グラップリング・フックを発射。

CABLE LAUNCHER
ケーブルランチャー

強力なラウンドハウス・キックを浴びせる。

POWER KICK
パワーキック

INFERNO >>> AERIAL COMBAT AND ENFORCEMENT

□インファーノ —— 空中戦闘及び任務遂行強制　□ビーストモード —— アリ

特技：飛行、スピード、破壊、空中戦。
嗜好、趣味：なし。彼は働くのみで、一切のイマジネーションと無縁である。
性格：インファーノは危険と忠誠心の化身である。精神的に混乱しており、自分を王位に仕える蟻だと考えている。その彼が王位と決めたのは、プレダコンで最も大きく、恐るべき兵器を装備し、飛行能力を持つメガトロンである。彼はメガトロンを含め、いかなるプレダコンをも破壊できるが、そのような考えは、決して彼の脳裏に浮かぶ事はない。
●インファーノは、ただ一人**メガトロン**にのみ忠実である。その他の者は一切眼中にない。
■インファーノのプロトフォームを乗せたステイシス・ポッドは、何のトラブルもなく惑星降下に成功した、殆ど唯一のケースである。しかしプロトフォームの起動準備の最中、タランチュラスの妨害のため正常な起動シークェンスが阻害されてしまう。タランチュラスはポッド・コンピュータから、プロトフォームにマクシマルの知識と人格を入力するプログラミング・チップを除去し、代わりにプレダコンのチップを接続して、新たなプレダコン戦士を誕生させようとした（この際タランチュラスは、適合生命体として、自分と同じクモのデータを与えようとしていた。因みにこの「チップ交換」というプロセスは、不可逆という点で、シェル・プログラムによるブラックアラクニアのプレダコン化処置のケースとは全く異なる）。だがポッド・コンピュータは、既に必要なDNAデータの選定を終えており、この混乱した処理のためか、結果的にインファーノは、論理回路を昆虫の本能に支配された、巨大なアリのトランスフォーマーとして誕生した。彼は当初、自分の生まれたステイシス・ポッドを「巣」と認識し、これに近づく者を見境なく攻撃していたが、タイガトロンがポッドを破壊した事により、彼は全てのマクシマルに復讐心を抱くようになった。その後プレダコンに加わり、メガトロンを「女王アリ」として絶対の忠誠を誓ったインファーノは、王位のため献身的に任務を遂行した。後にタイガーホークによってプレダコン司令基地を破壊され、再び住処を失ったインファーノらは、新たな巣を手に入れるために原人の村を侵略する。しかしメガトロンの浮上させたネメシスが飛来し、原人達を滅ぼそうとフュージョン・キャノンの一斉射撃を放った時、その巻き添えとなったインファーノは、敢えなく非業の最期を遂げたのである。

ROBOTIC-FORM
Red, Blue And Silver Humanoid

1st Appearance :
#18.Spider's Game

BEAST-FORM
Giant Fire Ant

WEAPONRY & SKILLS

インファーノの主力武器である大型ミサイルランチャー。

BLAST CANNON
ブラストキャノン

ブラストキャノンは、モード切り替えにより火炎放射器としても機能する。

FRAMETHROWER
フレイムスロウアー

ロボット・フライトモードで使用する、大型の推進器。

JET PACK
ジェットパック

大量のクラスター・ボムを一斉発射するオプション兵装。

MULTI-MISSILE LAUNCHER
マルチ・ミサイルランチャー

QUICKSTRIKE >>> FUZOR, NEW RECRUIT

□クイックストライク — フューザー、新兵　□ビーストモード — サソリ&コブラ

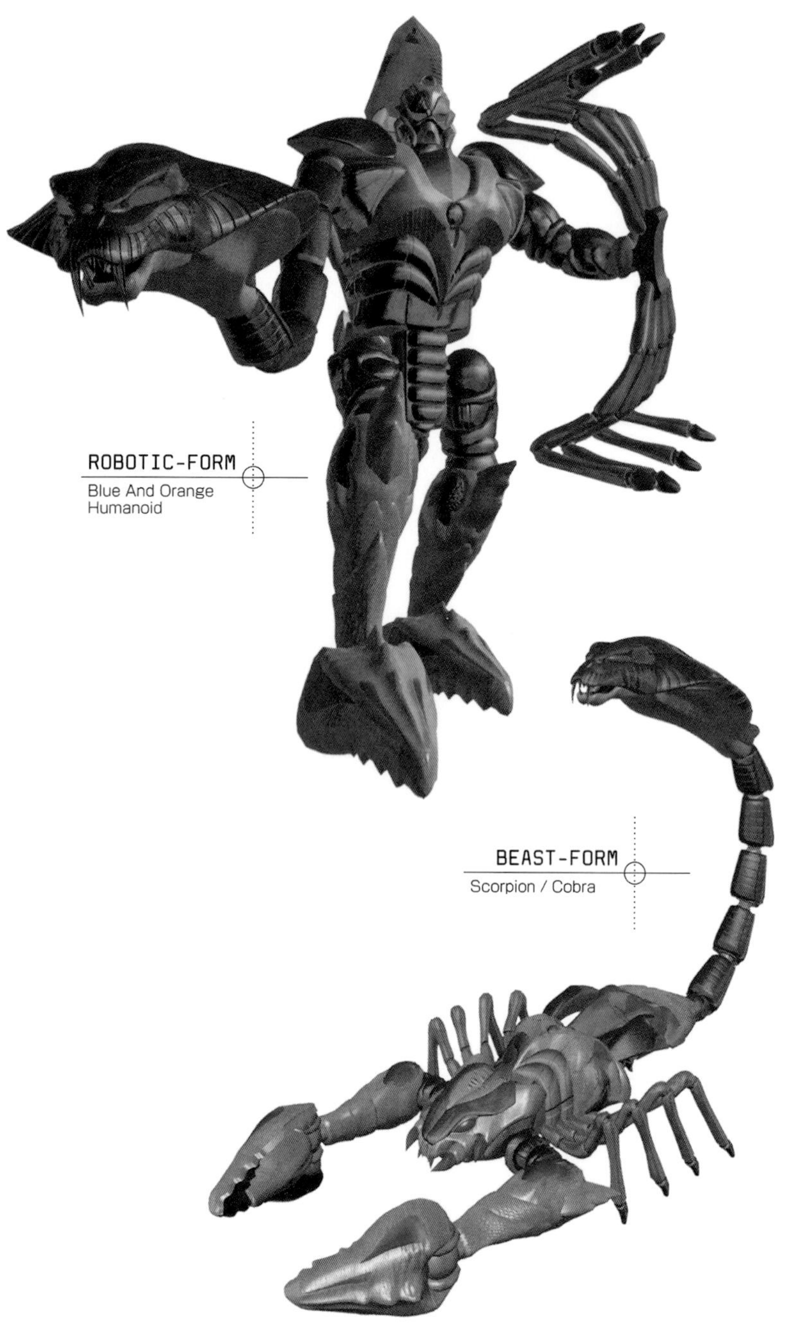

ROBOTIC-FORM
Blue And Orange Humanoid

BEAST-FORM
Scorpion / Cobra

1st Appearance :
#28.Coming Of The Fuzors-Part1

特技：戦闘。
性格：誰にも敵対的で攻撃的な、口やかましくひねくれ者。決して降参しない。

■クイックストライクは、クォンタム・サージの影響で、乗っていたステイシス・ポッドの全システムが機能不全を起こしたため、2種類の動物形態が渾然一体となった"フューザー"として誕生した。タイガトロンやインファーノなどのように起動時の不調のため、人格面においてビースト形態の本能や性質が支配的となったのか、同じ状況で生まれたシルバーボルトに理由もなく襲いかかるなど、誕生時から無類の凶暴性を発揮した。彼のメモリは混乱し、変形能力を持っている事すら自覚していなかったが、メガトロンによって変形用のアクティベーション・コードを("マクシマイズ"から"テラライズ"へ)変更され、自分がプレダコン戦士であると信じ込まされた挙げ句、何の違和感もなく悪の集団の一味に加わった(その後も、本格的に再プログラミング処置を受けた描写はない)。クイックストライクは西部劇のならず者のような口調で話し、性格的にも粗野で、無思慮に振る舞う。マクシマル出身の新参者ゆえプレダコン内での地位は低く、ワスピネーター並みに粗雑な扱いを受けている。地球上で生まれたトランスフォーマーの例にならい、彼らフューザーズには外見上、トランスメタル的な変異の様子は見受けられないが、クォンタム・サージは彼らの体構造に確実に影響を及ぼしており、メタルハンター・ベースが地球に来襲した際、他のトランスフォーマー達が倒される中、トランスメタル戦士と同様に自動攻撃の目標から除外されていた。これはクォンタム・サージ中のエイリアン因子を帯びたトランスメタルとフューザーが、エイリアンと同類の"ヴォック・アニマル"と認識されたためである。クィックストライクは、かねてからタランチュラスの誘いを受け、後にメガトロンを追い落とす片棒を担がされる。オプティマル・オプティマスを操って宇宙船アーク内に侵入し、初代メガトロンのスパークを奪取する作戦の途中、彼はスパークの融合で苦しむメガトロンを、灼熱の溶岩の中へ叩き落とした。この裏切りの罪を問われ、彼は処刑の一歩手前まで立たされるが、タイガーホークの乱入によって執行猶予となる。だが結局最後には、原人攻撃のために放たれたネメシスの主砲、フュージョン・キャノンのブラストに呑まれ、敢えない犬死にを遂げた。

WEAPONRY & SKILLS

コブラハンドより、敵を麻痺させるベノム・レーザーを発射する。

CYBER VENOM BLASTER
サイバーベノム・ブラスター

ビーストモードで使用するサソリのハサミ。

PINCHER CLAW
ピンチャークロー

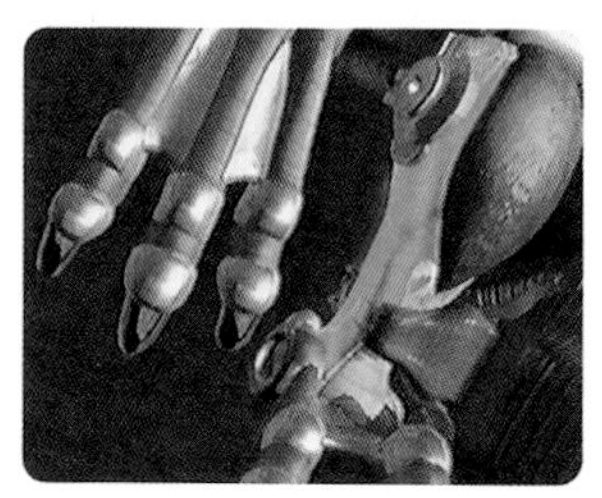

サソリの一刺しのように、猛毒の牙を敵に突き立てる。

COBRA BITE
コブラバイト

縦者の動作をトレースして、敵を思いのままに操るマスター・スレイブ装置。開発者はタランチュラス。

MASTER EXOSKELETON
マスター・エクソスケルトン

RAMPAGE >>> PREDACON WARRIOR

□ランページ —— プレダコン戦士　□ビーストモード —— カニ

■かつてマクシマル・エルダーズの指揮の元、スタースクリームが持つ不滅のミュータント・スパークを再現する実験が行われた。だがこの実験は失敗に終わり、結果として高い知能を持ちながら、極めて凶暴な不死身の怪物を生み出すという、最悪の事態をもたらした。こうして誕生した“プロトフォームX”は、狂気と共にコロニーや宇宙基地で破壊の限りを尽くし、数多くの犠牲者を生んだ。4ステラサイクルの後、全滅したコロニー・オミクロンの復讐に燃えるデプスチャージによって捕らえられ、惑星サイバートロンへ連行されたXは、どこか遠い、生物の存在しない惑星へ投棄される事になった。だが彼を乗せた宇宙船アクサロンは、ゴールデンディスクを奪い逃走したメガトロン追撃のために任務を離れ、トランスワープ・ジャンプの末に太古の地球へ辿り着く。彼を封印したステイシス・ポッドは軌道上に放出されたが、エイリアン・マシーンの攻撃の際に地上へ落下、そして沼沢地へ着陸した結果、巨大なカニとバトルタンクの形態を持ったトランスメタルとなって再起動する。そしてプロトフォームを保護、回収すべく集まった両軍の前に姿を現わし、その恐るべき力を振るったのである。

プロトフォームXとマクシマルズとの最初の戦闘の直後、メガトロンは首尾よく彼のスパーク核を手に入れ、それを元に彼を制御する手段を編み出す。こうして“ランページ”と名付けられたXは、己の意に反してメガトロンの命令に従い、プレダコンの新たな戦力となった。他方で彼は、マクシマルズに対して一片の情けも持ち合わせていないため、彼らに対する攻撃は苛烈をきわめた。

ランページは高い知性（彼の知性は、その古風で詩的な台詞回しに表れている）、そして狂気と破壊衝動を合わせ持ち、そのスパークは恐怖の心を糧とする。これに伴い、彼は他者の感情を読み取る鋭い感覚能力を持っており、自分同様に数奇な生い立ちと、力強いスパークを持つ“トランスミューテイト”に情を移し、また因縁深いデプスチャージの到来をいち早く感知した。

ネメシスの浮上をめぐる最後の戦いで、エナージョンの刃を突き立てるデプスチャージに対し、ランページは哄笑と共に、あえてその切っ先を自らのスパークに導き、巨大な爆発と共に壮絶な相打ちを遂げた。「不死身」である彼は、どこかで死を欲していたのか、今となってはその真意は不明である。

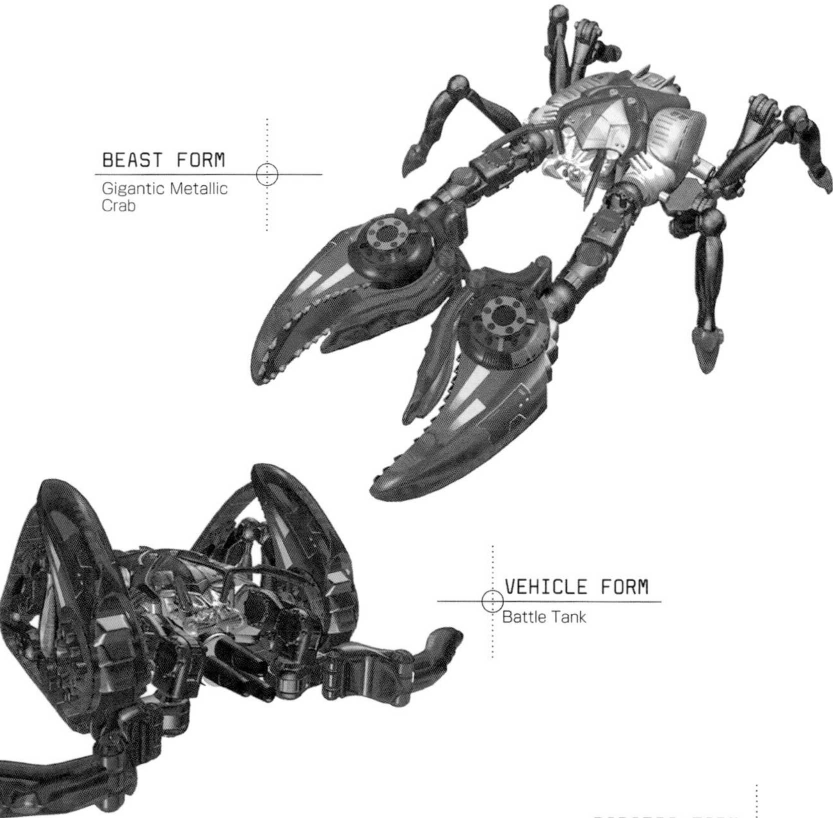

ROBOTIC-FORM
Shell-clad Red Humanoid

1st Appearance :
#34.Bad Spark

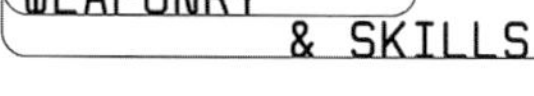

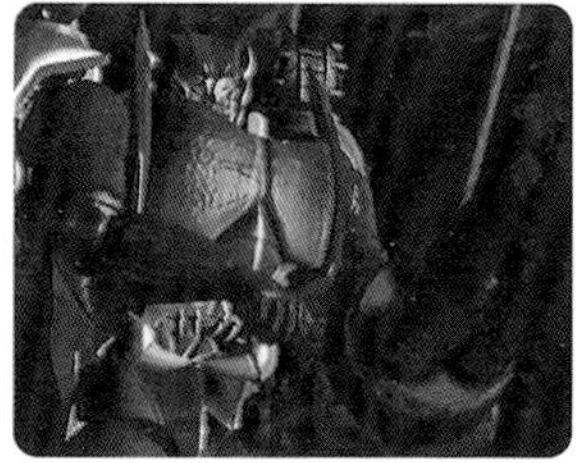

ロボット、ビークル形態で主力武器となる大型砲。戦術核砲弾の発射も可能。

TRIPLE BARRELED MISSILE LAUNCHER
三連ミサイルランチャー

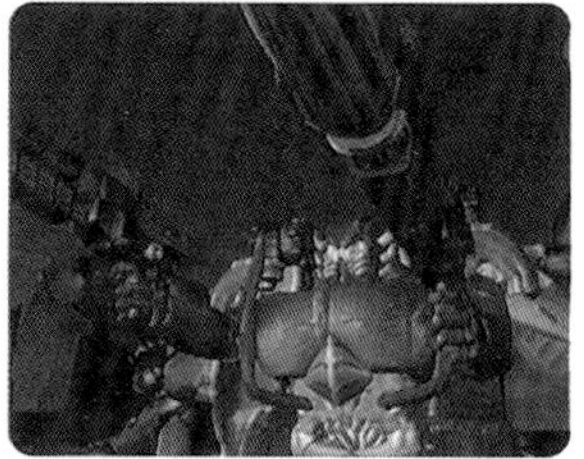

中型のライフル銃。

BLASTER
ブラスター

ビーストモードで猛威を振るう、巨大なハサミ。

RIPPER CLAW
リッパー・クロー

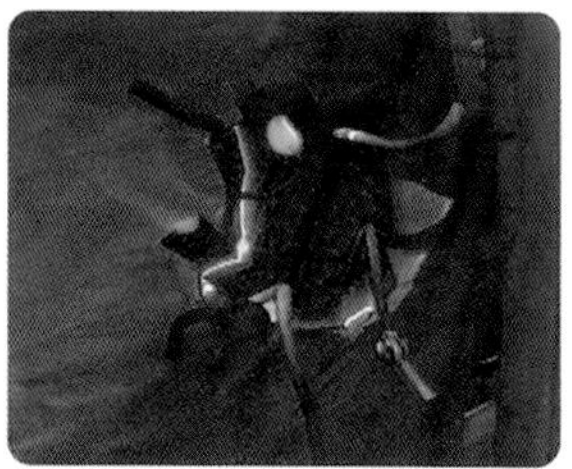

彼の不滅のスパークは、ボディの傷をも瞬時に修復する。

REGENERATION
再生能力

TM2 DINOBOT >>> PREDACON SPECIAL OPERATIONS COMBATANT

□ TM2 ダイノボット ── プレダコン特務戦闘員　□ ビーストモード ── ヴェロキラプトル

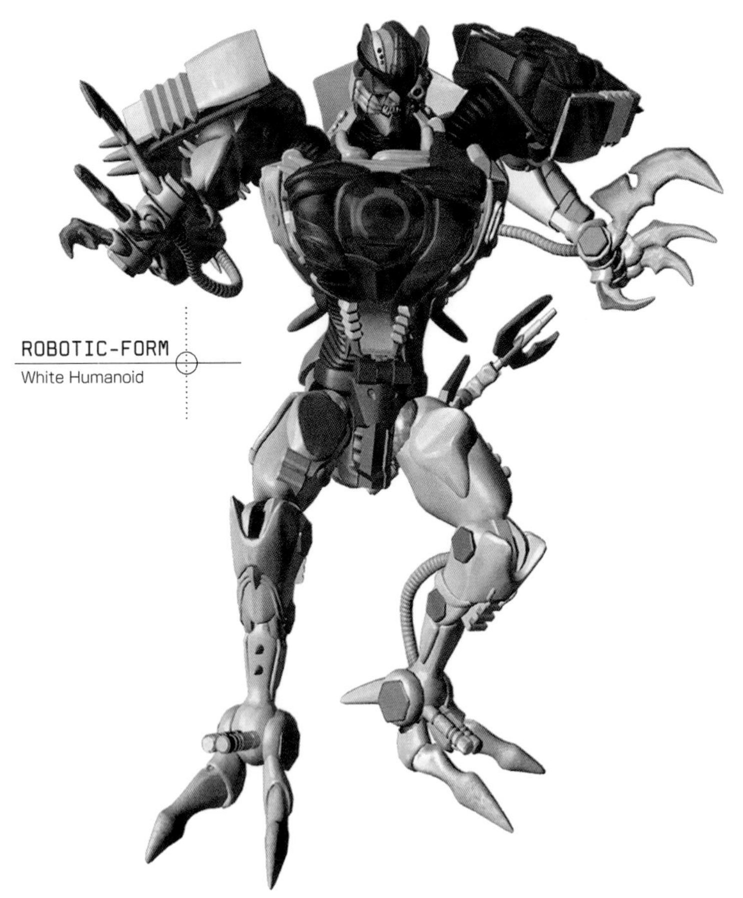

ROBOTIC-FORM
White Humanoid

■エイリアン・ディスクの解析によってヴォック科学の片鱗を学んだメガトロンは、"トランスメタル2テクノロジー"を独自に創出、何処からか入手したエイリアン・デバイスを自らの目的に沿うよう改造し、"トランスメタル・ドライバー"を作り上げた。そして回収したマクシマルのブランク・プロトフォームに、ランページから摘出したスパーク・コアと旧ダイノボットのクローン細胞を移植し、これにトランスメタル・ドライバーのエネルギーを加えて起動、こうして新たな肉体と新たな精神、そしてプレダコンとしての属性を持って誕生したのがTM2ダイノボットである。

TM2ダイノボットの複製プロセスには人格の再生は含まれておらず、彼の精神は旧ダイノボットとは全く異なっている。彼は寡黙で、残忍さを押し殺した雰囲気を持ち、メガトロンの命令を忠実に遂行する冷酷非情なハンターである。彼は自らのメガトロンへの忠誠心は揺るぎないと断言していたが、ラットラップによって旧ダイノボットの意識データを流し込まれ、内的世界で旧人格と対決して以来、目に見えない変化が彼の中に芽生えた(この一件に関する詳細はP94"ロストエピソード"の項を参照)。

そしてランページがデプスチャージとの対決で死亡した瞬間、彼の精神はランページとのリンクから解放され、同時に旧ダイノボットの人格が再浮上する(この場面では、TM2ダイノボットの精神は丸ごと旧人格に切り替わったのではなく、TM2本来の人格に、旧ダイノボットの記憶が徐々に染み渡ってゆくという、段階的な演出がなされている)。

ネメシスの圧倒的な戦力がアークに迫る中、高みから打ち据えるような戦い方を不名誉と感じたダイノボットは、アークに隠されたオートボット・シャトルのありかをマクシマル達に教え、反撃のチャンスを与えた。そして彼自身もメガトロンに逆らい、フュージョン・キャノンの発射を中止する。またしても繰り返されたダイノボットの裏切りに「私はお前の創造主だ」と叫ぶメガトロンに対し、彼は「俺には自らの誇りがある」と応えた。そしてライノックスの操縦するシャトルの突入によりメガトロンは倒され、ダイノボットは燃えさかるネメシスの爆炎の中に消えた。

かくして彼の名は、ビーストウォーズに倒れた偉大な戦士、過去と現在、そして未来を救った英雄の一人として、再び皆の記憶にとどめられたのである。

1st Appearance :
#44.Feral Scream-Part1

BEAST FORM
Skeltal Velociraptor

WEAPONRY & SKILLS

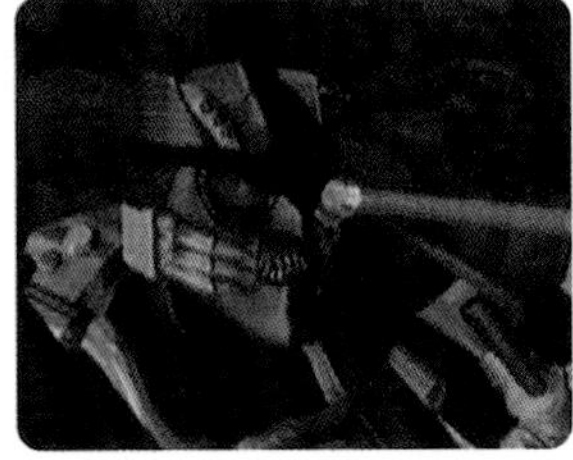

左眼から発するレーザー照準式の破壊光線。

PROTON BEAM
プロトン・ビーム

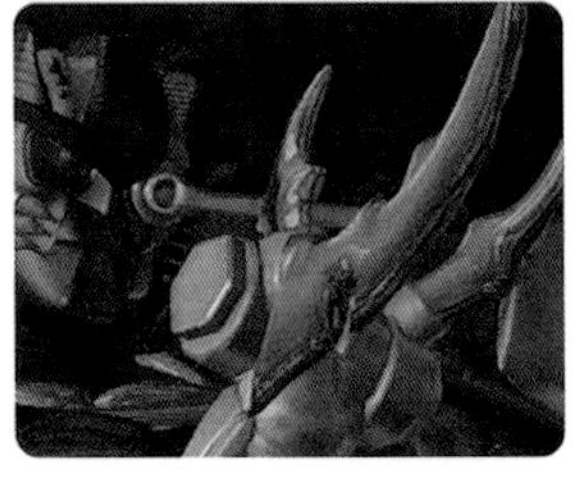

ロボット、ビースト両形態で使用する鋭い爪。

RAZOR-SHARP TALON
レイザーシャープ・タロン

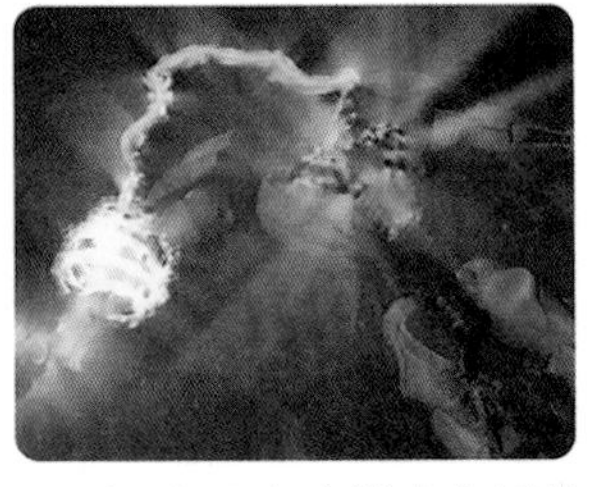

ランページのスパークがもたらす自己修復能力。

SPARK POWER
スパーク・パワー

敵を撹乱する立体映像を投影する。

HOLO-PROJECTOR
ホロ・プロジェクター

PREDACON BASE AND EQUIPMENTS

□プレダコン基地&装備

PREDACON COMMAND BASE
プレダコン司令基地

アクサロンと共に惑星に降下したプレダコン・ウォーシップは火山地帯に墜落、再び飛び立つ力を失い、以後プレダコンズの司令基地となった。船体のダメージに反して機関部は健在であり、後に登場するスペースドライブ装置やトランスワープ・セルは全てこの艦のものが使用された。基地周辺は自動兵器で何重にも固め、さらにはマクシマルズの防御プログラムをも奪い利用するが、突如飛来したタイガーホークによって跡形もなく破壊されてしまった。

COMPUTER GLOBE
コンピュータ・グローブ

プレダコン戦闘艦のメインコンピュータ端末。分析、診断、計算やシステム制御などの目的に特化された思考機械であり、スパークは無論の事、人格や感情の類は持っていない。司令室の天井部から伸びたアームにより常にメガトロンの傍らに付き従い、タイガーホークに破壊されるまでメガトロンの謀略のアシスタントとして、彼のあらゆる要求に応えた。またプレダコンの体内にも、これと同種のオンボード・コンピュータが別個に装備されている。

C/R TANK
C/R タンク

損傷したプレダコンを復元し、また惑星の原住生物のDNAデータを複製して彼らに新たなビーストモードを付加する等の作業を行う、燐光を発する流動体で満たされた釜状の設備(プロトフォームを製造する事はできないが、ダイノボット・クローン創造の際に同型のチェンバーが使用された)。メガトロンは好んで(ジャグジー感覚で)入浴しており、またクォンタム・サージ発生の際は、ここに転落していたワスピネーターのトランスメタル化を妨げた。

FLOATING PLATFORM
フローティング・プラットフォーム

メインセクションの大半が溶岩に侵食されたプレダコン基地内での主要な移動手段。ボード状の浮揚装置で、一本のアームレスト・コントロールにより操縦する。トランスメタル2の起動作業時に似たものを使用した以外に、基地の外には殆ど持ち出された事がないため、恐らく艦内専用の装備と思われる。クォンタム・サージ直撃時に、テラソーとスコーポノックの乗ったプラットフォームが互いに衝突、両者共ここから溶岩槽に転落し、生死不明となった。

JAMMING TOWER
ジャミング・タワー

エイリアン・マシーンの攻撃による“ビッグ・バーン(Big Burn)”以後、通信電波を撹乱していた全地球規模のエナージョン・フィールドは消失し、慢性的な交信不能状態が解消された。この状況下においてなお、通信を妨害して敵の分断をはかり、また自軍の秘密作戦行動を敵に気取られるのを防ぐ目的で、メガトロンが設置させた妨害波発信塔。マクシマルズのシグナル・アレイに似た簡易な構造のものが複数配置され、広範囲のジャミングゾーンを形成した。

ORGANIC TRANSMETAL UNIT
オーガニック・トランスメタル・ユニット

メガトロンがトランスメタル2の創造に使用した大型機械。上部の端子でエナージョン・ストームを受け、インプット・リセプタクルにトランスメタル・ドライバーを挿入、ダイノボットのクローン細胞を加え、奪取したプロトフォームをTM2ダイノボットとして起動させた。後にトランスメタル・ドライバーを入手したブラックアラクニアが自らトランスメタル2となる際に、同様のトランスメタル・ユニットを製作、こちらはオリジナルよりも小型化されていた。

TARANTULAS' LAIR
タランチュラスの巣窟

単独行動を好むタランチュラスが潜伏する個人用施設。プレダコン基地周辺、火山地帯内部の秘密の洞窟を改装し、コンピュータや各種の実験装置等を運び込んだ。(生体、機械を問わず)様々なクモ類が徘徊し、周囲はクモの巣が張り巡らされ、犠牲者と思しき繭が吊り下げられている(スクリプトより)。ビッグ・バーンにより破壊された後、エナージョン・ステーション建設用に指定された洞窟を我が物にして第二の巣窟を設営、ここにネメシスへの搭乗口を通した。

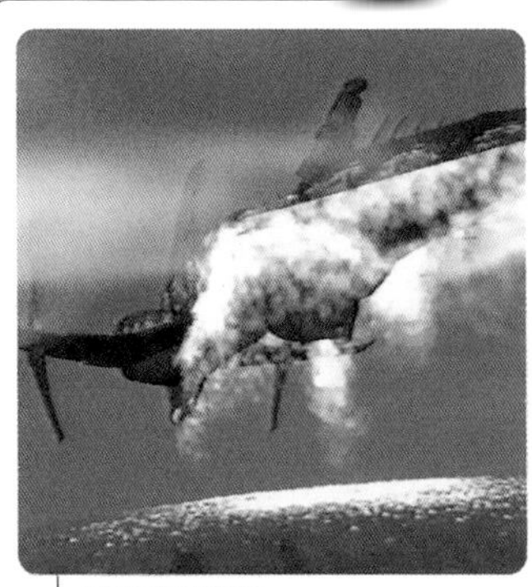

NEMESIS
ネメシス

ディセプティコンズの歴史上、最強を誇る宇宙戦闘旗艦。アークを撃墜し、自らも海中に沈んでいたが、タランチュラスに発見されプレダコン用の操艦設備と、トランスワープ・セルが装備された。強力なフュージョン・キャノンを搭載し、アークに決定的な一撃を加えようとするが、TM2ダイノボットの裏切りにより操舵不能となり、後のメキシコ山地に墜落した。なお、旧アニメ版では特に名称はなく、“ディセプティコン・スペースクルーザー”と呼ばれていた。

GUEST CHARACTERS AND G1 ICONS

■ ゲストキャラクター&G1関連事項

STARSCREAM
スタースクリーム

時空を超えてビーストウォーズの惑星に飛来した旧時代の亡霊で、自称ディセプティコン戦闘艦隊航空司令官。スパークのみの存在であり、ワスピネーターの身体に取り憑きメガトロンに協力を申し出るが、生来の裏切者の本性で両軍を支配下に置こうとした。破壊不能のミュータント・スパークゆえに死ぬ事がなく、その不死性を再現すべく造られたのが、忌まわしきプロトフォームXである。故に、その記録はマクシマル・エルダーズにより機密事項とされている。

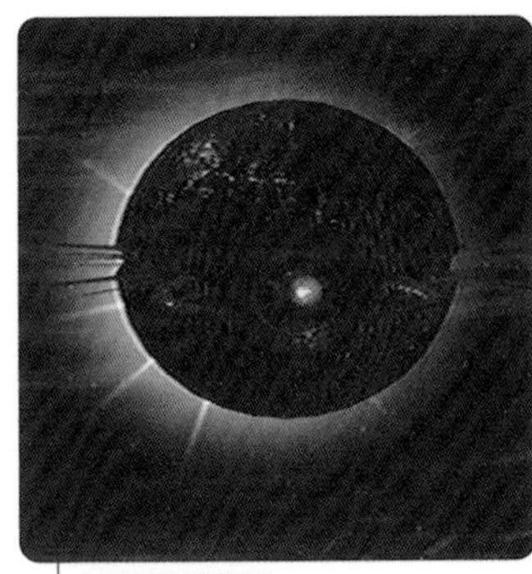

UNICRON
ユニクロン

グレートウォーの時代、サイバートロンを襲った惑星型超巨大ロボット。2005年における"メイトリクス・オブ・リーダーシップ"を巡る戦いの末に破壊され、頭部のみがサイバートロンの衛星軌道上に残されたが、現在、彼の実体はコズミック・フォースとなってサイバートロン星域を離れ、タランチュラスやトライプレダカス・カウンシルのような"ユニクロンズ・スポーン"を数多く生み出し、彼方よりトランスフォーマー社会の背後に影響を及ぼしている。

TRANSMUTATE
トランスミューテイト

先天的に強力なスパーク・パワーを持ったプロトフォーム変異体。地震をも引き起こす自己のエネルギーによりステイシス・ポッドの機能が損なわれ、精神、身体ともに不完全な状態で起動してしまった。強力なソニックスクリームによりスーパーメガブラストを発生させ、飛行も可能。同じく数奇な生い立ちと、特異なスパークを持つ者同士であるランページと、純粋に命を尊ぶシルバーボルトとの友情の狭間で揺れ、両者の争いを諌めようとした際に自壊した。

RAVAGE
ラヴィッジ

"グレートウォー"終結後に大赦を受け入れ、再改造、再プログラムを施してプレダコンとなった旧ディセプティコンの秘密工作員。"パックス・サイバトロニア"の同盟者という表向きで、マクシマルズと協力しメガトロンを逮捕した。彼の真の目的はビーストウォーズに関わる全員を等しく抹殺する事であったが、メガトロンに初代リーダーへの忠誠心を利用され、一転してマクシマルズに牙を剥いた。基地襲撃の際、ラットラップの妨害工作により破壊される。

DINOBOT CLONE
ダイノボット・クローン

マクシマル基地に侵入し、防衛システム"センティネル"を無効化する作戦のために創造されたクローン恐竜。身体は完全な生身の恐竜であるため変形能力は持たないが、ダイノボットの中枢意識の転写とメガトロンのプログラミング技術の冴えによって、高度な知能を与えられている(オリジナルと異なり、戦士の誇りは持ち合わせていない)。マクシマル基地内で作戦遂行中、折悪しくダイノボット本人と鉢合わせし、対決の末、文字通り彼の餌食となってしまった。

CYBER-RAPTOR
サイバーラプター

メガトロンによる独自のトランスメタル化技術の開発過程で創造された半機械化恐竜。トランスメタル・ドライバーとダイノボットのDNAサンプルが使用されたと思われるが、ダイノボット・クローンのように高い知能は備えておらず、また機械生命としてのスパークも持っていない。強力な破壊光線を搭載し、多数が量産され原人狩りに投入された。背中のサイバーコントロールを破壊されると機能停止する。この技術の集大成が後のTM2ダイノボットである。

TRIPREDACUS COUNCIL
トライプレダカス・カウンシル

SEA CLAMP
シークランプ

RAM HORN
ラムホーン

CICADACON
シケーダコン

プレダコン同盟に属する最も強力な議会組織の一つ。3名の将軍によって率いられ、和平合意の陰で密かに開戦の機会を窺っている。ゴールデンディスクを奪ったメガトロンの逃走に、盗まれたプレダコン戦闘艦が使用され、マクシマル・エルダーズとの間で政治的な軋轢が生じたため、事態の紛糾を避け、メガトロンに関わる全ての要因を排除すべく、秘密裏に開発したトランスワープ・クルーザーをラヴィッジに与え、太古の地球へと送り込んだ。

閉ざされた世界での死闘に彩りを添えた様々な客演者達。殊にスタースクリームの登場によって、BWは本格的に、TF世界の一部として、その連続性を明らかにした。以後もこの傾向は強まり、遂には旧時代の英雄達がストーリー上重要な役割を持って出演を果たすという事態にまで発展したのである。

OPTIMUS PRIME
オプティマス・プライム

比類なきパワーと知性を備え、大戦に勝利をもたらした伝説的なオートボット・リーダー。400万年の眠りの後1984年に復活、地球のトレーラートラックへの変形モードを得て、ディセプティコンズと虚々実々の戦いを繰り広げた。2005年に初代メガトロンとの戦いで死亡するが、後に異星人クインテッサンズの力により奇跡的に復活する。今も健在でハイ・カウンシルの主要構成員の地位にあるが、むしろ宇宙探検に専心しているという(スタッフ談)。

ORIGINAL MEGATRON
オリジナル・メガトロン

類まれな指導力とカリスマ性で、悪の軍勢を率いたディセプティコン・リーダー。孤高の反逆者であるBWメガトロンと異なり、全軍の頂点に君臨した存在である。1984年に覚醒後は地球のエネルギー資源を奪うために様々な作戦を立案、自ら陣頭指揮を執り戦った。2005年の戦いで傷つき、ユニクロンの力によってガルバトロンへと生まれ変わる。グレートウォーに敗北、パックス・サイバトロニア成立直後に忽然と姿を消し、今では死亡説が囁かれている。

AUTOBOTS
オートボッツ

オプティマス・プライムの指揮する宇宙船アークのブリッジクルー達。画面では個々の特定がやや難しいが、左からブラウル、アイアンハイド、小型のロボット、バンブルビーかクリフジャンパーのいずれか(色彩はジャズに酷似)、ラチェット(色彩はトレイルブレイカー似)の4名と思われる(旧アニメ版では同じ位置にブラウルまたはブルーストリーク、トレイルブレイカー、ラチェットの3名が座っていた)。覚醒後は、いずれも自動車に変形して戦った。

SOUNDWAVE
サウンドウェーブ

400万年前の宇宙の戦いで、初代メガトロンに率いられアーク船内に突入し、地球墜落後オートボット共々緊急凍結状態になっていたディセプティコン戦士の一人。街路灯のようなマシンモードに変形し、胸部にはカセット状に変型した4体の小型ロボットを収納している(その中にはG1時代のラヴィッジも含まれる)。1984年に覚醒後はマイクロカセットデッキへの変形モードを得て、初代メガトロンの腹心の部下として通信と情報戦を一手に引き受けた。

G1 STARSCREAM
G1スタースクリーム

旧時代に、最も狡猾で反逆的な戦士として知られたディセプティコンの航空宇宙司令官。常日頃から初代メガトロンに対し、次期リーダーへの野心を公言してはばからなかった。2005年にメガトロンを追い落とすが、戴冠式の最中、ガルバトロンによって処刑される。しかしその後も霊体となって暗躍(これがBWでの"不死身のミュータント・スパーク"という設定の元となった)、後にユニクロンとの取り引きで元の身体に復活したが、それ以後の消息は不明である。

DECEPTICON PLANE
ディセプティコン・プレーン

アーク船内で凍結状態になっていた初代メガトロン配下の一人。スタースクリームと同型ロボットのスカイウォープあるいはサンダークラッカーのいずれかで、三角錐状の飛行マシーンに変形する。スカイウォープは1984年に、一番初めに目覚めたTFでテレポート能力を持つ戦士、サンダークラッカーはソニックブームを任意に操る事ができる。覚醒後はF15戦闘機への変形モードを獲得し、航空戦力に乏しいオートボッツに対し、空からの脅威となった。

TELETRAN 1
テレトラン1

宇宙船アークのメインコンピュータ。船内のTF達が全て凍結状態となった後も作動し続け、小型のフュージョン・キャノンとセキュリティ・フィールドで船体を防護していたが、ブラックアラクニアのアクセスコードによってコントロールが可能となった(その後メガトロンの再度の侵入に備え、マクシマルのエナジー・シグニチャーを持たない者の命令を拒否するようプログラムされた)。1984年、オートボッツの活動再開後は、彼らの頭脳となって活躍した。

AUTOBOT MATRIX OF LEADERSHIP
オートボット・メイトリクス・オブ・リーダーシップ

選ばれたオートボットのみが持つ事を許されたリーダーの証。クリスタル状のコアの内部に、歴代リーダーの記憶と英知が貯えられている。一介の宇宙船指揮官に過ぎないオプティマス・プライマルは無論、所持していない。実は当初、オプティマル・オプティマスへの変身は単にスパーク融合のみによる現象で、メイトリクスの関与は想定しておらず、これが本編に登場したのは演出上のミスであるという(そのため、画面に合わせて説明の台詞が追加された)。

EARTH AND ALIEN EXPERIMENTS

■地球とエイリアン実験

BEAST WARS PLANET / EARTH
ビーストウォーズ・プラネット／地球

ゴールデンディスクに記された「エナージョンの源泉」を求め、地球を目指したプレダコンズと、それを追って来たマクシマルズが追跡行の果てに辿り着いた、野生動物の支配する原始の惑星。二つの衛星と、莫大なエナージョン・クリスタルの鉱床を有し、その影響による様々な怪現象が横行する。シリーズ中盤までは単に"未知の惑星"等と呼ばれるのみだったが、第二衛星の消滅によって、やはりここがエイリアンの介入のために変容した、太古の地球である事が明らかになった。劇中の台詞によれば、その年代はアークの墜落からさほど遠くない、およそ400万年前と見られる。

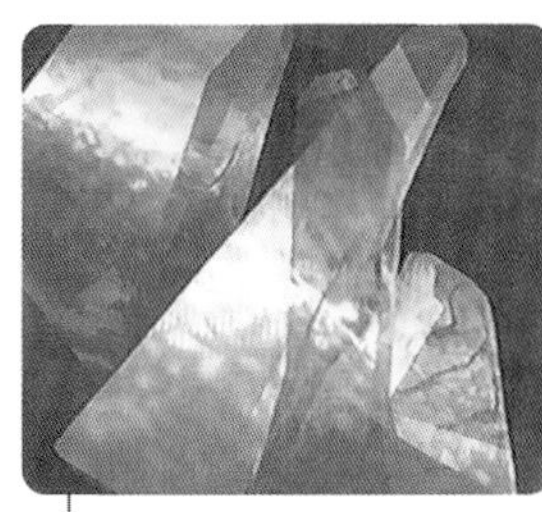

ENERGON CRYSTALS
エナージョン・クリスタル

エイリアンによって地球全土に埋設された、純粋かつ不安定なエナージョンの結晶。エナージョンは本来トランスフォーマーの動力源であるが、そのあまりの埋蔵量により地上には強力なエナージョン・フィールドが発生し、彼らのシステムに致命的な負荷が及ぶ環境を形成している。エイリアン・マシーンの攻撃による"ビッグ・バーン"の後は、地球上のエナージョンは大部分が消滅するか、あるいは安定したエナージョン・キューブへと変質した。

FLOATING MOUNTAIN
フローティング・マウンテン

不安定なエナージョン結晶が引き起こす現象の一つで、巨大なクリスタル塊が、その極度に凝縮されたエネルギー量のため周囲の岩盤ごと浮かび上がり、空中に漂う山となったもの。また、この内部クリスタルに接触したTFは、外部構造へのパワーサージ流入により、一時的な機能増強とフィールド耐性を獲得する。偵察飛行中のテラソーによって発見され、彼にメガトロンを倒すほどのパワーを与えるが、マクシマルズの工作によって破壊される。

ENERGON STORM
エナージョン・ストーム

破壊的なエナージョン・ボルトを伴う異常気象。その強力な稲妻はマクシマル基地のセンティネル・シールドにすらダメージを与える。また、クリスタルのエネルギー暴発により、竜巻として局所的に発生する例もある。"ビッグ・バーン"により、フィールド効果の消失した後も各地で認められ、ナチュラル・アンフィシアター(「ダイノボットの独白」やトランスメタル2誕生の舞台となった自然石の劇場)には、頻繁にこの嵐が吹き荒れている。

FROZEN TUNDRA
ツンドラ地帯

タイガトロンのステイシス・ポッドが落下した北半球の凍土地帯。一面を豪雪に覆われた環境で、タイガトロンの形態モデルとなった白いシベリアンタイガーが棲んでいた。やはりエナージョン・フィールドの影響下にあり、タイガトロンの定時報告の際はレーザーリレー通信を使用する。プレダコンのマップ表示には、いかにも古代の地球然とした世界図が描かれており、それを見る限り、所在はシベリアのようでも、また北アメリカのようでもある。

ENERGON WASTELAND
エナージョン荒地

プレダコンの領域内に広がる、荒廃したエナージョン鉱床。利用に堪えぬほど不安定な状態のため、プレダコンでさえ手を付けずに放置している。その光景は異星のごとく非現実的で、よじれて石化した木々や無気味な岩石が乱立し、大地には無数の亀裂が走り、随所に危険なエナージョン・ガイザー(間欠泉)が吹き出している。エアレイザーのステイシス・ポッドがこの地帯に不時着し、ライノックスとチーターによる決死の起動作業が行われた。

VALLEY OF THE NEANDELTHALS
人類発祥の谷

人類の始祖達が暮らす、閉ざされた谷。実際の学説では、人類の起源はアフリカとされているが、「ネアンデルタールの谷」とスクリプト表記されている事から、この情景はドイツ・デュッセルドルフ近郊のネアンデル渓谷が念頭にあると思われる。いずれにせよBWの舞台である太古の地球は、エイリアンの実験によって幾度となく破壊と再生が繰り返されている世界であるため、現代の学術的知識を当てはめる事はできない。

NEANDELTHALS
ネアンデルタール

「この時点」での地球における、人類の始祖(現実の学説とは異なるが、理由は前述の通り)。地球の歴史から人類を抹消しようとするメガトロンの計画のため、絶滅の危機にさらされる。当初は道具も持たず身を守る術も持たなかったが、彼らを救ったダイノボットの戦斧を得て、道具文化を急速に発達させた。プレダコンの襲撃以後は断崖の洞窟に移り住み、彼らの二人の子供、ウナとチャクはチーターから言葉や物理を教わるなど、親交を深めた。

MOUNT ST. HELENS
セント・ヘレンズ山

400万年前にオートボット宇宙船アークが墜落した、アメリカ北西部ワシントン州にある実在の火山。1984年に噴火し、船内のTF達を再起動させて再び大戦を引き起こした。なおセント・ヘレンズの実際の噴火は1980年で、アークが墜落し1984年に噴火したのは、元々コミック版やトイ設定にある"オレゴン州のセント・ヒラリー山"という架空の火山だった(旧アニメ版では特に名称はない)。劇中の説明はこれらが混ざり合ったものと思われる。

ビーストウォーズの舞台となった惑星もまた、一見何もない未開の土地に見えて、その実様々な驚異を内包する世界である。TFにビースト形態を与える原因となり、地質学的に存在し得ない"エナージョン"環境を始めとした、数多くのエイリアン実験の産物が彼ら戦いに異なる影を落としている。

マクシマルズが最初に発見したストーンヘンジ状のエイリアン・サイト。トランスフォーマー達の戦闘に呼応してエイリアン・プローブを呼び寄せ、オプティマスを拉致、解析した。

STANDING STONES
スタンディング・ストーンズ

ツンドラ地帯でタイガトロンが発見した、南国のような生態系を持つ空飛ぶ島。本来は地球人のための神殿として造られたもので、部外者を撃退するための罠が多数仕掛けられている。

"BRIGADOON"
"ブリガドゥーン"

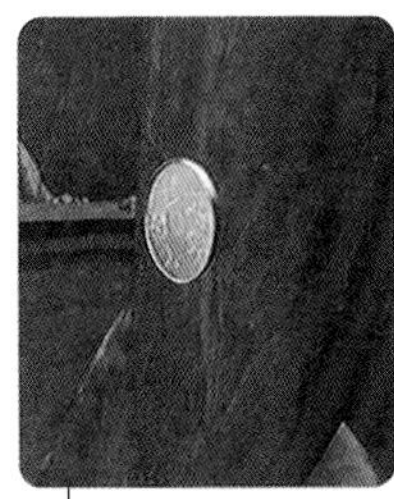

山中の洞窟内に隠されエイリアン・ディスクがはめ込まれていた尖塔。エイリアンを呼び寄せる信号を発する。メタルハンター・ベースの移動の際、ネクサスへの待機地点となった。

THE OBELISK
オベリスク

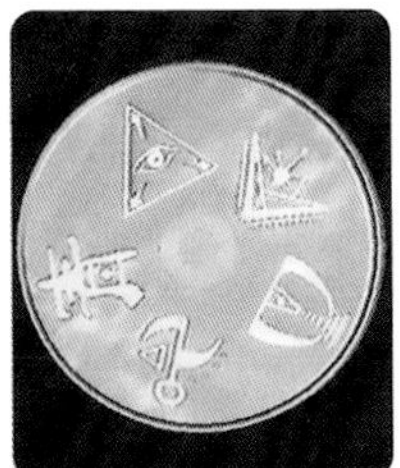

地球上の施設を含むエイリアンの情報が記録され、常に変化する紋様が刻まれた黄金盤。エイリアンに座標信号を送るビーコンや、各種機械のコントロール装置としても機能する。

ALIEN DISK
エイリアン・ディスク

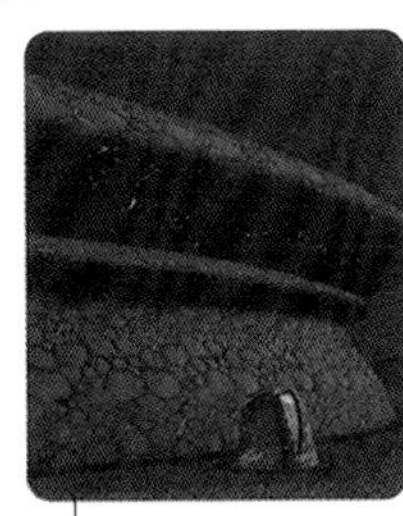

地球上に降りたエイリアンの居住施設。生物的な表皮に覆われているが、エネルギー兵器の類いは一切通用しない。エアレイザーとオプティマスを軟禁し、地球の破壊を通告した。

BIO-DOME
バイオドーム

実体を持たないエイリアンが、バイオドーム内に侵入したオプティマスと対話した際に取った仮の姿。オプティマスの記憶を元に映像化したもの(つまり本物のユニクロンではない)。

"UNICRON"
"ユニクロン"

エイリアンの遺伝子操作植物が繁茂する庭園。タイガトロンとエアレイザーを捕獲し彼らの世界へ転送、エイリアンからのエネルギーと合体してメタルハンター・ベースとなった。

ALIEN GARDEN
エイリアン・ガーデン

TFのみを選別、自動攻撃するための無人戦闘基地。トランスメタルとフューザーを識別できず、エイリアン・ディスクを手にしたメガトロンに制御を奪われてしまった。

THE METALHUNTER BASE
メタルハンター・ベース

メガトロンの"トランスメタル2テクノロジー"の中核であるエイリアンの小型装置。本来の用途は不明だが、メガトロンの改造によりクォンタム・サージと同様の効果を発揮する。

TRANSMETAL DRIVER
トランスメタル・ドライバー

二つの月の一つが、地球での実験中止による"ターミネーション・シークェンス"の発動と共に現した真の姿。強力なエナジー・ビームを発して地球上のエナージョンを起爆させ、地上の全生命もろとも破滅させようとした。惑星脱出船のトランスワープ・セルを爆弾として使用する、オプティマスの決死の作戦によって破壊されたが、その微細片はクォンタム・サージとなって地球上に降り注ぎ、トランスメタルとフューザーを生み出す原因となった。

ALIEN MACHINE
エイリアン・マシーン

ヴォック・ネビュラから銀河の各星系、各時代に張り巡らされたワームホールの連絡経路。エイリアンが影響を及ぼそうとする世界へ、時空を超えて様々な施設や機械を送り込む。26話において"ネクサス・ゼロ"と呼ばれたのは、ヴォック・ネビュラの座標名である。また地球へ通じる"ネクサス・アース"は、メタルハンター・ベースの自爆と共に破壊されたため、タイガーホークを派遣した際は、彗星のような外観をした専用の移動ヴェセルが使用された。

THE NEXUS
ネクサス

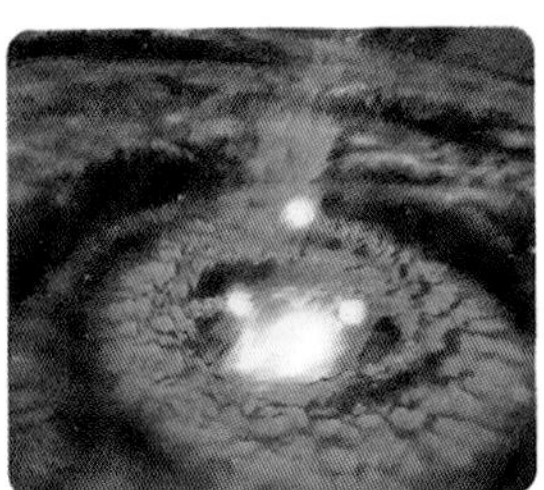

赤色のガス状物質が渦巻き、星々の輝点に彩られたエイリアンの本拠地。その所在は通常空間にはなく、我々の銀河系のスピリチュアル・レイヤー(精神的階層=アストラルプレーン)として存在する。ここに3つの生物種の特徴を持つ、巨大な集合意識である彼らの総体が鎮座しており、時には自身の微少な一部分を分離して、物質世界へ送り込む事もある。タランチュラスと共に破壊されたのはこの分裂体に過ぎず、全体には何らの影響も及んでいない。

THE VOK NEBULA
ヴォック・ネビュラ

太古の地球を何らかの実験場とし、その障害となるトランスフォーマー達を排除しようと画策したエイリアンの正体。純粋エネルギーの生命体であり、エナージョンの生成、時空操作、エネルギーの物質化等の、神のごとき能力を持つ。ビーストウォーズ世界においては第三勢力としての役割を演じていたが、本来はマクシマル、プレダコンの創成にも深い関わりを持つ存在である(ヴォックの正体と、その実験に関する詳細はP96の用語集を参照)。

THE VOK
ヴォック

THE BATTLE GOES ON...

ビーストマシーンズ：新たなる戦い

ビーストウォーズは終わった…だが、なおも戦いは続く！
1999年秋、TFの神話にさらなる一章が書き加えられた。“ビーストマシーンズ：トランスフォーマーズ”は、BWの正統な続編にあたる、全26話完結の大河ストーリーとして構成されたSFアクションドラマである。その内容はBWに輪をかけて物語性を重視しており、旧作の要素をふんだんに盛り込みながら、新たな歴史解釈をも交え、自然対科学、有機対無機の戦い、そして「変身」自体をテーマとした物語が描かれている。

■ビーストウォーズは、マクシマルズの勝利に終わったはずだった。だが彼らが我に返った時、故郷の惑星サイバートロンは、なぜか既にメガトロンの支配下にあった。記憶の大半を欠いたまま、謎のマシーン軍団に追われたマクシマル達は、惑星の深層部で伝説のコンピュータ“オラクル・オブ・サイバートロン”と邂逅し、その導きにより全く新たなトランスフォーマーへと生まれ変わる。機械と生体が極限まで融合し、その変身に精神の鍛練を必要とする「テクノ・オーガニック」の身体を手に入れたマクシマル達は、全ての謎の解明と惑星の解放、そして「有機生命環境の復活」という新たな使命のため、メガトロン率いる“ヴィーコンズ”に敢然と立ち向かう!!

MAXIMALS

OPTIMUS PRIMAL
オプティマス・プライマル
オラクルに変身の秘術を授かりメガトロンに対抗するが、彼の暴挙を許した悔恨と怒りから冷静さを失う事も。

CHEETOR
チーター
かつての少年が逞しく成長し、オプティマスに次いで新たなリーダーへの道を歩む。

RATTRAP
ラットラップ
変身の極意をなかなか体得できず、苦労の末やっとマスターしたロボット形態にもやや不満気味。

BLACKARACHNIA
ブラックアラクニア
今や生粋のマクシマル戦士となり、ヴィーコンズに戦いを挑む。シルバーボルトの幻影を追い求め、驚くべき真相を知る事に…。

VEHICONS

MEGATRON
メガトロン
ウィルス爆弾によりサイバートロンを制圧、母星を自らの意志の下、巨大な単一機械に完璧化すべく、マクシマルズの駆逐を命ずる。

TANKOR
タンカー
タンクドローンを率いるヴィーコン・ジェネラル。凶暴な言動の裏に知性と野心を秘め、独自に策謀を巡らす。

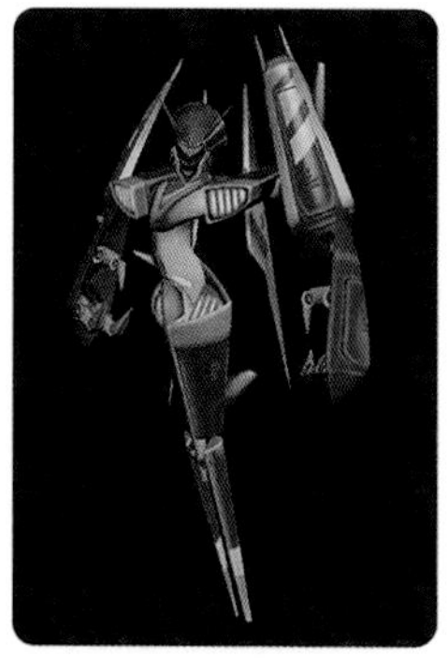

JETSTORM
ジェットストーム
口数の多いエアロドローン・ジェネラル。スパークの出自に秘密を持つ。

THRUST
スラスト
他の2名同様、スパークを持ったジェネラル格。サイクルドローンを率いる、寡黙で謎めいた戦士。

トイもすでに発売中。“マシーンウォーズ”以来久々にビークル・モチーフが復活、従来のスーパー・ポーザブル機構やアタックモードはそのままに、新たに機械生命としての「生物らしさ」を演出するギミックが付加された。

今回はハズブロー側による基本デザインを元に、タカラとメインフレームがそれぞれにアレンジを行ったため、トイとCGとのデザインイメージがかなり両極端になった（「TFザ・ムービー」の頃にも起きた現象である）。

図版はBW第一弾商品"コミック2パック：オプティマス・プライマルVSメガトロン"に付属したミニコミック。物語は地球を舞台に、ビースト戦士の最初の戦いが描かれる。
　ジャングルの川岸にプレダコンの遺伝子ラボを発見したオプティマスの前に、宿敵メガトロンが立ちはだかった。激突する善と悪のビースト戦士達。劣勢となったメガトロンはラボを爆破し撤退するが、彼は不敵に宣言した。

**「我々はいかなる時も、あらゆる姿となって戻って来る！
貴様が油断する相手、それこそがプレダコンズであると思え！」**

THE HEROIC MAXIMALS™ HAVE FOUND THEIR EVIL ENEMIES: THE PREDACONS!
OUR BIO-GENETIC MORPHING PROCESS HAS ALLOWED US TO CREATE THE PERFECT FUSION OF ORGANIC MUSCULATURE AND TRANSFORMERS TECHNOLOGY!
AS HAVE WE-- BUT MY GENETICALLY-ALTERED PREDACON ROBOTS WERE CREATED WITH THE DNA FROM EARTH'S MOST VICIOUS LIFE FORMS!

"生体遺伝子工学が、トランスフォーマーズに獰猛な獣と機械技術との、完全なサイバネティック融合体の創造を実現させた。その結果が、ヒロイック・マクシマルズ対イーヴル・プレダコンズの戦いである！　野生の動物に姿を変えたロボット戦士達が、極限の死闘を繰り広げる！　かくしてビーストウォーズは始まった…全部あつめよう！"　以上はBW最初期のトイパッケージに記載された、背景説明文の全訳である。非常に簡潔なコピーではあるが、これだけで既にBWトイの世界観が、TV版とは全く異なるコンティニュイティに属した物である事が、端的に表わされている。"コンティニュイティ"とは、この場合「連続性を持った世界観」を意味し、例えば「旧アニメ版」や「コミック版」の「～版」に相当する言葉だが、それ以上に、それぞれの連続性や歴史の積み重ねを第一に表わした言葉である。TVタイアップのトイシリーズといえば、通常その設定、世界観は概ね番組内容に準拠しているものだが、元来トイの企画開発から出発し、また伝統的に各メディアの独立性が高いTFシリーズは、トイ版においてもラインナップの増殖と、個々のキャラクターに付与された設定データの蓄積によって、1984年スタート以来、独自の世界像を構築してきた。BWシリーズの場合も同様に、当初からTVとの連動を企図しながらも、内容的にはそれと全く掛け離れた作品イメージが提示されていたのである（これは特に初期のものほど顕著で、後半に進むにつれTV版との同調率が高くなってゆくのだが…）。

1995年末、TVプレミア放送に4ヶ月先がけて発売されたトイの世界は、表向き新シリーズとしての刷新を多分に意識してはいたが、G1、G2展開からほぼ切れ目なく移行した時系列上にあり、当初から「人間社会の存在する地球」を活躍の舞台としている（従って、TV版では各々「G1とは別人」になってしまったオプティマスとメガトロンも、この時点では初代と同一人物以外の何者でもない…ただ、それを覆す証拠や必然性がないだけ、という注釈付きだが）。またビースト化の理由も「エナージョン・フィールド環境での生存」といった特種状況下の応急策ではなく、有機生体組織との融合を「ある種の進歩」と定義した上での、積極的な強化処置と考えられていた。その目的や効果は、一つには環境適応形態としての有効性（個別データによるとジャングルや砂漠など、野生の自然環境を活動の場に求める記述が多い）、もう一つは「無害な生物」を装い、油断を誘う偽装効果（この点はミニコミックで最も強調されている）、そして何より重要な一点は、文字通り「獣性の獲得」にあり、多くのキャラクターが競って性質の獰猛ぶりを高らかに謳い、戦いの様相を（従来の近代的、未来的なハイテク戦争の要素も残しながら）より野蛮で凄惨な、血で血を洗う死闘のイメージへと一変させている。こうした変化を必要とする局面、そしてそこに巻き起こる、科学に裏打ちされた怒れる野獣達の戦い、それこそがビーストウォーズのもう一つの姿なのである。

以下のページは、アメリカ版トイの独自世界観（ならびに開発意図）を尊重し、パッケージに記載された設定データ・セクション"バイオ&テックスペックス"の全訳と、関連情報を総合したキャラクターファイルとして構成してある。また図版の中には企画段階の状態に沿って撮影された物もある。よって純粋なトイコレクションとしての資料性を追求したものとは、若干主旨が異なる事をあらかじめご了承頂きたい。

MAXIMALS 1995–1996

TVスタートに先駆けて、1995年のクリスマスシーズンから発売された第一弾は、シリーズスタート記念商品とも言える、両軍のリーダー2体のセット"コミック2パック"と、その他のレギュラーサイズ4体、

COMIC 2-PACK

OPTIMUS PRIMAL

Function: *Maximal General*

オプティマス・プライマル

▶機能：マクシマル将軍

体力	速度	地位	火力	知力	耐久力	勇気	技能
10.0	10.0	10.0	7.0	10.0	10.0	10.0	10.0

●「マクシマルズにも、私にも、もはや選択の余地はない。メガトロンとプレダコンズを食い止めなければ、我々は生き延びる道はない！　自由とは全ての生命に約束された当然の権利だ。だがより大きな善を守るため、我々は地球をプレダコンズの怪物どもから奪い取らねばならない！　これは熾烈な戦いになる。だが、真に価値のある事は、決して容易には成し遂げられないものなのだ！」

●シークレットウェポン：両翼下面。

●マクシマルズのリーダーで、アメリカではコミック2パックのみで発売された。初期のマクシマルズでは唯一、飛行能力を持つ動物コウモリに変形する。バイオカードは、それまでのオートボッツ司令官オプティマス・プライムのモットーを踏襲したものとなっており、ハスブロ側もこの時点では、当然、彼の新しい姿と考えていたと思われる。そして、この信念を曲げてまでの、彼の新たな戦いに向けての悲壮なまでの決意も語られており、新たな力をもって行われる"ビーストウォーズ"が、以前の戦いにも増して、より熾烈なものとなるであろう事を示唆している。ネーミングはOptimus Primeの "Prime"を "Primal (原始の)"に置き換えたもので、"Animal" の韻も踏んでいると思われる。ビーストモードの脚部のポジショニングは写真の位置が正しい。

RAZORBEAST

FUNCTION: *INFANTRY*

レイザービースト

▶機能：歩兵

体力	速度	地位	火力	知力	耐久力	勇気	技能
9.2	4.5	5.6	6.3	6.2	8.1	10.0	7.9

●優に倍の体躯を誇るプレダコンに匹敵するパワーを秘める。頑固一徹、闘志に溢れ、飢えたピットブルの如く、常に戦いを欲している。マクシマルの戦友達でさえ、その怒りを買う事を恐れている。だが、レイザービーストが司令官オプティマス・プライマルの命令に逆らう事はあり得ない。兵士として、同志として、最大限の敬意を寄せているのだから。

●シークレットウェポン：たてがみの中。

●非常に獰猛な野獣として恐れられている野生のイノシシ(Wild boar)に変形するマクシマルズの歩兵。四肢の筋肉状のモールドと、ロボットトイでは珍しい肌色の成形色によって、マッチョなイメージが強調されている。シークレットウェポンは、たてがみの中に隠したダブルバレルの銃。この時点では珍しく、テックスペックが小数点以下まで細かく設定されている。初期のレギュラーサイズのトイは、スプリングによってワンタッチで簡単に変形が行える"フリップチェンジ"ギミックを内蔵しており、ビギナー向けのトイとしての性格も持っていたようだ。ネーミングは、背がかみそり(Razor)の刃のようにとがっている事から野生のイノシシを "Razorback"と呼ぶ事による。因みにピットブルとは、非常に獰猛な闘犬用のテリア種の犬の事である。

RATTRAP

FUNCTION: *SPY*

ラットラップ

▶機能：スパイ

体力	速度	地位	火力	知力	耐久力	勇気	技能
6.0	8.0	5.0	6.0	7.0	5.0	8.0	7.0

●プレダコンの姿を求め、ラットラップは都会の闇を駆け抜ける。汚らしいゴミの山が、彼の活力源だ。彼こそは超一流の兵士。敵の拠点を発見し、仲間のマクシマルズに情報を持ち帰る。戦友達は、彼に敬意を払っている…食事を供にするのは勘弁だが！

●シークレットウェポン：後ろ足内部。

●アメリカ人にとって強い印象を持つ動物の一つであるネズミに変形し、その素早さと潜入能力をもって情報収集に活躍する。このように変形モードの動物の生態は、個々のキャラクターの性格や能力設定に深く影響しているようだ。これらのトイが発売された頃は、トイのパッケージやコミック2パックに付属のコミックのみがビーストウォーズ世界の唯一の情報源であったが、彼のバイオカードからは、この戦いの時代に都市がある事がわかり、ビーストウォーズの世界は、旧トランスフォーマーの世界と連続したものである、という考えを裏付けるものとなっている。ロボットモードの頭部は、脳状のグロテスクなデザインとなっており、ロボットは無機的なものという既成概念を打ち破った新しいイメージは非常にインパクトがあった。名前はそのものズバリ"ネズミのワナ"転じて難局、絶望的状況で、変形ギミックそれ自体が、ワナに掛かって潰されたネズミの姿に見えなくもない。

"デラックス"サイズ3体の合計9体で、マクシマルズは哺乳類、プレダコンズは爬虫類と節足動物、また両軍に1体ずつの恐竜で構成されていた。ここに「ビーストウォーズ」が幕を開けたのである。

MEGATRON

Function: *PREDACON COMMANDER*
メガトロン
▶機能：司令官

体力	速度	地位	火力	知力	耐久力	勇気	技能
10.0	10.0	10.0	7.0	9.0	10.0	9.0	10.0

●「繁栄か滅亡か、我らプレダコンにはその二つの生き方しかない。そして、マクシマルズの殲滅こそが、我らが繁栄に繋がるのだ！　コウモリ頭のオプティマス・プライマルは、我らが力に挑戦できると考えているらしいが、我が牙であやつの毛皮を引き裂き、その思い上がりを正してくれよう！　あやつの中身は今もロボットには違いなかろうが、その外身は…わしの昼飯にすぎん！」
●シークレットウェポン：尾部内部。
●プレダコンズのリーダーで、現存する最大の爬虫類であるガビアルクロコダイル（インド産のワニ）に変形し、やはりアメリカではコミック2パックのみで発売された。バイオカードでは、以前のメガトロンとの関係については触れられていないが、自然に考えて、ハスブロ側はこの時点では旧メガトロンの新たな姿と設定していたと思われる。シークレットウェポンは、ビーストモードの尻尾が外れて変形する大型の銃。変形ロボットトイとしては恐らく史上初めて、顔に左右非対称なまでに目や牙を剥いた表情が付けられているが、これはハズブロ側の要求によるといい、BWがそれまでの「トランスフォーマー」シリーズから一歩踏み込んだアクションフィギュア寄りの方向性を持っている事を、端的に示していたと言えるだろう。

TERRORSAUR

FUNCTION: *AERIAL COMBAT*
テラソー
▶機能：空中戦

体力	速度	地位	火力	知力	耐久力	勇気	技能
6.0	8.0	6.0	5.0	5.0	4.0	7.0	6.0

●空を行くその姿は禍々しきドラゴン。この有機的に強化されたロボット兵士の姿を肉眼に捉える事は容易ではない…いや、捉えた時はもはや手遅れなのだ。メガトロン直々の指揮の下、遺伝子工学の粋を集め誕生したテラソーは、空中戦において無類の破壊力を誇る。大口を開け、鳥の群れを丸呑みにする彼こそは、空の恐怖そのものだ。
●シークレットウェポン：頭部後ろ。
●プテラノドンに変形する。初期プレダコンの中では唯一の（そしてシリーズ全体を通しても数少ない）恐竜モチーフであり、後にティラノサウルスとなるメガトロン自身の手でビースト化されたというオリジンからして、トイ版のテラソーはかなり特別なキャラクターとしてイメージされていたのかもしれない。変形はいたってシンプルだが、頭部のスイングバーに頚骨状のモールドが施されているなど、それなりに毒気も盛り込まれている。シークレットウェポンは、ロボットモード背部のスペースに、折り畳み式の銃を収納している。実際の商品はそうでもないが、デザイン画段階での顔つきは、旧シリーズに登場したメカプテラノドンに変形する正義の翼竜ロボ、スウープ（Swoop／日本名スワープ）のそれにソックリだった。名前は「翼竜」を意味する"Pterosaur"に、恐怖を意味する"Terror"を当て字したもの。

IGUANUS

FUNCTION: *DEMOLITIONS*
イグワナス
▶機能：破壊工作

体力	速度	地位	火力	知力	耐久力	勇気	技能
5.0	7.0	5.0	6.0	8.0	5.0	7.0	6.0

●他のいかなるトカゲとも異なり、その知能回路には無数の妨害工作プログラムが詰まっている。オプティマス・プライマルがプレダコンズの前哨基地の周囲に赤外線探知アンテナを設置したとしても、イグアナスはそれを破壊するであろう。また、マクシマルズが新しい兵器を開発したとしても、イグアナスは、作動と同時に自爆するように改造してしまうだろう。全身を覆う鱗は強固なチタン製アーマーで、頭部の偏向プレートが、レーザー光線から彼の身を守っている。
●シークレットウェポン：尾部内部。
●エリマキトカゲ（Frilled lizard）に変形する、破壊工作を得意とするキャラクターである。両モード共、頭部及びエリマキ以外の型はメガトロンと共通で、この金型流用のアイデアはハズブロ側からのアイデアだそうだが、エリマキ部分を除けば、どちらかと言うとドクトカゲと言った方がピッタリなデザインで、実際、初期には変形モードをアメリカドクトカゲ（Gilamonster）として紹介されていた事もある。名前は"Iguana"の変形で（実際に変形する動物とは異なるが）、メガトロンを除けば、初期では唯一G1のキャラクター（日本未発売）と全く同じ名前を持っているが、機能は以前とは異なり、旧キャラクターとの関係も明らかにはされていない。

DELUXE BEAST

DINOBOT

FUNCTION: *FRONTLINE COMBAT*

ダイノボット

▶機能：前線戦闘任務

体力	速度	地位	火力	知力	耐久力	勇気	技能
8.0	9.0	6.0	6.0	5.0	5.0	9.0	6.0

●有史以前の地球の歴史の1頁が破られたかの如く、獰猛なヴェロキラプトルが現代に蘇った！　だがダイノボットは単なるラプターではない。その正体は、勇気ある戦友マクシマルズと共に戦うロボット戦士なのだ！　高速回転するサイバースラッシュ・テイルウェポンを手に、彼は常に戦いに飢えている。オプティマス・プライマルは彼を、勝利の階段を昇り続ける生粋の戦闘エキスパートと考えている。
●シークレットウェポン: 尻尾内部にソード、尻尾が変形したスラッシャー・ウェポン。
●"ダイノボット"という名は、元々G1初期に登場した、正義のオートボッツ側の恐竜ロボット部隊のグループ名である。今回は、その名称を再度商標登録するために、ダイノボットの名が復活したとの事だが、基本的に哺乳類のみで構成される初期マクシマルズに、恐竜である彼がイレギュラー的に所属している理由は、そこにあるものと思われる。なお、トイの発売の時点では、TVと異なり、元はプレダコンであったという設定はない。尾部のスラッシャー・ウェポンは回転ギミックを持つ。ミュータントヘッドやロボット脚部、腹部などの透明パーツ部は化石を思わせる骨格風のデザインとなっている。

TOPIC

WHY "THE MUTANT HEAD"? .... "ミュータントヘッド"の秘密

最初期の"デラックス"以上のサイズのアイテムには、従来的なロボットの顔と"ミュータントヘッド"と呼ばれる怪物的な顔が相互に転換するヘッドチェンジ機構が搭載されている。このギミックは元々、明確な意図を持ってデザインされながら、発売段階での説明が十分になされなかったため、結果として「何となく付いている盛り沢山なギミックの一つ」程度の印象しか持たれる事がなかった、不遇なプレイバリューの筆頭である。BWトイのデザインラインは、それまでのヒーローロボット路線から、クリーチャー系キワモノ路線へとコンセプトの大転換が図られた。本来その変化を第一に象徴するはずだったのが、敵味方の区別なく怪物的にデザインされたミュータントヘッドであった。そしてもう一方のロボットヘッドは、ビースト戦士が旧来のTFシリーズの系統にある事を表明する、いわば"リマインダー（符丁）"として付加されたものであった（当該アイテムのプロダクション・ドローイングは、いずれもミュータントヘッド状態で全身画が描かれている）。つまり本来は「ミュータントヘッドこそがノーマル状態」であり、その上で時おり野獣戦士のベールを剥ぎ、トランスフォーマーの正体を明らかにする、というのが正しい遊び方なのである。そのために、殆どのアイテムが変形の手順において、ミュータントヘッドの露出が先に来るように設計されていたのだ。しかし、このヘッドチェンジ機構のアピールはハズブロー側でも徹底されておらず、説明書での指示も触り程度だった上、後に金型流用商品のキャラクター分化のために利用されたりと当初の意図と離れてゆき、遂にはTV版CGIキャラクターの浸透が致命打となって（TV版でも戦闘ヘルメットとしての使用が検討されたというが）ヘッドチェンジは完全に立場を失う。しかし1997年以降は、フェイスデザインにミュータント的、ビースト的な要素が積極採用されるようになり、「新旧シリーズのイメージ的橋渡し」としてのチェンジ機構は姿を消したものの、そのデザイン路線は無事、表舞台に上がる事ができたのである。以上の理由を踏まえ、当コーナーではこれらのギミックを持つキャラクターを、全てミュータントヘッド状態で収録した。

元の動物とも関連のない怪物性が特徴。

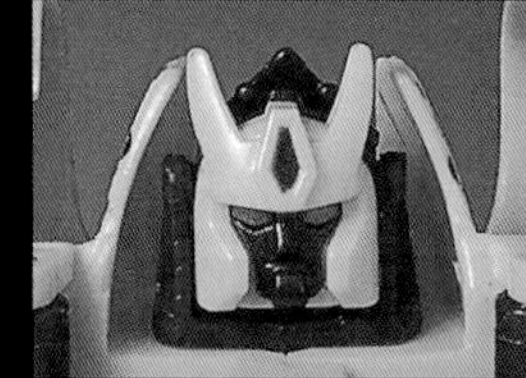

「フェアレディZ」系のロボット顔。

TOPIC

CLIP & SAVE! .... TFの履歴書、バイオカード

バイオカードとは、ハスブロ/ケナー社から発売されているアメリカ版の『ビーストウォーズ』のトイのパッケージ裏面に付属している、各キャラクターの能力値や性格などのプロファイル、"バイオ&テック・スペックス"が記された切り取り式のカードで、これは、1984年の『トランスフォーマーズ』シリーズスタート当初から、アメリカ版の殆ど全てのTFトイに付属している伝統的なものである。トイオリジナルのキャラクターが多く、TVやコミックなどの他のメディア展開を伴わない事もあるアメリカのTFシリーズでは、各トイのキャラクター設定のみならず、場合によってはその時点でのストーリー展開の唯一の情報源ともなりうる非常に重要なもので、独自の設定も度々登場している。トイのキャラクター性を大切にするアメリカのファンは、このバイオカードを非常に重視しており、カードが付属するかしないかによって、そのトイが正規のTFユニバースに属するものかどうか決められる事さえある。カードの枠外には"CLIP AND SAVE!（切り抜いて集めよう!）"と書かれており、パッケージは捨ててしまっても、カードだけは切り抜いて保存しているファンも多い。カードは、"バイオカード"の他に、"テック・スペックス"とも呼ばれるが、これらの呼称は、前者が性格設定などの文章パートを、また後者が各種パラメーター部分を指して、区別して使用される事もある。1999年中旬には、旧TF期のバイオカードには必ず記載されていた、各キャラクターの性格や指向を示す一文"モットー"も復活した。

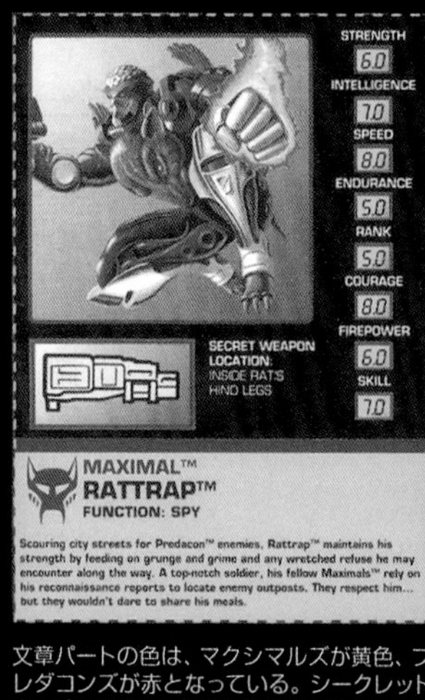

文章パートの色は、マクシマルズが黄色、プレダコンズが赤となっている。シークレットウェポンの図案と位置の表記は1996年末頃に無くなった。

1998年末からは周囲に立体的な縁取りが施された。

TARANTULAS

FUNCTION: *NINJA WARRIOR*
タランチュラス
▶機能：忍者戦士

体力	速度	地位	火力	知力	耐久力	勇気	技能
8.0	7.0	5.0	7.0	4.0	6.0	7.0	8.0

●8本足のマーシャルアーツの達人であるこの悪夢のようなニンジャの進撃を食い止める事は、殆ど不可能と言っていい！　オプティマス・プライマルは推理する。幾件もの地球人消失事件の犯人は、タランチュラスに違いないと。タランチュラスが哀れな獲物を溜め込む隠れ家に巨大な繭が並んでいたという噂も、その懸念を裏付けている。何としてもタランチュラスの暴挙を止めねばならない。ヤツが恐怖の網を銀河に拡げるその前に！
●シークレットウェポン：背部にランチャーを内蔵、脚部が隠しミサイルに変化。
●タランチュラ（トリクイグモ）に変形する。TVでは、狡猾なキャラクターというイメージは活かされていたが、肉体的な戦闘力はさほど強調されなかったのに対して、トイの方では、体力的なスペックも高く、マーシャルアーツを得意とするキャラクターとして設定されている。またバイオカードからは、ビーストウォーズも、かつての戦いと同様に、人間を巻き込んで、宇宙的な規模で行われている、という事がわかる。初期のカタログ写真等からみて、デザイン段階では、ロボットモードの下腕部は実際に発売されている商品とは左右が逆だったようだ（写真参照）。

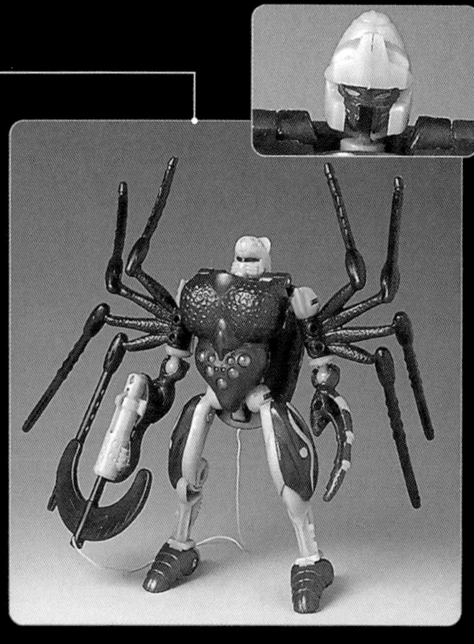

DELUXE BEAST

WASPINATOR

FUNCTION: *AERIAL ATTACK*
ワスピネーター
▶機能：航空攻撃

体力	速度	地位	火力	知力	耐久力	勇気	技能
8.0	8.0	6.0	7.0	5.0	5.0	7.0	6.0

●彼方から響く不気味な羽音は、ガラガラヘビの警告音と同様に、来たるべき危機を予告している。次の瞬間、空より巨大なスズメバチが舞い降り、怪物めいた顔と巨大な複眼を剥き出しにして、すかさず空襲に移る！　翅に隠されたミサイルで敵を追いつめ、機械仕掛けのサイバースティングの毒で哀れな犠牲者に止めを刺すのだ！
●シークレットウェポン：背部にランチャー、翅下面にミサイルを内蔵。
●スズメバチに変形して空から敵を攻撃する空中攻撃兵。旧シリーズでは敵側の方が航空兵力が優勢、という図式があったが、BWでも、以前よりやや弱くはなっているものの、初期にはこの伝統が守られている。バイオカードでは、TVのように三枚目的なキャラクターである、という設定は特にない。半透明な翅の裏にミサイルを収納している。ワスピネーターとタランチュラスは最も初期に開発されたBWトイで、武器の収納方法やヘッドチェンジギミックも凝っており、その斬新なイメージと優れたギミックによってBWシリーズのスタートを決定させた、正にシリーズの原典ともいえるトイである。ネーミングは“Wasp（スズメバチ）”+“Terminator”。

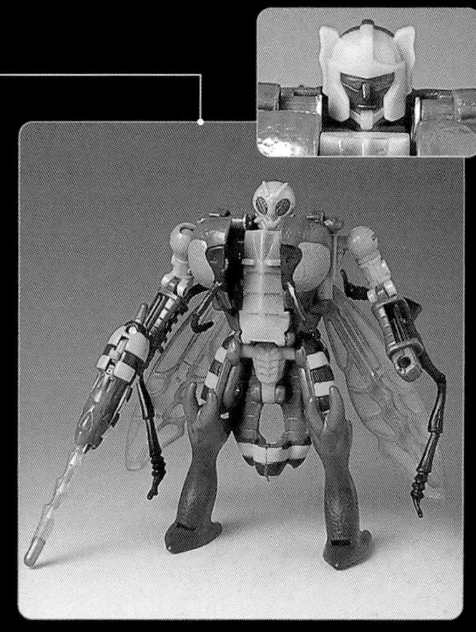

DELUXE BEAST

EAST MEETS WEST ……..アメリカ版と日本版の差異

TOPIC

『ビーストウォーズ』のトイは、日本でも1997年から国内版の発売が開始され、当初、大部分の商品のトイ本体はアメリカ版と同一仕様であったが、やがて、TVに登場するキャラクター[illegible]が行われるようになった。これらのトイでは、オプティマス・プライマル（ゴリラ）のボディがグレーで成形されたり、ラットラップやダイノボットのロボットモードの頭部が金色で塗装されたり、というように、よりTVのイメージに近づける試みがなされており、アメリカのマニアの間では“TVリペイント”などと呼ばれている。アメリカでは、TV第1シーズンに登場するキャラのトイの殆どが、番組の放送開始以前に発売されたが（※）、日本での展開時には第1シーズンの制作が全て終了していたため、トイへの反映が可能になったといえる。またアメリカでは、トイとTVはタイアップ関係にはあるものの、基本的にトイはトイ、番組は番組、といった、ある種の自立性が相互に存在しているが、日本では、トイのTVキャラクター商品としての側面が特に重視されたために、このような処置が行われたともいえよう。上記の他に、TV第1シーズンのトイでこのようなTV寄りのリペイントが行われたのは、チーター、テラソー、ワスピネーター、タランチュラス、スコーポノックなどで、またライノックス、タイガトロン、ブラックアラクニア、バズソーは最初からアメリカ版とは異なる仕様で発売されており（バズソーはTV未登場だが）、ライノックスは再三のリペイントも行われている。また日本では、一部未発売のトイもあったものの、リペイントによる新キャラクターや、オリジナルの付属品とのセット商品なども発売され、日本版としての独自性を出すための数々の試みがなされていた。このような仕様変更はその後も続けて行われており、『ビーストウォーズ メタルス』でも、多くの商品が、初期発売分からアメリカ版とは異なった仕様で発売されている。なお日本独自展開の『ビーストウォーズⅡ』『ビーストウォーズネオ』でも、多数の日本オリジナル仕様の商品が発売されているが、これらのシリーズは世界観やキャラクター設定自体がアメリカ版とは異なるため、本誌では割愛させて頂いた。（※）正確に言えば、1996年9月の本格放送開始以前（詳しくはP104参照）。アメリカで、TV第一シーズン登場のキャラクターで放送以降に発売されたのはエアレイザーとインファーノのみ。

右のテラソーは、日本向けのTVリペイント版。左の海外版に比べ、TVのイメージにかなり近づける事に成功している。

MAXIMALS 1996

1996年春期以降は、初のボックス商品である大型の新カテゴリー“メガビースト”で両軍の指揮官クラス、またさらに大型の“ウルトラビースト”でボスキャラクターの新バージョンが発売され、初期のトイ

ARMORDILLO

Function: *DESERT COMBAT*
アーマディロ
▶機能：砂漠戦

体力	速度	地位	火力	知力	耐久力	勇気	技能
5.0	4.0	6.0	4.0	5.0	7.0	8.0	7.0

●砂漠の戦場が夜の冷気に包まれる頃、アーマディロの戦いが始まる。熱エネルギー・インテークを閉じ、赤外線ビジョンで敵を追うのだ。その背中には、殆ど貫通不能な大重量のビルドイン・アーマーを装備し、プレダコンズの攻撃を小石の如く跳ね返しながら、隠し持ったレーザー兵器で、敵に致命的なダメージを与えるのだ。
●シークレットウェポン：ボディにメイスとライフルを収納。
●ブラジリアン・ジャイアントアルマジロに変形する。アルマジロの生態を反映した、マクシマルズでは数少ない、砂漠戦（特に夜間戦闘）を専門とするキャラクターである。アルマジロの特徴である背中の厚い外殻によって、速度のスペックは劣るものの、防御力や耐久性については高い値を示している。同じ厚い外皮を持つ動物に変形するスナッパーと同時に発売されたが、任務を受け持つテリトリーが大きく異なるため、両者が戦う事は極めて希かもしれない。ビーストモードの後ろ肢が銃とメイスの2種類のシークレットウェポンになる。名前も“Armor（装甲）”＋“Armadillo”で、その重装甲を強調している。

DELUXE BEAST

CHEETOR

Function: *JUNGLE PATROL*
チーター
▶機能：ジャングルパトロール

体力	速度	地位	火力	知力	耐久力	勇気	技能
6.0	10.0	6.0	7.0	5.0	8.0	9.0	7.0

●電光石火の稲妻の如くチーターは敵に襲いかかる…素早く、そして強烈に。その身のこなしはあくまでも軽やか。ロボットの姿でも、人工的に強化された地球の有機生命体の姿でも、戦闘力を完璧に発揮する。チーターの姿は常にジャングルにある。彼のレーザー砲“クエーサーキャノン”に挑戦を挑む愚かなプレダコンの姿を求め、今日も密林を行くのだ!
●シークレットウェポン：尾部がキャノン、胃が流体噴出装置に変化。
●地上最速の動物チーターに変形する、素早さを身上とするキャラクターである。バイオカードの“人工的に強化された地球の有機生命体”という記述から、トランスフォーマーが有機形態となった理由は、TVでの、特殊環境の中で生存するために取られた便宜的な処置、という設定と異なり、当初は、あくまで（戦闘などの）能力強化を目的としたものであった事がうかがわれる。ロボットヘッド時にはスマートでスタイリッシュだが、動物の頭蓋骨を模したミュータントヘッドや、ウォーターガンの内臓のモールド（ビーストモードで下腹部にマウントされているのがポイント）など、野性的かつグロテスクなイメージも合わせ持っている。最初期のデラックス3体と同時に紹介されたが、1体だけ発売が遅れたようだ。名前は“Cheetah”のもじり。

DELUXE BEAST

RHINOX

Function: *DEFENCE*
ライノックス
▶機能：防衛

体力	速度	地位	火力	知力	耐久力	勇気	技能
9.0	3.0	5.0	6.0	6.0	9.0	10.0	6.0

●ジャングルの木々をへし折り、大地を揺るがせながら、濛々たる噴煙が近づいてくる。あれは暴走する象の群れか？　いや、あれこそはライノックス、彼のテリトリーをプレダコンズの手から守るべく駆けつけたのだ！　勇気と機知に溢れ、いかなる戦いであろうと退く事、いや傷つく事さえありえない。二連装のレーザーキャノンでさえ、彼の三倍厚の装甲の前には無力に等しい！　ライノックスの突進を目にしたならば、即座に逃げるのが賢明だ…一刻の猶予もあり得ないのだから！
●シークレットウェポン：胸部にローター・スピナーを収納。
●アフリカクロサイに変形する。バイオカードやテックスペックでは、「知性派で、実質的な副官」といったTVのイメージは特にうかがわれず、トイ版のライノックスは、純然たるパワータイプの一兵卒（チーターよりも地位が低い）として設定されているようだ。シークレットウェポンは、胸部に収納された回転ユニットに、背部に収納されているディスクカッターやメイスを装着して完成させる。ビーストモードの堅い外皮は、ロボットモード時にはアームで移動して、日本の鎧兜にも似た全身を覆う装甲になり、バイオカードでもその重装甲が強調されている。ネーミングは“Rhinoceros（サイ）”＋“OX（雄牛）”。

のリペイント商品も、新キャラクターとして何点か発売されている。秋口からはTVシリーズのレギュラー放送も開始され、「ビーストウォーズ」の世界は新たな広がりを持つようになった。

INSECTICON

Function: *SURVEILLANCE*

インセクティコン

▶機能：監視任務

体力	速度	地位	火力	知力	耐久力	勇気	技能
6.0	5.0	5.0	6.0	7.0	5.0	4.0	5.0

●そのソナーアンテナは、プレダコンズの橋頭堡に踏み込んだマクシマルズをキャッチし、どこまでも追跡する。そして内蔵されたレーダービーコンで低周波信号を発信し、仲間に警報を発令するのだ。さらにその時、この狡猾な昆虫兵士が戦いに飢えていたならば、敵はそのクロスボウにからめ取られ、巨大なアゴの餌食となるであろう!

●シークレットウェポン：両翅下部に収納された武器がクロスボウに変形。

●クワガタムシ(Stag Beetle)に変形する。"インセクティコン"とは、元々はG1初期のメカ昆虫に変形するディセプティコンのサブグループ名で、その中の一人であるクワガタタイプのシュラプネル(日本名：シャープネル)も、頭部の大顎をアンテナとして使用するキャラクターだった。組立式のシークレットウェポンの他、翅と大顎が開閉し、フリップチェンジギミックも初期のトイと比べて複雑化しているものの、よりスムースで確実性の高い機構となっている。初期には、インセクター(Insector)という名称で紹介された事もある。

SNAPPER

Function: *INFILTRATION*

スナッパー

▶機能：潜入行動

体力	速度	地位	火力	知力	耐久力	勇気	技能
6.0	9.0	6.0	4.0	8.0	6.0	7.0	5.0

●恐るべきスピードを秘めた驚異の亀。防弾処理が施された甲羅の裏に装備された4基のターボスラスターが火を噴けば、スナッパーは熱源追尾ミサイルさながらに地球の沼地を疾走する! 水圧式の彼のアゴが易々と敵の体に食い込む様は、ゴミ圧縮機にかけられたソーダ缶を連想させる。ただし…ソーダ缶は助けを求めて泣きわめきはしないが!

●シークレットウェポン：甲羅の上部が三連装の銃に変化。

●カミツキガメ(Snapping Turtle)に変形する。その甲羅による高い耐久力のみならず、スピードのスペックも9.0と、亀にもかかわらず、ワスピネーターやテラソーよりも優れた値を持つ。火を噴いて飛行するカメ、という設定はまるでガメラのようで、トイ本体には"4基のターボスラスター"に相当するディティールは認められないが、手足を引っ込めた穴をイメージしているのだろうか? フリップチェンジに連動してビーストモードの頭部が甲羅の中に引っ込むという、実際の動物の生態を活かしたギミックを持ち、さらにこの頭部は顎が可動し、中の舌まで彩色されている。名前は動物の英名からで、"噛みつく者"の意。

FOUR YOUR EYES ONLY .... バリエーションの果てなき世界

TOPIC

アメリカの『ビーストウォーズ』シリーズでも、基本的には同一商品として発売されていながらも、生産時期によって若干のマイナーチェンジが行われている事がある。例えば、リアルビースト(※)版のチーターは、数回に渡ってマイナーチェンジが行われており、1996年3月頃の1期生産分の発売時にはビーストモードでの眼の色がブルーだったが、2期生産分では赤に変更されている。そして1997年頃に発売された3期生産分ではグリーンに変更され、さらに虹彩の塗装が加えられた。一方、ロボットモードの目の色は、1期と2期がゴールドで、3期はビーストモードと同じグリーンに変更されている。TVでは、ビーストモードでの眼の色はグリーンだが、ロボットに変形した時、このビーストヘッドの眼の色はオレンジに変化するので、ビーストヘッドに関していえば、ビーストモードではグリーン・アイ、ロボットモードではレッド・アイ版が、最もTVのイメージに近いといえる。これは恐らく、後の日本でのTVリペイントと同じく、TVのイメージに合わせるための処置と思われるが、アメリカでは、最近の"限定版"のようなケースを除いて、このようなマイナーチェンジは少なく、TV、商品ともに人気が高かったチーターなればこその特別な措置で、ハズブロにとってもチーターは特別なキャラクターであった事の証拠といえるだろう。チーターはその後、リーダークラスを除いて唯一、2度のトランスメタル化を果たし、新作『ビーストマシーンズ』では、遂にシリーズを代表するパッケージの"顔"にまで昇りつめている。因みに国内では、一部地域で行われた日本パッケージ版の先行テストセール時に、レッド・アイ版が発売され、一般発売時には、アメリカ版第3期と同じグリーン・アイ版が発売された。そしてその後のTVリペイント時には、ビーストモードの眼の色がメタリックグリーンに変更され、ロボットモード頭部の眼の色も、TVのデザインに合わせてオレンジに変更されている。またこのチーターの例とは少し性格が異なるが、スカベンジャーには、初期には名称のタンポ印刷が1箇所のみで、左右のドリルの形状が全く同一の物が存在したが、途中から名称の印刷が2箇所に増やされ、ギミックの関係上、ドリルも左右の巻き方向が異なる物に変更されている。(※)"トランスメタルズ"や"フューザーズ"以前の、実在の動物がモチーフになっていた時期のトイは、アメリカの一部のマニアの間でこう呼ばれている。

チーターのマイナーチェンジ4態。左からアメリカ版1期、2期、3期、日本のTVリペイント版。

DELUXE BEAST

WOLFANG

Function: INFANTRY

ウルファング

▶機能：歩兵

体力	速度	地位	火力	知力	耐久力	勇気	技能
8.0	9.0	5.0	6.0	5.0	5.0	9.0	8.0

●闇夜に輝く二つの目は、獲物を狙うレーザースキャナーの如し。鋼鉄の牙のきらめきは、満月の輝きにも似る。夜気を震わす遠吠えは、プレダコンズを探す野獣兵士ウルファングの叫び！　素早く機敏なウルファングは野獣の姿での狩りを好むが、いざ戦闘となればロボットへと早変わりし、尻尾に偽装したアタックランチャーで敵を撃破するのだ！

●シークレットウェポン：背部がシールド、尻尾がランチャーに変形。

●シンリンオオカミ(Timber Wolf)に変形し、狼の性質を反映して夜間の戦闘を得意とする。暗視バイザー風のミュータントヘッドや、フック・ランチャーとシールドの装備は、機甲猟兵的なイメージを持つ。ロボットモード背部には脊椎と肩甲骨のモールドがあり、ボディを後ろから刺し貫いて収納するフックも、収納時には脊椎と肋骨の一部となる。シリーズでも珍しく、ビースト時の前肢の非可動パーツに左右非対称のポーズが付けられている。名前は、狼の牙(Wolf+Fang)で、初期には、ウルフビースト(WOLF BEAST)の名称でアナウンスされた事もある。

DELUXE BEAST

TIGATRON

Function: RECONNAISSANCE

タイガトロン

▶機能：偵察

体力	速度	地位	火力	知力	耐久力	勇気	技能
6.0	8.0	4.0	7.0	3.0	7.0	10.0	6.0

●オプティマス・プライマルの命を受け、極北の地の偵察を担う。野獣の姿で凍てつくツンドラを走破し、戦いに臨んでは、瞬時にロボットモードへのコンバートを遂げる。チタン製の尻尾を変形させたクエーザーキャノンの前に、プレダコンズは一筋の蒸気と成り果てる。手練れにして恐れを知らぬタイガトロンのもう一つの武器は、敵を凍りつかせ、無力化してしまう毒液ブラスターだ！

●シークレットウェポン：尾部がキャノン、胃が流体噴出装置に変化。

●シベリアンタイガーに変形し、極地偵察を任務とする。トイ本体はチーターのリペイントで、同じリペイント商品のブラックアラクニア、バズソーと同時に発売された。当初、TVにはタイガトロンの替わりにウルファングが登場する予定だった（脚本家インタビュー参照）。バイオカードには珍しく武器の名前が両方とも記載されており、BWでは、このような個々の武器は、単にウェポンやミサイルランチャーと書かれているだけの事が多いが、G1の頃は、武器の名称や性能などが、よく個々のバイオカードに記載されていた。試作時はもっと黄色が強かった。

MEGA BEAST

POLAR CLAW

Function: INFANTRY BATTLE COMMANDER

ポーラークロー

▶機能：歩兵戦指揮官

体力	速度	地位	火力	知力	耐久力	勇気	技能
9.0	4.0	8.0	8.0	7.0	6.0	9.0	7.0

●狩人の本能を持つ生粋の歩兵。この驚愕すべき熊は、プレダコンズとの戦闘において、第一線で指揮を執る資質を備えている。鋭い牙、頑丈な歯と並び、急速発射されるロボティック・バットは彼の恐るべき武器だ。このロボティック・バットは強力なソナーセンサーを備え、戦闘時に敵の情報を収集し、ポーラ・クローに警報を与える。いつ何時でも、いかなる犠牲を払おうとも！

●シークレットウェポン：脚部にクイックアタック・クローとコウモリの射出機能を装備。

●北極熊(Polar Bear)に変形する。指揮官クラスのキャラクターが位置する"メガビースト"カテゴリー初の商品で、地位のスペックも高い。ロボットモードの太めのプロポーションや腹筋のモールドが、ストロングスタイル風のイメージを醸し出している。ビーストモードで尾部を押すと口が開いて牙が伸び、左足からはクローが飛び出し、右足からは、射出と同時に自動変形するコウモリを発射する（このコウモリが独立した意志を持っているかは不明）。試作段階ではロボットヘッドには口は無く、後になって急遽付け加えられた。また初期の業者向けカタログやコミック2パックの付属コミックでは、ハイイログマをイメージした茶系のカラーリングで、バーベァリアン(Barbearian)もしくは、グリズリー1(Grizzly-1)という名称で紹介されていた。ネーミングは北極熊の"Polar(極地の)"と、熊の象徴の"Claw(鉤爪)"から。

BLACKARACHNIA

Function: *DOUBLE AGENT*

ブラックアラクニア

▶機能：二重スパイ

体力	速度	地位	火力	知力	耐久力	勇気	技能
4.0	6.0	5.0	7.0	7.0	6.0	8.0	8.0

●真夜中の月夜を禍々しき影の如く暗躍するブラックアラクニアこそは、プレダコンズの二重スパイを装う、悪しき毒婦だ！　熱エネルギーを有毒なサイバーベノムに変える能力を持ち、漆黒の隠れ家に誘い込まれたマクシマルズは、ことごとくその毒弾頭ミサイルの餌食となる！　意識を失った哀れな犠牲者を強力無比な脚で押さえ込んだブラックアラクニアは、その毒牙を装甲板に突き立て、最後の一滴まで生命エネルギーを吸い尽くすのだ。

●シークレットウェポン：ランチャーを背部に、また脚部に隠しミサイルを収納。

●クロゴケグモ（Black Widow Spider）に変形する。海外では、TFシリーズ史上初の女性キャラクターのトイだが、TV登場以前に発売されたため、バイオカードの記述で、初めて女性である事が判明した。トイ本体はタランチュラスのリペイントだが、マーシャルアーツを得意とするといった設定は特になく、この点については、TV的にはタランチュラスと設定が入れ替わっている。名前はクモの名称の“Black”と、クモ形綱の動物全般を指す“Arachnid”から。

DELUXE BEAST

BUZZ SAW

Function: *AERIAL SURVEILLANCE*

バズソー

▶機能：空中監視

体力	速度	地位	火力	知力	耐久力	勇気	技能
7.0	8.0	6.0	7.0	6.0	5.0	5.0	6.0

●2万フィートの高空からマクシマルズを狙う空の脅威。その眼に仕込まれた赤外線スキャナーを駆使して眼下の敵の動きを探知し、麻痺性の空対地スティングミサイルで狙い撃つ。いつでも自由に大気圏を離脱する能力を持つが、彼自身は、飛行能力という自分の有利な立場が活かせる、地表面付近の獲物を狩る事に快感を覚える。邪悪なワスピネーターとコンビを組んで、獲物を襲撃する事で知られている。

●シークレットウェポン：翼下面にミサイル、背部にランチャーを収納。

●スズメバチ（Yellowjacket Wasp）に変形する。

単身での大気圏離脱能力を持ち、空中監視を任務とするという設定は、赤外線センサーを装備した環境監視衛星をイメージソースとしているのかもしれない。この時期のプレダコンズは、インセクティコンなど、監視部門を充実させている。トイ本体はワスピネーターのリペイントだが、違う種類のハチとしてリカラーされている。G1初期にも飛行能力を持つ同名のキャラクターがいたが（ちなみに表記は“Buzzsaw”で、スペースは入らない）、意味は“電動丸鋸”で、これはハチの羽音を“Buzz”というため。

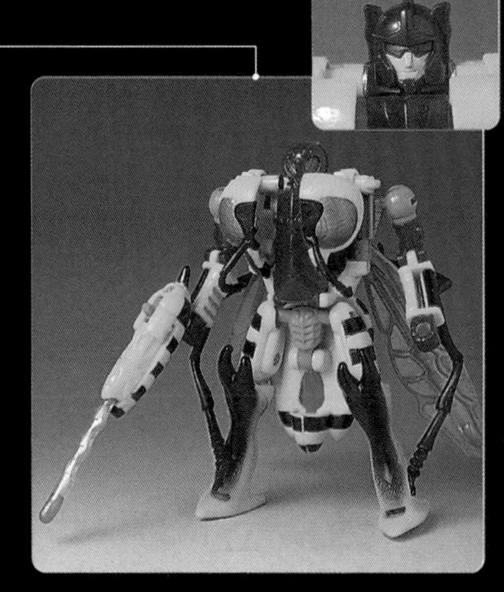

DELUXE BEAST

SCORPONOK

Function: *DESERT ATTACK COMMANDER*

スコーポノック

▶機能：砂漠攻撃指揮官

体力	速度	地位	火力	知力	耐久力	勇気	技能
8.0	5.0	6.0	9.0	5.0	7.0	7.0	8.0

●夏の猛烈な日差しが、モハーベ砂漠を乾燥した荒れ地に変える。そこは強い者しか生き残れない土地。そして、狡猾なるスコーポノックが我が家と呼ぶ土地。そのボディ構造に秘められた驚異のロボティックテクノロジーによって、この攻撃の専門家は3通りの攻撃方法で敵を奇襲する。ロボティック・ビー、二連装ミサイル、そして神経毒サイバー・ストライクスを打ち込む恐るべき尻尾によって！

●シークレットウェポン：片側のハサミからミサイル、もう一方からビー（蜂）を射出。

●アフリカクロサソリ（African Black Scorpion）に変形する“メガビースト”で、やはり指揮官クラスのキャラクターである。バイオカードには“モハーベ砂漠”という北米の実在の地名が登場する。片側のハサミを開くと二連装ミサイルを発射し、もう一方からは、射出によって自動変形するビーを発射し、尾

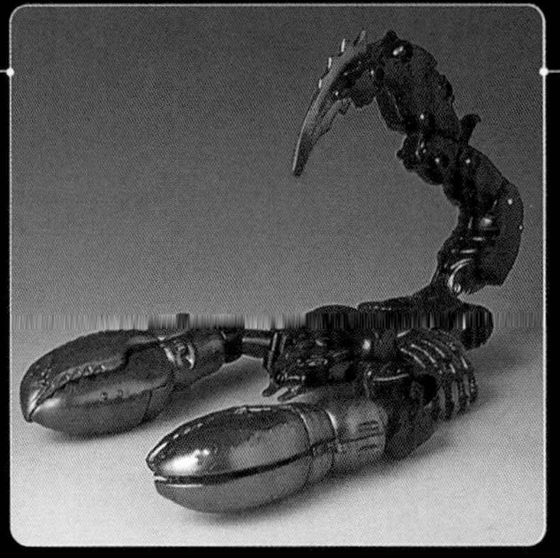

部のレバー操作で尻尾の針を突き出す。ビーストモードでも、背部や肢等にメカニカルなディティールが露出しているのがデザイン上の特徴的で、G1中期にメカサソリに変形する同名キャラクターがいた。初期の業者カタログなどでは、ボディ部がクリアオレンジ、ハサミがクリアブルーというカラーリングで紹介されていた。必然的にそうなってしまうのかもしれないが、初期の大型トイは、このサソリや、アリ、クモ、ハチなど、「放射能X」のような海外の巨大モンスター映画に登場する生物と妙に符合している。

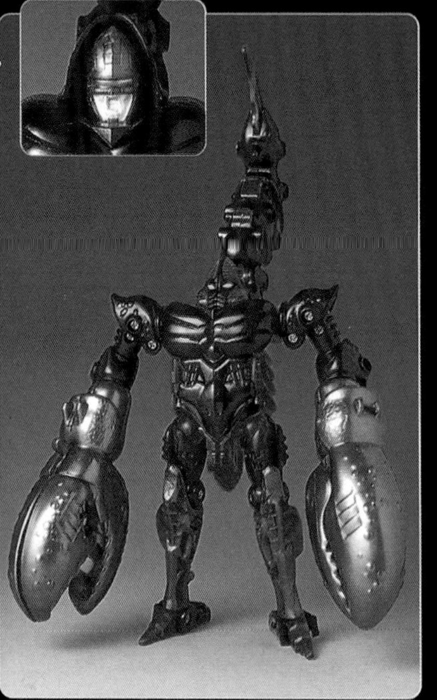

MEGA BEAST

ULTRA BEAST

OPTIMUS PRIMAL

Function: MAXIMAL GENERAL
オプティマス・プライマル
▶機能：マクシマル将軍

体力	速度	地位	火力	知力	耐久力	勇気	技能
10.0	10.0	10.0	10.0	10.0	10.0	10.0	10.0

●道をあけろキングコング、オプティマス・プライマルのお通りだ！　この英雄的リーダーは、遺伝子工学技術を駆使し、己の身体構造を超巨大なロボット・ゴリラに再構築した！　サイバネティックな処置が施された筋肉組織は超絶的なパワーを発揮し、肩にマウントされたメガ・ブラストミサイル砲は愚かなプレダコンズの侵略者達に致命的な一撃を与える。彼に戦いを強いるという事は、すなわち彼に勝利を強いる事に他ならないのだ！

●シークレットウェポン：右前腕に分銅鞭、2本のアタック・スパイナル・ソードを装備。

●オプティマス・プライマルのニューバージョンで、ゴリラに変形する。"ウルトラビースト"クラス初の商品で、レバー操作によるドラミング／刀のスピニングアクション、スプリングで展開する背部と左腕のミサイルランチャー、右腕に内蔵した髑髏型分銅、その名の通り背骨に沿ったカーブを持ったスパイナル（脊椎）ソードなど、"ウルトラ"の名に恥じない数多くのギミックを誇る。バイオカードでは彼のビーストモードについて、"gargantuan（巨大な、途方もない）"と形容しており、TVでは、メガトロンが他のキャラクターと合わせるために実際のティラノサウルスよりも小型になっていたようだったが、トイ版の世界では、逆にプライマルの方がメガトロンと対決するために、"キングコング"サイズへと自らを強化したのかもしれない。ロボットヘッドはベーシックなオプティマス顔だが、ミュータントヘッドは獣性をむき出しにしており、デザイン画によれば、ロボットモード胸部は旧アニメのメイトリクスを模しているわけではなく、何かの発射口のような形状である。

← ANOTHER FORM

MAXMALS 1996 FALL

1996年末～1997年初頭の時期から、それまでの"デラックス"以上のトイのヘッドチェンジギミックが廃止され、G1期の"Rub Sign（シークレットエンブレム）"のような、各キャラクターの所属グループ

DELUXE BEAST

CYBERSHARK

Function: OCEAN ATTACK
サイバーシャーク
▶機能：海洋攻撃

体力	速度	地位	火力	知力	耐久力	勇気	技能
7.0	8.0	6.0	5.0	5.0	5.0	9.0	4.0

●プレダコンズが水中に逃げ込めば安全だと考えるならば、それは大きな誤りだ…深遠より昇り来るサイバーシャークの狂宴が、彼らを待ち受けているのだから！　ターボ推進の魚雷の如く海原を切り裂き、大洋の深みにプレダコンズの姿を探す。敵と対峙すればロボティック・ハンマーヘッドを発射して敵をノックアウトし、尻尾を変形させたスイッチブレードでフィニッシュを決めるのだ！

●両軍合わせて初の水中戦士で、彼の登場で魚類はマクシマルズに所属する事が明らかになった。変形モードはシュモクザメ（Hammerhead Shark）だが、体の斑点はトラザメ等の別種のサメのようでもある。ビーストモードでは通常のデラックスよりも大きく、尾部を外した状態でブリスターにパッケージングされている。発売はジェットストームと同時期だが、TVCF等では"メガビースト"のインフェルノとの対決キャラクターとなっている。ロボットモード頭部は、それまでのロボットヘッドに、サメのギザ歯とヒレという生物要素が融合したデザインとなっている。ビーストモード頭部を発射するランチャーに、背部に収納したミサイルをセットして発射する事ができるが、このミサイルもサメの形をしており、分離した頭部は、ロボットモードで文字通りハンマーのように手に持たせる事もできる。名前は"サイバネティックなサメ"。因みに"スイッチブレード"とは飛び出しナイフの事である。

MEGATRON

Function: PREDACON COMMANDER
メガトロン
▶機能：司令官

体力	速度	地位	火力	知力	耐久力	勇気	技能
10.0	10.0	10.0	10.0	9.0	10.0	10.0	10.0

ULTRA BEAST

●数千万年の昔、ティラノサウルス・レックスはこの地上を支配していた。今日、メガトロンが望むのは、まさにその再現に他ならない！　人類の研究施設から盗んだ恐竜のDNAを複製したプレダコンズの悪しき指導者は、己の肉体を再構成し、同時に恐るべきハイテク火器も組み込んだのだ！　大きく裂けた顎からは毒性の麻痺薬を噴射し、強力な尾のハサミは、立ちはだかる敵を真っ二つに切り捨てる！　恐れるがいい、人類よ。そう、心の底から恐怖に震えるがいい、心の底から！
●シークレットウェポン：腰部からミサイルを発射、尻尾にピンチャー(ハサミ)を内蔵。
●オプティマス・プライマルと同時に発売されたメガトロンの"ウルトラビースト"バージョンで、史上最強の肉食恐竜ティラノサウルスに変形する。オプティマス・プライマルとの対決は、さながらキングコングとティラノサウルスの髑髏島の決闘のようである。「人類の研究施設から"恐竜"の遺伝子情報を盗む」という設定は、同じケナー社で商品化もされている映画『ジュラシックパーク』を思い起こさせ、基本的に論理性を重視するトイ版のコンティニュイティーにおいて、それまでの世界観から「遺伝子工学を利用して誕生した半生体ロボット」というイメージへの大胆な飛躍が可能となったのは、同映画の影響も大きいのかもしれない。ヘッドチェンジギミックは、悪の帝王というイメージを強調するためか、ロボットヘッドの周りにコウモリ風の羽が展開するという装飾性の強いものとなっている。レバー操作で伸縮するシザーアームとウエスト両側のフックランチャー、ビーストモード頭部に内蔵したウォータースプレーなど、多彩なウェポンギミックを誇り、変形システムも初期商品ではナンバーワンの複雑さである。ロボットモードには左右とも拳が無いが、デザイン画では、左腕のシザーハンドは着脱可能であり、TVのCGモデルやタカラの"メタルモニュメント"では、この元デザインが再現されている。

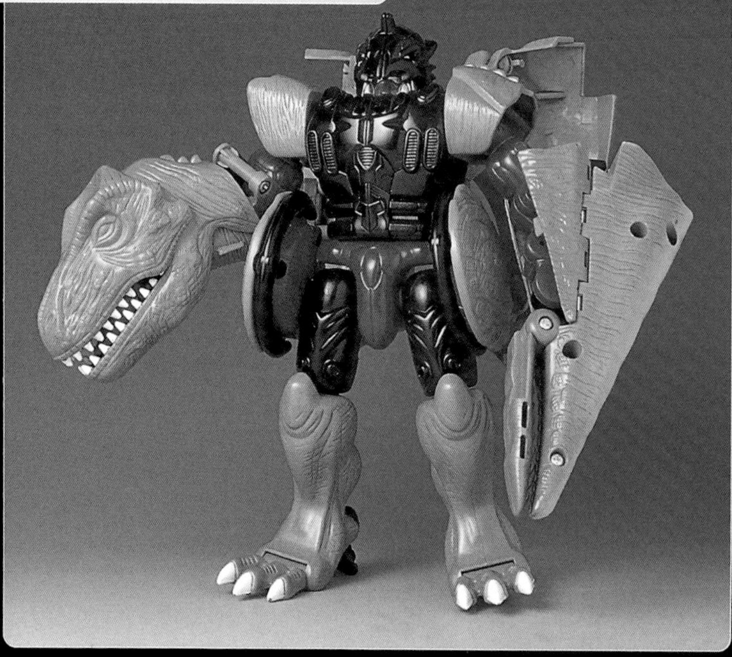

のシンボルが浮かび上がる感熱シール、エナージョンチップが本体の一部に隠されるようになった。またシークレットウェポンはアタックウェポンに変更され、バイオカード中の記載が無くなった。

PREDACONS 1996 FALL

INFERNO

Function: INFANTRY COMMANDER
インファーノ
▶機能：歩兵指揮官

体力	速度	地位	火力	知力	耐久力	勇気	技能
7.0	8.0	7.0	6.0	4.0	4.0	8.0	5.0

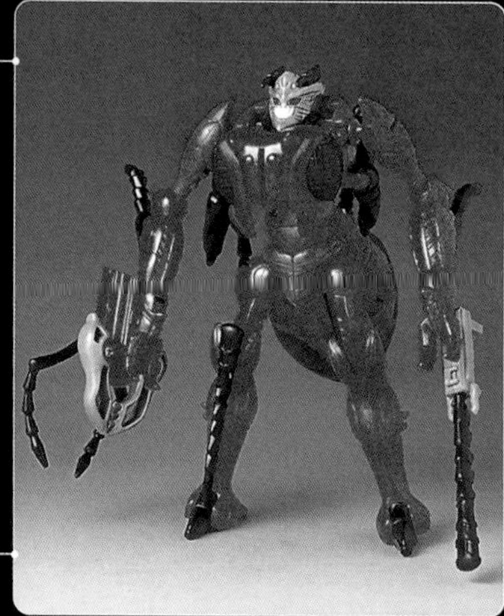

MEGA BEAST

← FLYING MODE

●一見、鈍重そうに見えたとしても、その外見に騙されてはいけない。巨大なアリの胴体が4つに割れて出現するハイパードライブ・イオンスラスターにより、彼は時速180マイルで飛行できるのだから！　それでもなお、逃げるマクシマルズを捕捉できなければ、後ろ脚のミサイルを取り外し、強力な顎に内蔵された隠しランチャーにセットして、狙い撃つ！　さらにクロー状の大顎を取り外せば、彼の破壊的なパワーが最大の威力を発揮する噛みつき攻撃が、ロボットモードにおいても可能となるのだ！
●噛まれると火がついたような痛みを感じる、アメリカで最も恐れられている昆虫の一つであるヒアリ(Fireant)に変形する歩兵戦指揮官で、これに対応して1997年のプレダコン側では"歩兵"というファンクションのトイが何点か発売されている。蟻の要素が加わったロボットモード頭部は、悪魔的な笑みを浮かべた凶悪なデザインである。ヘッドチェンジの替わりとしてか、これ以降のメガビーストでは、ボーナスギミックとして第三形態への変形機構がプラスされ、尾部がスイッチ操作によって回転する推進機に展開した"フライングモード"に変形する。アタックウェポンの大顎がレバー操作で開閉し、内部のミサイルランチャーと共に、ロボットモードの武器にもなる。名前はアリの名前の"Fire"に"Inferno(大火)"をかけており、G1初期にも、消防車に変形するオートボット側の同名キャラクターが存在した。

MAXMALS 1997

1997年には、バラエティに富んだ種類の動物が既存ラインに追加され、レギュラーサイズではフリップチェンジギミックが廃止された。夏季には、シリーズ初、そして海外では現在に至るまで唯一の合体商

AIRAZOR

Function: AERIAL RECON
エアレイザー
▶航空偵察

体力	速度	地位	火力	知力	耐久力	勇気	技能
5.0	9.0	6.0	4.0	7.0	5.0	7.0	7.0

●空中偵察のエキスパートであるエアレイザーの光学マトリクス・スキャナーは、3万フィートの高空からプレダコンズの姿を探し出す。発見した敵のデータは、内蔵されたレーダー・トランスミッターにより、詳細な3Dバーチャルリアルマップと共に仲間のマクシマルズの元に送られる。アタックモードでは両翼に隠したサイバーブレードが展開する。アタックモードでは両翼に隠したサイバーブレードが展開する。ロボットモードでは、尾羽根に隠されたフォトン・キャノンも武器となるが、彼女はむしろ、装甲を切り裂くチタンの刃でプレダコンズに襲いかかる方を好んでいる。

●マクシマルズ初の女性キャラクターで、ハヤブサに変形する。この時期のマクシマルズには貴重な航空戦力だ。トイ本体は、最初から女性キャラクターとしてデザインされたわけでは無いようだが、鳥に変形するためか、ロボットモード頭部のデザインにも野性的な印象が少なく、所々にスマートなイメージがあったため、女性として設定する事ができたのだろう。ビーストモードでのレバー操作による羽ばたきギミックを利用して、翼部から展開したアタックウェポンのサイバーブレードで敵を挟み込む。また用語自体は使われなくなったが、尾部にシークレットウェポンギミックも残っている。名前は、"空気の剃刀"の意味。

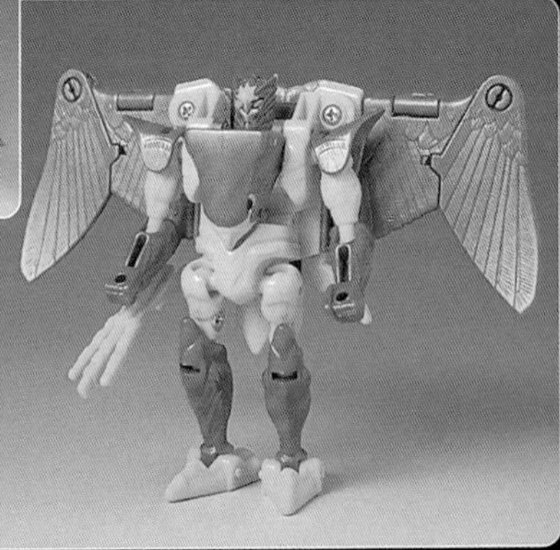

CLAW JAW

Function: UNDERWATER ATTACK
クロージョー
▶機能：水中攻撃

体力	速度	地位	火力	知力	耐久力	勇気	技能
6.0	8.0	4.0	5.0	4.0	4.0	7.0	6.0

●深く冷たい深海の澱みより、クロージョーは、彼の縄張りである水の領域に近づき過ぎた愚かなプレダコンズに襲いかかる。強力な8本の触手を敵に巻き付けて万力のように締め上げ、吸盤のついた触腕で敵のエナージョンを吸いつくすのだ。そして口を取り囲む4本の鋭い牙と、金属を挽き潰すクローウェポンが、このサイバースクィッドを強力な兵士たらしめている。
●ダイオウイカ(Giant Squid)に変形する。サイバーシャークに続く彼の登場により、水中ではマクシマルズ側の戦力が充実した。変形時には両モードの上下が入れ替わるが、イカは分類学的には頭足類で、実際には尖っている方が下半身に当たるので、この変形ギミックは理に適っているといえる。アタックウェポンは、レバー操作で開閉する、イカの特徴の一つの"烏賊とんび"で、背部のクロー状の武器については、パッケージ裏面のインストラクションでは書き忘れているが(海外版の取り扱い説明書ではこのようなギミックの書き漏らしは多々ある)、1996年末期頃から、実際のトイのギミックがバイオカードの内容に具体的に反映されるようになってきたため、カードの方でフォローされている。名前は、"鉤爪状の顎"の意味。

SNARL

Function: SURPRISE ATTACK
スナール
▶機能：奇襲攻撃

体力	速度	地位	火力	知力	耐久力	勇気	技能
7.0	9.0	2.0	4.0	5.0	5.0	7.0	5.0

●攻撃を受ける前に敵がスナールの姿を目にする事は極めて稀だ。彼はその体色のカムフラージュ効果によって、プレダコンのベースキャンプにも易々と忍び込む。戦闘においては強力なジャンプ力で慌てふためく敵に飛びかかり、ロボットモードでは、迫り来るミサイルから軽々と身をかわしてしまう。強力なノコギリ状の歯と剃刀のように鋭い爪を持つスナールは、まさに恐れ知らずの戦士。彼に挑むのは、命知らずの愚か者だけだ！
●獲物の骨をバリバリと噛み砕く強力な顎を持つ、現存する最多の有袋類のタスマニアデビル(Tasmanian Devil)に変形する。アメリカではワーナーのアニメなどよって、意外とメジャーな動物のようだ。ビーストモードで口を大きく開けて牙を剥き出しにし、尻尾のランチャーから本体自体を打ち出してジャンプするアタックウェポンギミックを有する。実際のタスマニアデビルも口を120度くらいまで開ける事ができるが、実際は怯えている時に見せる行動だという。G1初期にも同名のキャラクターがいたが、"Snarl"とは動物が歯を剥き出して唸る事で、これもタスマニアデビルの習性である。1997年中頃より表記されるようになったチャレンジレベルは02で、"BASIC"クラス。

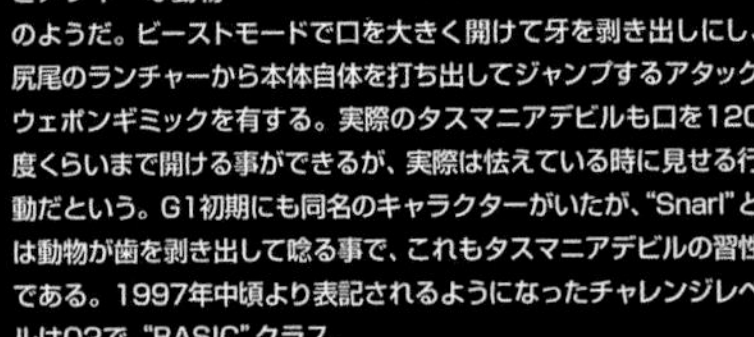

POWERPINCH

Function: INFANTRY
パワーピンチ
▶機能：歩兵

体力	速度	地位	火力	知力	耐久力	勇気	技能
8.0	9.0	2.0	4.0	4.0	4.0	7.0	5.0

●その長く伸びたボディと背中に背負った巨大なハサミにもかかわらず、パワーピンチは驚くべきスピードを誇る。6本の肢をせわしなく動かし、いかなる障害も乗り越えて突き進むのだ。彼の最大の武器は、敵を一刀両断する強力なハサミ。ビーストモードでもロボットモードでもその危険性に変わりはない。故にマクシマルズは、この忌まわしき昆虫戦士に脅威の眼差しを向けるのだ。
●ハサミムシ(Earwig)に変形する。どんな所でもひたむきに進んで行くハサミムシの習性は、いかなる状況下においても前進を要求される歩兵という兵科に適した設定と言えよう。アタックウェポンのピンチャーはレバー操作で開閉し、ビーストモードで身を反らせて前に向ける事もでき、この時に生ずる断面部に"エナージョンチップ"が隠されている。このエナージョンチップ探しもトイの遊びの一つとして考えられているようで、意外な場所に隠されている事が多く、インストラクションにその答えが図示されている。膝が二重関節になっており、この小サイズながらで正座ができてしまう。チャレンジレベルは03で、名前は"強く挟む"。因みにハサミムシの英名の"Earwig(耳ボウフラ)"は、欧米では、眠っている人の耳の中に入って害を為すと考えられていた事から。

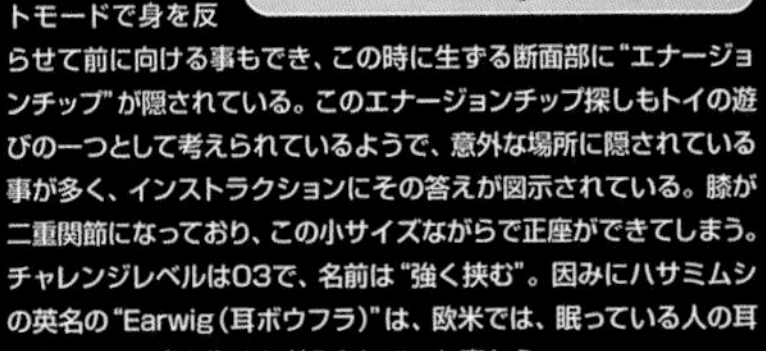

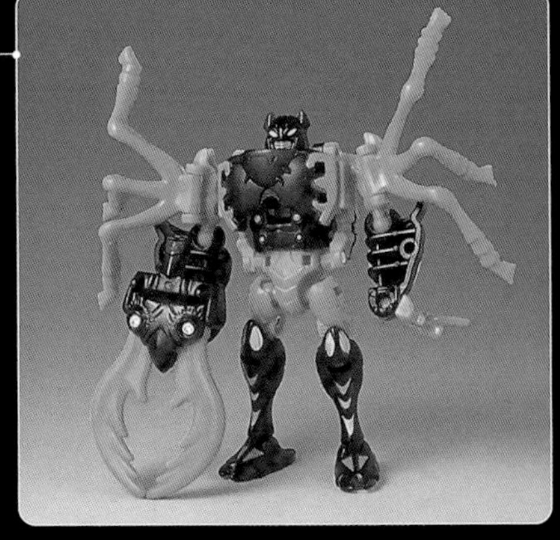

品が、敵味方に1体ずつ発売され、これらを含むシーズン末期頃の商品からは、各トイの変形の難易度を示す"チャレンジレベル"が、バイオ＆テックスペックの側にグラフ表示されるようになった。

1997 PREDACONS

DRILL BIT

Function: *INFANTRY*

ドリルビット

▶機能：歩兵

体力	速度	地位	火力	知力	耐久力	勇気	技能
6.0	2.0	4.0	3.0	3.0	8.0	7.0	4.0

●惑星表面より数マイルの地の底から地中を掘り進み、ドリルビットは油断しているマクシマルズに奇襲をかける。たとえマクシマルズの最新のバトルアーマーであろうとも、ダイヤモンドの先端を持つチタン合金製ドリルに貫けぬ物など存在しない！　彼の棲み処の複雑に入り込んだ地下トンネルは、この謎に満ちた惑星のコアへと繋がり、彼はエナージョン・クリスタルが浮かぶ溶岩に身を浸し、さらなるパワーを求めて渇きを癒すのだ。

●綿の実に穴を掘って侵入し、内部を喰い荒らして害を与えるワタミハナゾウムシ(Boll Weevil)に変形する。アメリカでは有名な害虫で、アタックウェポンのドリルはこの虫の生態を反映している。ビーストモードでこのドリルユニットを展開して、肢を折りたたみ、床などに押し当てて前進させると、連動してドリルが回転する。バイオカードには"謎の惑星"や"エナージョン・クリスタル"など、トイの世界に初めてTV版独自の設定が登場したが、これはG1期にも滅多に無かった事である。この年のプレダコンズの新規のトイには全てクリアパーツが使用されており、ドリルビットやパワーピンチでは、これを昆虫の外殻の光沢や、微妙な透明感の表現に利用している。名前は、"ドリルの錐先(きっさき)"。

RAZOR CLAW

Function: *UNDERCOVER ATTACK*

レイザークロー

▶機能：隠密攻撃

体力	速度	地位	火力	知力	耐久力	勇気	技能
8.0	2.0	3.0	5.0	4.0	9.0	9.0	6.0

●砂地の底に身じろぎもせずに身を潜めるレイザークローこそは、プレダコンズが誇る最高の奇襲攻撃のスペシャリスト！　敵が彼の守備範囲に入るやいなや、砂の中から巨大なハサミが飛び出し、突き出したサイバースパイクで敵を挟み込む！　その甲羅はレーダー波を無効にし、マクシマルズのいかなるセンサーにも探知されない。そして第二のハサミに内蔵されたブラスターライフルから発射する破壊粒子で、何も気づかぬ哀れな獲物の自由を奪うのだ。

●シオマネキ(Fiddler Crab)に変形し(甲羅の色や形はガザミなどの別種の蟹のようでもある)、砂地に潜って隠れるシオマネキの習性を利用して敵を待ち伏せする。アタックウェポンは、レバー操作で飛び出す右手のハサミのスパイクと、左のハサミのブラスターライフル。ビーストモードでは蟹の腹節が再現されており、変形時のロボットモード頭部の収納ギミックを利用して、蟹の顎が可動する。名前は、"剃刀のように鋭いハサミ(爪)"。G1でも同名キャラがいたが、G1レイザークローが所属するメカ動物に変形するディセプティコンズのサブグループ名が、初代"プレダコンズ(アニマトロン)"だった。因みにシオマネキの英名は、大小のハサミを擦り合わせる動きがバイオリン弾き(Fiddler)に似ている事から。

SPITTOR

Function: *SURPRISE ATTACK*

スピッター

▶機能：奇襲攻撃

体力	速度	地位	火力	知力	耐久力	勇気	技能
2.0	5.0	6.0	4.0	7.0	6.0	9.0	7.0

●サイバートロン星のレイザースネークよりも強力な毒を持つスピッターは、わずか7秒弱で敵の自由を奪う。彼の"皮膚"の数ミリ下に設置されたマイクロセンサーは、わずかな刺激に反応し、瞬時に毒を吹き出す。戦闘においては、その強力な脚力を活かして100ヤードを一飛びし、不意を突かれた敵にヘッドバットを食らわせ、毒にまみれた舌の一撃でK.O.する。嫌な話だが、スピッターは蠅は喰わない、スピッターはマクシマルズを喰うのだ！

●シリーズ唯一の両生類であるドクガエル(Poison Arrow Frog)に変形し、そのジャンプ力と舌を活かして敵を急襲する。バイオカードではサイバートロン星の生物"レイザースネーク"というトイ独自の設定が登場している。アタックウェポンはスプリングによって飛び出す舌。舌や腹部の筋肉などにリアルな生物モールドが施され、クリアブルーの成形色とオレンジの塗装によって、毒々しい雰囲気とウェットな質感を上手く再現している。ロボットモードの特異なプロポーションも印象的。ヨーロッパでは、ラインナップの編成の都合上でか、マクシマル側として発売された。名前は、"Spitter(唾を吐く者)"のもじり。

LAZORBEAK

Function: *AERIAL ATTACK*

レーザービーク

▶機能：空襲

体力	速度	地位	火力	知力	耐久力	勇気	技能
6.0	9.0	5.0	5.0	4.0	3.0	8.0	5.0

●戦いを求め空を舞う大空の海賊レーザービークは、「俺がマクシマルズで好きな"ポイント"は、奴らのメルティングポイント(融点)だけだ！」というモットーを広言している。彼のレーザー兵器はあらゆるマクシマルズの装甲を貫く威力を持つが、一方でエナージョンの消費が激しく、長時間の戦闘には耐えられない。だがひとたびエネルギーを補充すれば、レーザービークは即座に、恐るべき脅威となる！

●プテラノドンに変形する。G1初期のコンドルからカセットテープに変形するキャラクターと同名で(スペリングは若干異なる：日本名コンドル)、尋問(Interrogation)という当時の機能とは異なるが、バイオカードは、"The only point I like in Autobots：meltingpoint."というG1版のモットーを反映しており、バイオカードのライター自身は、明らかに同一キャラクターと考えていたと思われる。トイ本体はテラソーのリペイントだが、翼内面にエナージョンチップ用の凹部があり、『ビーストウォーズ ネオ』のハイドラーは、このトイに塗装を追加したもの。名前は、"レーザーの嘴"を意味するG1レーザービーク(Laserbeak)のもじり。

DELUXE BEAST

BONECRUSHER

Function: *FIRST-STRIKE INFANTRY*

ボーンクラッシャー

▶機能：先制攻撃歩兵

体力	速度	地位	火力	知力	耐久力	勇気	技能
9.0	7.0	7.0	7.0	5.0	4.0	9.0	6.0

●怪力無双にして鋼の意志を持つボーンクラッシャー、敵の頭蓋骨を叩き割らんと猛り狂う彼を止められる物は存在しない！　生ける暴走機関車たる彼が望むのは、戦い、戦い、戦い！　内部冷却装置のコプロセッサーがオーバーヒートしないようにと、彼をなだめるオプティマス・プライマルの言葉も、敵をサイバースクラップに変えてしまうまで、ボーンクラッシャーの耳には届かない。必殺のヘッドバットで敵をふらふらにさせ、口から発射する速射ミサイルで止めを刺す、それが彼の得意の戦法だ！
●バイソンに変形し、その猛進力をもって敵への切り込み役を果たす突撃歩兵で、パワーや勇気のスペックは高いものの、知性はあまり高くない。アタックウェポンは、尻尾を引っ張ると、角の付いた頭部の頭突きと共に口腔内から発射するミサイルで、ロボットモードではこの頭部ユニットのバランスを取るため、変形ロボットトイでは珍しい前傾気味のプロポーションとなっている。またアタックウェポンは完全に収納、シークレットウェポン型の携帯火器を持たないため、手は平手となっている。脚部の肉抜き穴の内部にまでアクチュエーター風のモールドがある。名前は“骨を砕く者”で、G1初期のディセプティコン側にも同名のキャラクターがいた。

DELUXE BEAST

K-9

Function: *GUARD DUTY*

K-9

▶機能：歩哨雑務

体力	速度	地位	火力	知力	耐久力	勇気	技能
5.0	7.0	4.0	4.0	8.0	6.0	7.0	6.0

●プレダコンズの奇襲から仲間のマクシマルズを守る重責を負うK-9は、その驚異的な反射神経と、犬としての超高感度嗅覚センサーを研ぎ澄まし、常に警戒を怠らない。他のマクシマルズが防衛戦略を練っている間、彼はプレダコンズのスパイの気配を求め、周辺地域をパトロールする。たとえ敵の総攻撃に遭遇したとしても、そのミサイル・ランチャーの速射で、増援が到着まで敵を釘付けにする。そして闘いになれば、その牙が、警告の吠え越えとは比べ物にならない、恐ろしい威力を発揮するのだ！
●ジャーマンシェパードに変形し、その変形モードの特性を活かして、軍隊組織に無くてはならない警備任務に就く。リトラックスやスナールなどと同時に発売された、アメリカにおける最後のリアルビースト・トイである。トイはウルファングの部分的な型替えに見えるが、実際には殆どのパーツが新造されている。ギミックはウルファングのものを継承しているため、ヘッドチェンジギミックやシークレットウェポンが残っているが、武器ギミックの呼称は“アタックウェポン”に変更され、テックスペック中での収納位置の表記も無い。名前は犬科の動物や犬歯を指す“canine(ケイナイン)”の当て字で、警察犬を指す専門用語でもある。

DELUXE BEAST

GRIMLOCK

Function: *ATTACK SPECIALIST*

グリムロック

▶機能：戦闘スペシャリスト

体力	速度	地位	火力	知力	耐久力	勇気	技能
8.0	7.0	5.0	6.0	7.0	5.0	9.0	7.0

●かつて闘いがオートボッツとディセプティコンズの間で争われていた時代、グリムロックはオートボットの大儀を守る戦列の要として勇名を馳せた。そして今、獰猛なるヴェロキラプトルに姿を変えたグリムロックは、全宇宙を手中にせんとするプレダコンズにさらなる戦いを挑む。ロボットモードへと変形した彼の尻尾に隠した回転式スラッシャーソードがプレダコンの軍団を切り刻む。戦いの後、グリムロックの牙の間からは、常に敗者の内部回路が覗いている。
●グリムロックは元々、メカティラノサウルスに変形する、G1“ダイノボット”軍団のリーダーで、バイオカードでも初めてG1期の事象が具体的に触れられている。カードの記述は、トイの世界がG1期と直接に繋がっている事を明確に裏付けており、素直に考えて、両者は同一人物と見て間違いないだろう。元々、BWダイノボットのトイ自体が、G1グリムロックをイメージしていたようであり、このリペイント版は先祖帰りとも言える。よりスリムな形態となったため、速度のスペックはG1期に比べて格段にアップしている。トイの金型はダイノボットとは完全に別物となっており、皮膚などのモールドも若干異なる。名前は“恐るべき錠前”で、噛みついて離さない動物のイメージ。

DELUXE BEAST

JETSTORM

Function: *SKY PATROL*
ジェットストーム
▶機能：空中哨戒

体力	速度	地位	火力	知力	耐久力	勇気	技能
3.0	7.0	3.0	7.0	4.0	5.0	5.0	6.0

●ジェットストームの怪しげな姿に惑わされた敵がこのプレダコンのパワーに気づいた時、彼らは既に致命的な状況に陥っている！　空から音もなく襲い来るジェットストームは、内部冷却剤コンデンサーで合成した毒液を口から噴射し、5百フィート先の敵をも撃破する。そして空の敵には、強烈な衝撃波を発生させる2基の空対空ミサイルを発射するのだ！
●リペイントのものを除けば、この時期では珍しい古生物モチーフのムカシトンボ（Meganeuropsis Permiana）に変形する。腰部にマウントしたスプリングで展開する2基のミサイル・ランチャーと、胴体に内蔵したウォーターガンの、2種類のアタックウェポンを持つ。1997年の新規のデラックスビーストの多くは武器が内蔵式だが、レギュラーサイズでは手持ち武器をもつ者が多く、このように、外付け武器を持つ者と持たない者が混在するようになったため"シークレットウェポン"の名称が廃止されたものと思われる。カラーリングは、メタリックグリーンのような、深みのある中間的な成型色が使用されており、透明ミサイルが『ビーストマシーンズ』を先取りしている。名前は"Jet Stream（ジェット気流）"のもじりで、"ジェット嵐"。G2期にも同じくウォーターガンを装備する同名のキャラクターがいた。

DELUXE BEAST

MANTERROR

Function: *QUICK-ATTACK SPECIALIS*
マンテラー
▶機能：奇襲スペシャリスト

体力	速度	地位	火力	知力	耐久力	勇気	技能
5.0	6.0	6.0	8.0	9.0	3.0	5.0	10.0

●偏執狂的なマンテラーは、一見、不器用に見えるかもしれない。だが実際の彼は熟練の戦士で、ロボットモードでも昆虫戦闘モードでも、猛烈な素早さを発揮する。飛行能力と剃刀のように鋭いラプタークローを備えるマンテラーは、体内のステルス・サイレンサーによって、空からプロトンの閃光のようなスピードで敵に襲いかかり、ロボットモードでは、敵の外装を切り裂くまで回転を止めない強力なイオンディスクを発射する。彼の口癖はこうだ。「マンテラーの姿を目にした時、お前はもう死んでいる！」
●カマキリ（Praying Mantis）の素早い動きと飛行能力によって奇襲攻撃に活躍する（この年のプレダコンは奇襲要員が充実している）。変形は一見シンプルそうだが、実際には複雑な変形ギミックによってカマキリのスマートなプロポーションを再現しており、両手のカマから発射するアタックウェポンの半透明の円盤は、バイオカードでは"イオンディスク"と設定されている。ロボットモードでは、アンバランスなまでに大きなカマによって特徴的なプロポーションとなっており、この頃から、従来のイメージに囚われない個性的なシルエットをもつ者が増えてきた。ネーミングは"Mantis（カマキリ）"＋"Terror（恐怖）"。因みにカマキリの英名は、前肢を掲げた姿勢が祈り（Pray）の姿勢に似ている事に由来する。

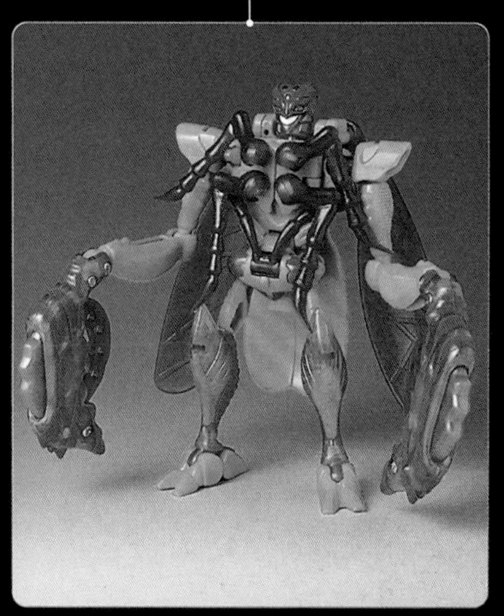

DELUXE BEAST

RETRAX

Function: *DESERT DEMOLITION*
リトラックス
▶機能：砂漠破壊戦

体力	速度	地位	火力	知力	耐久力	勇気	技能
8.0	1.0	7.0	2.0	8.0	9.0	7.0	8.0

●はるかな砂漠の地下深く掘り進まれた、落ち込んだ犠牲者の残骸が続く、暗く冷たいトンネルこそがリトラックスの棲み処だ。球状形態への変形は彼の最大の防御手段。タイヤを軋ませて山道を駆け下るターボ車の如く砂丘を転がり、速やかに窮地を脱する。だが攻撃時には、同サイズの敵であれば轢き潰し、衝撃によってバラバラになったボディを、強力な頭部のハサミで一瞬の内に切り刻んでしまうのだ。
●ダンゴムシ（Pillbug）に変形し、スプリングによって球状に変形するギミックを持つ。アタックウェポンは尾部のナイフと、スプリングで閉じる口のハサミで、この時期のアタックウェポンは基本的にビーストモード時での使用を想定されていたのか、日本で同型のトイが発売された時に強調されたロボットモードでのベアハッグアクションは、アメリカ版では一切触れられていない。砂漠を活動の場とし、地位のスペックは砂漠戦指揮官のスコーポノックよりも高い。アメリカでの『ビーストウォーズ』のセールスポイントの一つである、大人が顔をしかめる不気味トイ路線の最右翼ともいえ、デザインもリアルさを度外視して、不気味さを徹底的に強調しており、キャラクター設定もそれを盛り上げている。巨大な2本の角を持った頭部は、同じく球状に変形するユニクロンを思わせる。名前は「動物が身を丸める事」を指す動詞、"Retract"から。

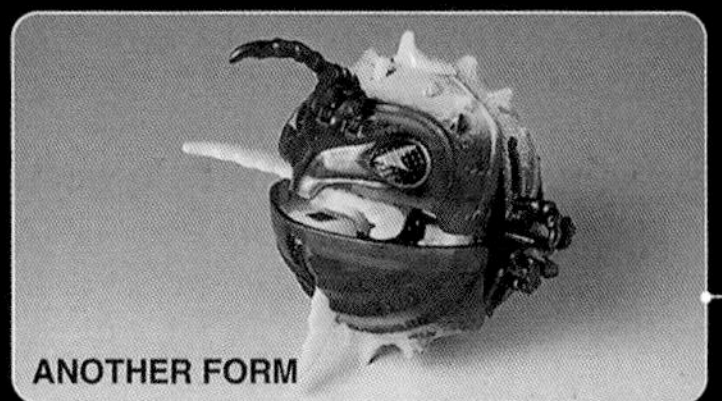
ANOTHER FORM

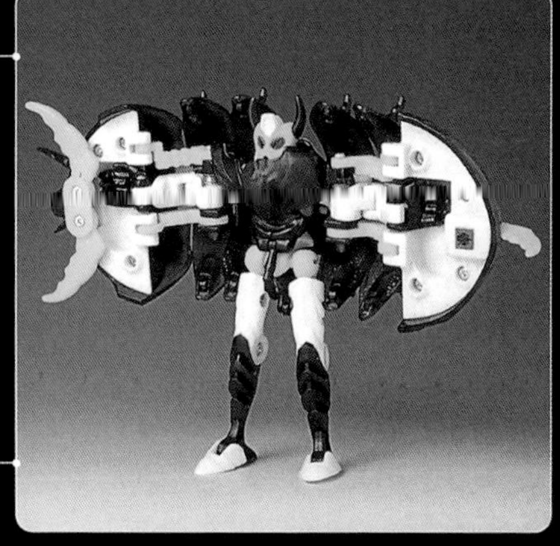

MEGA BEAST

B'BOOM

Function: *GUERILLA WARFARE SPECIALIST*

バブーム

▶機能：ゲリラ戦スペシャリスト

体力	速度	地位	火力	知力	耐久力	勇気	技能
8.0	6.0	7.0	9.0	7.0	7.0	9.0	6.0

ATTACK MODE

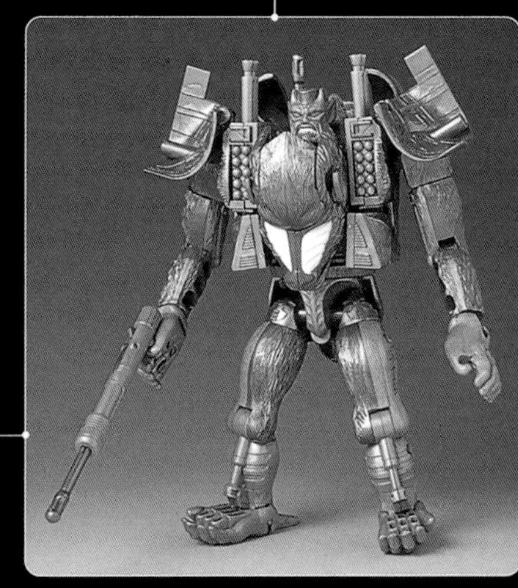

●ゲリラ戦術の専門家であるバ・ブームは、何をしでかすか予想もつかない、マクシマルズでも指折りの荒くれ者だ。彼を屈服させる事は困難で、しばしば一時の怒りに我を忘れ、木々を駆け上る事も少なくないが、戦闘時の集中力は、その瞳に燃える野性の炎によって明らかだ。機敏で勇猛で聡明なバ・ブームが狂暴化するのが、全ての武器を展開させ戦闘砲台と化するメガアーティラリー・アタックモード。彼のお気に入りの兵器は、炸裂式パルスミサイルを発射する口腔内に隠されたランチャーだが、最大の武器は、何ものにも侵される事のない野生の本能だ。

●西アフリカに生息するヒヒの一種のマンドリルに変形する。ゲリラ戦を得意とする野生味の強いキャラクターで、頭部もモヒカン風の意匠を持った彫りの深いワイルドなものとなっている。ロボットモード胸部がミサイルポッド状になっているが、このように最初からボディの一部が火器（特に、実際には機能しないもの）となっている者はBWでは珍しい。重砲撃形態に変形するが、この第三の変形モードは、"アタックモード"と呼ばれるようになり、このバ・ブームとトランスキートのアタックモードには独立した頭部が用意されているのが特徴である。ビーストモードで耳を押すと、かっと目と口を見開き、背中のレバー操作で口腔内のランチャーに装填したミサイルを発射する。チャレンジレベルは06で、ネーミングは、"Baboon(ヒヒ)"+"Boom(砲声、雷鳴の轟き)"。

SUPER TEAM

MAGNABOSS

Function: *COMBAT LEADER*

マグナボス

▶機能：戦闘指揮官

体力	速度	地位	火力	知力	耐久力	勇気	技能
10.0	9.0	10.0	10.0	10.0	10.0	10.0	10.0

PROWL／プラウル

SILVERBOLT／シルバーボルト

IRONHIDE／アイアンハイド

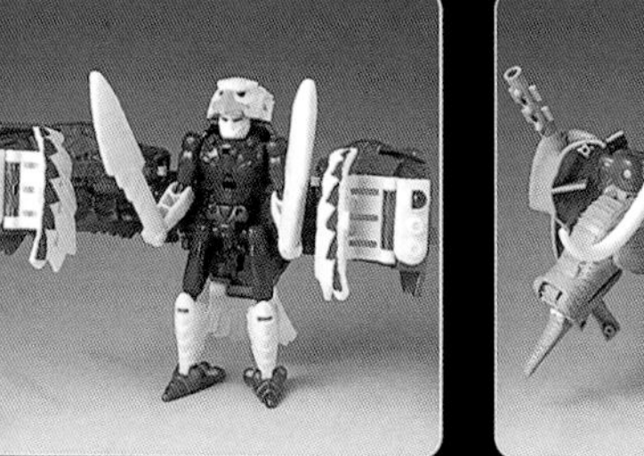

●スーパーロボットの新たな血統が、従来の3倍になんなんとする戦力を持って、マクシマルの戦線に新たな道を切り開く！　プラウルの獰猛さ、シルバーボルトの素早さ、アイアンハイドの剛力が結集して誕生する3倍力の猛者、マグナボスにとって、プレダコンなど敵ではない。たとえ相手が、超戦闘力を誇るトライプレダカスであろうとも！　戦場はマグナボスの庭。手にするは、剃刀の鋭さを持つシルバーボルトのウィングソードと、重々しいアイアンハイドのバトルクラブを、プラウルのサイバーテール・クローに合体させた巨大なメガトン・バトルソード。三人寄れば文殊の知恵という言葉が正しければ、彼はその利点を既に兼ね備えているのだ！

●ライオンに変形するプラウル、白頭鷲に変形するシルバーボルト、アフリカ象に変形するアイアンハイドが合体して誕生するシリーズ初の合体ロボットで、ロボットトイ史上においても、合体後にここまで関節が可動するものは初めてである。シルバーボルトの両翼にはミサイル発射ギミックが内蔵されており、それぞれがビーストモードから武器を展開したアニマルアタックモードに変形する。プラウルの頭部はオプティマス・プライマルに似ており、スペックも通常はリーダークラスにのみ使われる、ほぼフルリミットである事から、当初プラウルは、オプティマス・プライマルとしてデザインされていたようだ。合体形態のスーパーロボットモードでは、ネイティブ・アメリカンのイメージも取り入れられており、名前もそのものズバリ"大酋長"。また個別名は全てG1キャラクターに由来しているが、PROWLは"動物が獲物を求めてうろつく事"、SILEVERBOLT "銀の稲妻"、IRONHIDEは"鉄のような獣皮（象の別名）"で、それぞれの動物の特性をイメージしたものとなっている。チャレンジレベルは09でEXPERTクラス。

MEGA BEAST

TRANSQUITO

Function: AIR ASSAULT AND RECONNAISSANCE
トランスキート
▶機能：空中強襲及び偵察

体力	速度	地位	火力	知力	耐久力	勇気	技能
5.0	9.0	6.0	7.0	4.0	8.0	8.0	6.0

ATTACK MODE

●マクシマルズを追跡し、その隠された拠点を探し出す、異常なまでのトランスキートの探知能力の右に出る者は殆ど存在しない。コンバットモードに変形すれば、毒にまみれた巨大なハサミで複数のマクシマルズを一挙に掬め取る。たとえ哀れな犠牲者がこの攻撃を生き延びたとしても、たちどころに不快な発疹に体を侵されて、精神に錯乱をきたす。その強力な翅は高速飛行を可能とし、同時にマクシマルズの意識を狂わす高周波を発する。その性格は乱暴で不愉快極まりなく、虫の居所が悪い時にはあたり構わずミサイルランチャーを乱射する習癖によって、彼を知る全ての者から嫌われている。

●どんな所でも侵入してくる蚊の習性を利用して、敵の秘密基地を発見する任務を担い、その毒は化学兵器として作用する。また誰からも嫌われる蚊の性質も、その性格に影響している。翅が巨大なハサミに変形してアリジゴク風のアタックモード（バイオカードでは“コンバットモード”と呼ばれている）となり、ビーストモード時の羽ばたきギミックを利用して、顎が大きく開閉する。このアタックモードに対して、ビーストモードで武器を展開した形態は“アニマルアタックモード”と呼ばれるようになり、このトランスキートでは、スイッチ操作で、口腔部にミサイルランチャーを内蔵したロボットモード頭部が出現する。チャレンジレベルは06で、ネーミングは、“Trans（超越した）”＋“Mosquito（蚊）”。

SUPER TEAM

TRIPREDACUS

Function: BATTLE MASTER
トライプレダカス
▶機能：バトルマスター

体力	速度	地位	火力	知力	耐久力	勇気	技能
10.0	9.0	10.0	10.0	10.0	10.0	10.0	10.0

CICADACON／シケーダコン

RAM HORN／ラムホーン

SEA CLAMP／シークランプ

●シケーダコンの疫病のような破壊力とラムホーンの頑強さ、シークランプの怪力をもって、真夜中、野獣超戦士トライプレダカスがマクシマルズの要塞に襲い来る。地球の奥底から寄せ集めたパワーを、トライプレダカスは恐るべき破壊兵器に変えるのだ。シークランプのリンケージシステムが、シケーダコンのチョッピング・ローターブレードを、ラムホーンの強力なドライブモーターに接続して、メガ・ミサイルランチャーを構成、プレダコンの戦線に恐るべき道を切り開く。従来の3倍を超えるパワーと危険性をもって、トライプレダカスはロボティックジャングルを征服し、支配するのだ。

●セミ(Cicada)に変形するシケーダコン、カブトムシ(Rhinoceros beetle)に変形するラムホーン、ロブスタ[illegible]に変形するシ[illegible]クランプの3体が合体してトライプレダカスとなる。ドリルビットよりも発売が後だが、バイオカードでは依然として「地球」という言葉が使われており、トイ版の世界観がTVの設定に統合されてしまった、という事を示している（TVも後に地球が舞台であったことが判明するが）。後にTVの“Agenda”にカメオ出演を果たしている。それぞれアニマルアタックモードに変形し、パール調の成形色によってリアル感を高めている。スーパーロボットモードでは、両腕のいびつさなど、怪物らしい異形性を持った凶々しいデザインとなっている。名前は“三体のプレダコンからなる巨漢”の意味。個別名称は Cicadacon がセミの英名の変形、Ramhornは、G1にも同名キャラクターがいたが、“角を突き当てて、激しくぶつかりあうこと”で、Sea Clampは“やっとこ”の一種である“C-clamp”という道具の名称のもじり。チャレンジレベルは09のEXPERTクラスで、変形ギミックの複雑さはシリーズでも1、2を争う。

1997年のクリスマスシーズンより、それまでのリアルビースト路線に替わって、ビーストモードがメカニカルに変化し、高速移動形態への変形ギミックを持った"トランスメタルズ"と、2種類の動物が融合

DELUXE TRANSMETAL

CHEETOR

Function: ROBOTIC JUNGLE PATROL
チーター
▶機能：ロボティックジャングル・パトロール

体力	速度	地位	火力	知力	耐久力	勇気	技能
8.0	10.0	7.0	8.0	6.0	9.0	9.0	8.0

●大量のクォンタム・サージを浴びた結果、チーターはサイバネティックな進化を遂げた。以前のビーストモードから生物的特性を受け継いだ新たなロボットモードを得たのだ。チーターは、かつてない敏捷性とパワーを発揮してジャングルを駆け抜ける。胴体から飛び出すサイバースラストウィングは、驚異的なスピードを発生させ、ビーストモードにおいては一時的な飛行さえ可能とする。今の彼はジェット機でもあり、メカニカル・チーターでもあるのだ。
●新たに登場した"トランスメタルズ"では、ロボットモード／ビーストモードにおける有機要素と無機要素の関係が逆転し、ビーストモードはメカニカルな外観に変化し、生体的要素はロボットモードに変形すると出現するようになった。またビーストモードから、"ビークルモード"や"トランスポーテーションモード"と呼ばれる高速移動形態への変形能力もプラスされた。トランスメタル化したチーターは、ロボットモード胸部や腕部、内腿部等に斑点模様の付いた毛や筋肉などの生体要素を持ち、手も鉤爪状となっている。また表情も、歯を剥き出しにしたワイルドなものとなっており、ビークルモードでは背部の2基のスラスターと尾部の垂直安定板を展開するが、バイオカードによれば、その飛行能力は限定的な物のようである。ロボットモードでは尻尾が先端にブレードの付いたムチとなる。機能の"ロボティックジャングル"という地名は、トライプレダカスのバイオカードにも出てくるが、トイオリジナルの地名だろうか？

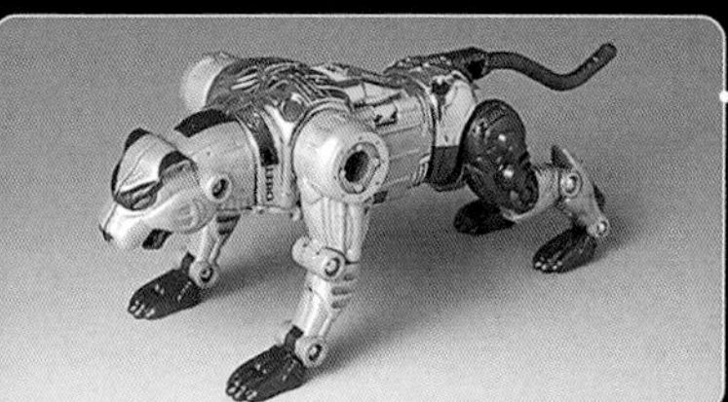

VEHICLE MODE

DELUXE TRANSMETAL

RHINOX

Function: STRATEGIC DEFENSE
ライノックス
▶機能：戦略防衛

体力	速度	地位	火力	知力	耐久力	勇気	技能
10.0	7.0	5.0	8.0	6.0	9.0	10.0	7.0

●クォンタム・サージを浴びたライノックスは、巨大な体躯の金属のサイへと進化した。だが彼はすぐに気づいた。彼の新たなビーストボディが、頑強な汎地形対応ビークルへの変形能力を得た事を。ライノックスのような、パワフルで強大だが鈍重なマクシマルにとって、高機動能力とは正に夢が現実になるに等しい。彼は新たな戦闘機動をウィリー走行で突っ走れるほどにマスターし、ハイスピードでプレダコンズを蹴散らしていく。そして動物化した新たなロボットモードは、戦場でのしなやかさやテクニックをも改善したのだ。
●ライノックスのトランスメタル・バージョンで、キャタピラとスキッドを展開したトランスポーテーションモードに変形し、速度のスペックは3.0から7.0と格段にアップしている。ビーストモードが機械化した利点は、高速移動形態への変形能力の獲得による移動能力の強化と考えられるが、上のバイオカードでは、しなやかさが加わり、戦闘テクニックがアップするという、ロボットモードに生物的な特性が加わったメリットについても触れられており、技能のスペックも6.0から7.0にアップしている。ただし知力のスペックは変化しておらず、相変わらずラットラップよりも低いままで、チーターにも追いつかれてしまった。ロボットモードでは角がナイフ状の武器となる。初期の"トランスメタル"は、全てTV第1シーズンに登場したキャラクターのバージョンアップ版で、ビーストモードのボディの一部にキャラクター名が表記されている。

TRANSPOTATION MODE

TOPIC

BEAST VS.MACHINE .... マシンウォーズの真実

『ビーストウォーズ』のヒットと、折からのショップ限定物の隆盛を受けて、1997年にアメリカの大手玩具チェーン"ケイ・ビー"で限定発売されたのが、ビークルタイプのトランスフォーマーによるエクスクルーシブシリーズ『マシンウォーズ』である。これは、1992年にヨーロッパで発売されたトイのリペイントと、ブリスターサイズの新規のトイでラインナップされ、全12種が発売された。パッケージやタイトルロゴはBWの基本デザインのフォーマットを踏襲しており（ただしBWという表記は一切無い）、キャラクター名は殆どがG1からで、パッケージ裏面にはテック&スペックが付属しているものの、バックグラウンドストーリーに関しては何も明示されておらず、BWはおろか、旧TFシリーズとの関係も一切不明である。シリーズのストーリー的な背景を大切にするアメリカのファン気質のため、同シリーズのアメリカでの評価は現在ではまだ定まっていないが、基本的にBWとはソフト的な繋がりはないと考えられるため、本誌では詳述を割愛した。ただ、このようなイレギュラー的性格の強い物を、正規のシリーズに安易に組み込んだりしない所に、シリーズとしてのトータルイメージを重視するハズブロの姿勢がうかがわれる。同シリーズの特記事項としては、日本でも『ビーストウォーズII』でジェット機タイプの物（ダージ、スラスト）が発売されていたブリスターサイズの新規トイは、各関節が可動し、フリップチェンジ機構とシークレットウェポン・ギミックを持つ、初期のBWのレギュラーサイズと同等の機能を備えており、恐らく、元はG2末期頃に初期のBWトイと同時に開発されていたBWの競合案だったのではないかと思われる。また、これらのトイの何体かは明らかに特定のG1キャラクター（特に旧アニメ版）を意識したデザインとなっており、これから考えてると、初期のBWトイにも、特定の旧TFキャラクターをイメージした物があるのではないかと思われる。今の所、同シリーズで発売されている商品が、現時点でのアメリカでのオプティマス・プライムやスタースクリームの最終商品である。

上写真左からメガトロン、オプティマス・プライム、ミラージ（日本名リジェ）。カードデザインはBWを踏襲しており、爬虫類の皮膚部分が鉄板状になっている。ロゴの書体も同様。

したビーストモードを持つ“フューザーズ”の二つのカテゴリーが新たに登場し、トランスメタルズでメガとデラックス、フューザーズでレギュラーとデラックスが発売された。

TARANTULAS

Function: NINJA WARRIOR

タランチュラス

▶機能：忍者戦士

体力	速度	地位	火力	知力	耐久力	勇気	技能
9.0	8.0	5.0	7.0	4.0	6.0	7.0	8.0

VEHICLE MODE

●プレダコンに数あれど、この8本脚の忍者戦士タランチュラスに並ぶ程に凶暴で策略に長けた戦士は稀である。そんな彼にクォンタム・サージは思わぬ吉報をもたらした。モトクロスビークル風の能力を併せ持ったメカニカルなクモに進化したのだ。以前の隠密行動と奇襲を得意としたタランチュラスはもういない。彼は今や、車輪を軋ませ戦場に飛び込み、生物化された新たなロボットモードで暴れ回る、無敵の戦士に生まれ変わったのだ。もはや彼を止める手段はない！

●タランチュラスのトランスメタルバージョンで、バイオカードは、以前は “must bestopped” であったのが、遂に “unstoppable” となってしまった。バイク状のビークルモードに変形し、尾部にはエンジンやエグゾーストパイプ様のメカが露出している。ステアリングが切れるビークルモードの前輪はロボットモードではディスクソーとなり、後輪は半円状に分割され、本体にアームで接続されたまま肩アーマーの位置に移動する。これ以前にトイのバイオカードでTVの要素を取り入れたのはドリルビットのみであったが、トランスメタルからは“クォンタム・サージ”など、TVの要素が大きく取り入れられるようになった。しかしタランチュラスの機能は以前と変わらず、知力のスペックも低いままで、キャラクターイメージに関しては以前のトイ版の設定を下敷きにしており、トイの世界とTV版の世界が全く同じものではない事を示していると言えるだろう。

ROCK AND SMOOTH .... パッケージバリエーション&バックカードストーリー1998

アメリカの『ビーストウォーズ』シリーズは、レギュラーとデラックスがブリスター、またメガ、ウルトラ、スーパーがボックスパッケージで発売されている。1995～1997年のリアルビースト期の基本デザインは、爬虫類の皮膚が鋭い眼を囲む物となっている。この眼の縁取りのシャドウ部分は、各キャラクターの所属グループのイメージカラーで色分けされており、マクシマルズは緑、プレダコンズは紫となっている。また、トイがパッケージングされている透明プラスチックのブリスター（バブル）部には、各トイのロボットモードの写真や変形する動物の種類、機能、ギミック、またデラックスの物であれば、クラス名が表記された個別シールが貼られている（レギュラーサイズにはクラス名の表記はない）。ボックスパッケージについては、基本的にはその時期のブリスター版のカードデザインを踏襲している。シリーズスタート時の1995年末～1996年初頭に発売されたトイ（P42～45のトイとP46のチーター）の初期版は、ブリスター部が岩山風の形状をしており、アメリカのファンの間では“ロックブリスター”などと呼ばれているが、1996年春期頃から、このバブル部分はカード上の眼の外形に合わせた楕円形となり、これらは“スムース（ラウンド）ブリスター”と呼ばれている。同時に、初期商品も、“コミック2パック”を除いてスムースブリスターに変更して再生産されている。これらの1996年のスムースブリスター以降のカードは、爬虫類の皮膚の部分が、全体的にぼやけたデザインとなっている。1996年末のトイからは、それまではカード上部のフック部右側のキャラクター名の部分のみが黒くなっていたのが、上部全体が黒くフェイドアウトしたデザインとなっており、爬虫類の皮膚部分は再びはっきりとした物に戻った。パッケージ上のキャラクターイラストについては、発売時期によってサイズが変更されたり、縁取りがなされたり、といった変化があり、初期商品の再生産版でも、裏面のテックスペックも含めて、トリミングなどが変更されている場合がある。ラインナップが“トランスメタルズ”と“フューザーズ”に二分された1997年末からは、トランスメタルズでは、メックドアウト・ビーストというそのコンセプトに合わせて、それまでの爬虫類の皮膚部分がメカニカルスキンに変化し、一方でフューザーズは以前のデザインを踏襲している。キャラクターイラストは、トランスメタルズではグリッド、フューザーズではそれぞれのチームカラーのグレアがバックに加えられており、1997年末～1998年初頭のトイでは、他の時期のダイナミックなポージングと比べて、素立ちに近い大人しめな物となっている。またブリスター部のシールも、各シリーズ名をアピールしたものに変更され、トランスメタルズでは、シリーズ名がホログラム印刷された、敵味方ごとの共通シールになったが（これはトイ本体に入れられた名称表記がパッケージの外からでも見えるためと思われる）、フューザーズでは、合成された動物の名称や機能が記載された個別シールとなっている。また、バックカードストーリーも、それぞれ別個の物に変更された。

●トランスメタルズ バックカードストーリー

生体遺伝子工学が、トランスフォーマーに獰猛な獣と機械技術との、完全なサイバネティック融合体の創造を実現させた。そして巻き起こったのが、ヒロイック・マクシマルズ対イーヴル・プレダコンズによる、極限の死闘である！　そして今、何か恐るべき事態が発生した！　エイリアンの惑星破壊装置の爆発が、ビーストウォーズ・ワールドに量子の奔流“クォンタム・サージ”を浴びせかけ、機械的、金属質の体表に包まれたメカニカル・ビーストを生み出したのだ。ビースト、ビークル、ロボットの、驚異の3形態への変形能力を持ち、“トランスメタルズ”と呼ばれる彼らの出現は、ビーストウォーズを永久に塗り替えた！

●フューザーズ バックカードストーリー

エイリアンの惑星破壊装置が、ビーストウォーズの世界に量子の奔流“クォンタム・サージ”を浴びせかけた！　その激烈な力は、トランスフォーマーの遺伝子スキャナーに機能不全を及ぼし、二つの異なる野生動物を1体のビーストへ融合（フュージョン）させた！　かくして、ヒロイック・マクシマルズ対イーヴル・プレダコンズの戦いが巻き起こった！　幻想的な獣に姿を変えたロボット戦士達が、力を求め熾烈な闘いを繰り広げる！　フューザーズの第一波が到来した…だが警戒せよ、次なる波がやって来る！

初期カード/マクシマルズ
グリムロック（台紙のみ）

初期カード/プレダコンズ
マンテラー（台紙のみ）

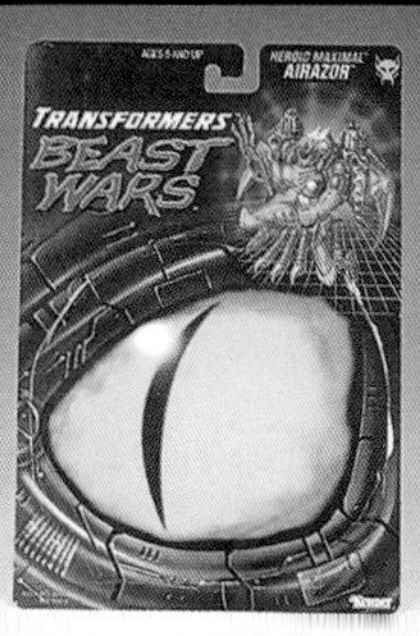

カード/トランスメタルズ
エアレイザー（台紙のみ）

コミック2パック
（コミック、トイ付き）

“ロックブリスター”バージョン

“スムースブリスター”バージョン

OPTIMUS PRIMAL

Function: *MAXIMAL GENERAL*
オプティマス・プライマル
▶機能：マクシマル将軍

体力	速度	地位	火力	知力	耐久力	勇気	技能
10+	10+	10.0	10+	10+	10+	10+	10+

← TRANSPOTATION MODE

●惑星破壊兵器との遭遇により、無敵のメタルゴリラに生まれ変わったオプティマス・プライマルは、内蔵されたロケット推進のホバーボードを駆り、ビーストウォーズ・ワールドの大空にハンテン・ターンを決める！　より速く、より強く、有機的な強化を遂げた巨大なマクシマルズの将軍のボディには、武器が満載されている。少しでも我が身を大事に思うプレダコンであれば、メタル・オプティマス・プライマルにちょっかいをかけるような馬鹿な真似など、決してしたりはしないだろう！
●新たに強化されたオプティマス・プライマルの姿で、能力値も殆ど10プラスのマクシマム・パワーを持つ。トランスポーテーションモードでは、下脚部からホバーボードを展開し、ミサイルランチャーがスラスターとなる。トランスメタルにおける生態要素の転移は、バイオカードでも再三強調されており、このオプティマス・プライマルでも、ロボットモード頭部は、トラディショナルなオプティマスヘッドから、低い鼻やむき出しになった牙などの類人猿的な顔が浮き出したインパクトの強いものとなっている。またロボットモードの胸や拳などにも生体要素が浮き出しており、ビーストモードへの変形はこれらの生体部分を覆い隠すようにして行われる。クォンタム・サージによる効果が、ビーストTFの身体構造の生体部分を無機に、また機械部分を有機的に変化させる"反転現象"のようなものであったと考えれば、TVでは多くのキャラクターがロボットモード時にクォンタム・サージを浴びていたが、トイのデザインコンセプトから見れば、ビーストモード時に浴びたと考える方が自然かもしれない。2器のミサイルを、背中にマウントしており、このミサイルは棍棒としての使用も可能である。TVでは、ロボットモードで、このミサイルをマウントしている背部カバーを前面に移動させて敵を攻撃していたが、この形態はトイでも可能。バイオカードでは、"惑星破壊兵器との遭遇"というTVの設定が語られており、トランスメタルでは各トイのキャラクター性をTV版のイメージに強く依存しているためか、TVとの設定的なリンクが特に強い。因みに"ハンテン・ターン(Hang Ten)"とは、両足の指のみをサーフボードの先端に引っかけて乗るサーフィンの技の一種である。

AIR HAMMER

Function: *AERIAL RECONNAISSANCE*
エアハマー
▶機能：空中偵察

体力	速度	地位	火力	知力	耐久力	勇気	技能
5.0	10.0	6.0	4.0	8.0	9.0	9.0	8.0

●エアハマーの特徴を一つあげるとしたら、それは目も醒める猛スピードに他ならない…これをスキャンされた動物の特性に加えれば、それは即ち最高の偵察兵を意味する。そのボディの空力特性は、水中でも空中でも変わらぬ高い機動性を発揮する。彼は鷹の目で物を見、サメの鋭い嗅覚で、数マイルも先からプレダコンの匂いを嗅ぎつける。マクシマルの人気者である彼だが、口数は決して多くない。彼の顎は、にっくきプレダコンの足に喰らいつくためにあるのだ。
●新たに登場したカテゴリーの一つである"フューザーズ"は、異なる2種類の動物が融合したビーストモードを持ち、TV登場キャラクターのバージョンアップであるトランスメタルズに対して、全て新キャラクターで構成されている。またトイのギミックとしては、トランスメタルが多段変形を売りにしているのに対して、スプリングなどを使用した従来型のアタックウェポンを装備している。シュモクザメと鷹のフューザーであるエアハマーのバイオカードでは、フューザーの第一弾として、異なった種類の探知能力を持つ事や、空力特性が優れている事など(これはシュモクザメの頭部の鷹の羽に対するカナード効果によると思われる)、複数の動物の特性を持った事による能力的及び形態的なメリットが特に強調されている。アタックウェポンのクリップ式の顎はメカニカルなインナーヘッド状となっており、ロボットモードでは左右非対称のデザインとなっている。また白いパーツはパール調となっており、質感が軽くなるのを防いでいる。名前は"Air"+"Hammerhead Shark"の"Hammer"。

SILVERBOLT

Function: *TRACKER*
シルバーボルト
▶機能：追跡員

体力	速度	地位	火力	知力	耐久力	勇気	技能
7.0	8.0	7.0	6.0	10.0	8.0	9.0	8.0

●この寡黙にして誇り高い戦士は、常に謎のベールに包まれている。一部はオオカミ、一部はワシであるシルバーボルトは、スピード、パワー、智性、そして豊富な知識と、孤高の勇士たる資質を全て備えている。その類稀なる能力をもって、敵を追跡して討ち倒し、闇へと消えて行く彼の姿は、悪の勢力を一人また一人と打ち倒して行った、伝説にうたわれた有翼の戦士を思い起こさせる。単独行動を好むシルバーボルトは、恐ろしいまでに知的な戦士。極めて機敏で、あたかも、一時にあらゆる場所に出現しているかのようで、鋭い爪と、翼端に内蔵されたホーミングミサイルを駆使し、地表面での絶対的な勝利を掴み取るのだ。
●鷲とオオカミのフューザーで、怪物的なデザインの多いフューザーの中では珍しく、スマートなイメージのキャラクターだが、途中から鷲の爪と化したビーストモードの大きな前肢によって、野性味も強調されている。ビーストモードで尻尾を引っ張ると翼が羽ばたき、連動して両翼端からミサイルを発射する。"誇り高い戦士"という設定はTVでも活かされているが、それが過度に過ぎて、やや滑稽でもあったTVとは異なり、トイ版のシルバーボルトはあくまでミステリアスなイメージのキャラクターである。マグナボスに合体する同名キャラクターとの関係は明らかにされておらず、G1にもコンコルドに変形する同名キャラクターがいたが、バイオカードの"伝説の戦士"とは、彼のことだろうか？

MEGATRON

Function: *COMMANDER*
メガトロン
▶機能：司令官

体力	速度	地位	火力	知力	耐久力	勇気	技能
10+	10+	10.0	10+	9.0.	10+	10+	10+

← TRANSPOTATION MODE

MEGA TRANSMETAL

●ビーストウォーズ・ワールドを駆け抜けたクォンタム・サージが、悪の天才であるプレダコンズのリーダー、メガトロンを金属の鎧に身を包むT-レックスに変えた。ボディから展開する新装備のタービン式VTOL（垂直離着陸）エンジンによる大気圏内の高速飛行能力によって、ムチ状のカットラスを手に、油断しているマクシマルズの前に突如降り立つ！　さらに有機的なロボットモードにおいては爬虫類の筋組織がパワーを強化。かくしてここに最悪の暴君が誕生した！

●メガトロンのトランスメタルバージョンで、トランスポーテーションモードでは、ウェスト両サイドのダクテッドファンと、足底部のローラーが展開して、飛行形態になる。オプティマス・プライマルと同じく、ほぼ10プラスのフルスペックだが、知力は9.0のままで、10から10プラスにアップしているオプティマスに今一歩及んでいない。バイオカードにもあるように、ロボットモードの腕や足は筋肉質で、爬虫類の体皮状となっているが、この他に生体要素を印象づける部分が少なく、また変形後にティラノサウルスのロボットである事を想起させるパーツが余り残らないためか、ロボットモードの胸部が恐竜の顔という、海外のTFトイでは珍しい、イメージ優先のデザインとなっている。これはメガトロンが悪の帝王という特別なキャラクターである事を印象づけるのに一役買っているようだ。ロボットモードでは尻尾が先端にハサミの付いたムチ状の武器になる。このカットラス(短剣)が、変形時に、はめ替え無しでロボットモードのウェスト部に移動し、ベルトからぶら下げているような状態になるのが、ギミック上のポイントである。TVでは、ロボットモード時に両肩のT-レックスの手が前を向き、掌を下に向けた状態で指を伸ばして先端から光弾を発射していたが（23ページ参照）、この形態はトイでは完全には再現できない。このようなトイの指定には無い武器がTVで使用されるような場合、スクリプトのト書きには「トランスメタルウェポンを使う」などと書かれているが、トランスメタルズには基本的に銃器を持たない者が多いため、アニメーターが実際のトイを見ながら必死に考えていると思われ、その際にイメージを若干膨らませているのだろう。TVでトランスポーテーションモードのファンが後ろに向くのも、やはり同様の事情によると思われる。

QUICKSTRIKE

Function: *DESERT COMBAT EXPERT*
クイックストライク
▶機能：砂漠戦エキスパート

体力	速度	地位	火力	知力	耐久力	勇気	技能
5.0	5.0	6.0	6.0	7.0	6.0	10.0	8.0

FUZOR

●このクイックストライクほどに徹底して卑劣なロボットがこの世に存在しようか。仲間のプレダコンでさえも、彼の機嫌を損ねまいと常に気を配っているのだ。彼はコブラの頭を備えた尾から敵を瞬時に麻痺させる毒を吐き出し、無防備になった哀れな敵を、鋭いサソリのハサミと爪で痛ぶるのだ。

●コブラとサソリのフューザーで、またもやプレダコンズに増強された砂漠戦要員である。アタックウェポンのコブラの口腔内のウォーターシューターは、毒蛇が攻撃時に相手に毒液を吹きかける習性を再現している。本体にはクリアイエローの成形色が使用されているが、実際のサソリにはこのように体が透けているものもいるので、このカラーリングはリアルと言える。フューザーでも唯一、動物の体の中でも最も印象の強い部分である、元となった動物の頭部を複数持っており、見た目のインパクトが強く、"フューザー"というものが何であるか理解しやすいデザインなため、レギュラーサイズながら、フューザーでも数少ないTV出演キャラクターとして選ばれたのだろう。ロボットモードでも、右手がコブラ、左手が、サソリの肢が変化した巨大なクローというアンバランスなプロポーションで、トランスメタルがメタリックパーツや、ロボットモードのスタイリッシュなプロポーションなどによって、ある種の洗練された"クール"さを狙っているのに対して、フューザーでは、複数の動物の特徴を強調したラディカルなプロポーションの面白さを売りにする事によって、差別化を図っている。名前は"素早い一撃"で、サソリやコブラの動きから。

SKY SHADOW

Function: *CAMOUFLAGE EXPERT*
スカイシャドウ
▶機能：カモフラージュ・エキスパート

体力	速度	地位	火力	知力	耐久力	勇気	技能
4.0	6.0	8.0	5.0	9.0	6.0	8.0	8.0

DELUXE FUZOR

●切れ者にして、鮮やかに彩られたボディを誇るスカイシャドウは、数あるプレダコンの中でも、とりわけカリスマ的な人気を集めている。優秀な政治家にして指導者である彼は、メガトロンが最も信頼するカウンセラーの一人でもある。だがしかし、彼の心の内には、仲間への軽蔑と、"よりイマジネイティブな手腕"でプレダコンを支配せんとする野心が渦巻いているのだ。彼の得意技は潜伏と奇襲攻撃。持ち前の爬虫類の忍耐強さを発揮して、何日もの間身じろぎもせずに敵を待ち伏せ、強力なターボ・ミサイルの一撃、あるいはロボットフォームに変形して、油断したマクシマルズに鋭いハサミの一撃をお見舞いするのだ。さらに力強い羽は、獲物の頭上にホバリングして、正確な射撃を容易にし、偵察任務においても威力を発揮する。

●トンボとイグアナのフューザーで、イグアナの性質を利用したカモフラージュ能力を武器とする。メガトロンのカウンセラーを務めるほどの実力者で、地位のスペックも高い。アタックウェポンは尻尾の先端／ロボットモード頭部から発射するミサイルと、レバー操作で開閉する翅部が変形したハサミで、このハサミの基部が昆虫風の第三の顔となっており、ロボットモードでは両腕に顔を持つ形となっている。翼があると元になった動物の特徴を出しやすいためか、フューザーは過半数が飛行能力を有しているが、その内訳はマクシマルズとプレダコンズで拮抗しており、マクシマルズの空軍力の補充に大きく貢献している。また、そもそものコンセプトがTVの人気キャラクターのバージョンアップで、その背景からしてTVの影響を強く受けているトランスメタルと違って、フューザーでは、個々のバイオカードでTVの設定が引用されるような事は無く、ロボットモードで露出する部分も従来通りメカニカルなデザインとなっており、アタックウェポンを継承している事などからも、トイのコンセプトに関していえば、フューザーの方がそれまでのリアルビーストの延長線上にあるといえよう。名称は"空を覆う影"。

MAXIMALS 1998

1998年には、"トランスメタルズ"と"フューザーズ"の既存サイズの新商品に加え、"ウルトラ"クラスで、トランスメタルズ初の新キャラクターが敵味方に一体ずつ、またウルトラを越える新カテゴリーである

DELUXE TRANSMETAL

RATTRAP

Function: SPY

ラットラップ

▶機能：スパイ

体力	速度	地位	火力	知力	耐久力	勇気	技能
6.0	9.0	5.0	6.0	7.0	5.0	8.0	7.0

TRANSPORTATION MODE

●クォンタム・サージによって、ラットラップはメックアウトされたアーマーシェルと、高速のドラッグスターのビークルモードを手に入れた。彼こそは超一流の兵士。戦友のマクシマル達は、敵の拠点の位置を伝える彼の偵察報告を心から信頼している。新たなホットロッドモードは、戦場でのスピードと機動性を増強し、ロボットモードで振る強力なバトルウィップ・ブレードによって、ラットラップは全てのプレダコンにとって、手強い敵となったのである。

●トランスメタルとなったラットラップだが、"Top-Notch Soldier"である事に変わりは無い。レギュラーからデラックスにランクアップしたものの、ラットラップは元々バランスの取れたキャラクターなのか、トランスメタル化しても各種パラメーターは殆ど変化していない。4つの車輪とエグゾーストパイプを展開してドラッグスタータイプのビークルモードに変形するが、これはアメリカのTVアニメなどによく出てくる、ゼンマイなどで走り回るネズミの玩具を意識したそうだ。多重関節によって自在に曲がるビーストモードの尻尾がロボットモードでは鞭状の武器になり、さらにこれをロボットモードの右手に持ったまま、ビーストモードへの変形が可能である。歯を剥いたビーストモードの表情やロボットモード頭部の脳は健在で、TVでは再現されていないが、今回は腹部にも新たに内臓のモールドが追加され、またロボットモードの左胸もTVとは若干異なり、全体的にメカニカルなデザインとなっている。

DELUXE TRANSMETAL

AIRAZOR

Function: AERIAL RECON

エアレイザー

▶機能：空中偵察

体力	速度	地位	火力	知力	耐久力	勇気	技能
5.0	9.0	6.0	4.0	7.0	6.0	7.0	7.0

← TRANSPOTATION MODE

SHIELD MODE →

●クォンタム・サージによって、エアレイザーのボディはメタルアーマーでコートされ、海上偵察に威力を発揮する水上機状の身体構造へと完全に再構成された。既に電光石化を誇るそのスピードに、彼女の強力なツインジェットは、驚異的な加速性能と機動性を加える。また、その光学マトリクス・スキャナーは3万フィートの高空から地上のプレダコンの動きを探し出し、硬い装甲も切り裂く鉤爪のきらめきは、プレダコンの地上部隊の兵士に恐怖の念を抱かせる。

●エアレイザーのトランスメタル・バージョンで、トランスポーテーションモードでは、翼前縁からフロートを引き出した着水形態と、翼の後退角を増して空気抵抗を減らし、両サイドのスラスターからショックコーンを突出させた高速飛行形態に変形する。またロボットモードではボディ前面をパネルで覆った"シールドモード"への変形も可能で、耐久力の数値も以前よりアップしている。女性という設定に基づいて開発されたと思われ、以前よりも女性的な雰囲気がやや増しているようだが、過度な表現はされておらず、どちらとも取れるような中性的なデザインとなっている。またビーストモードで腰部が目立たなくなるように変形ギミックが考えられており、以前のビーストモードのプロポーションの問題点が改善されている。トランスメタルズでアタックウェポンが廃止されたのは、メッキによるコスト増という要因もあると思われるが、リアルビースト末期にこれらのギミックがどんどんエスカレートし、特化し過ぎてしまったため、キャラクターが原点に立ち返った事を契機に、ギミック的にもリセットしよう、という意図もあったという。その代わりかトランスメタルズでは、変形の過程をひねってみたり、変形モードを増やしたりといった、変形ギミック自体の面白さが追求されている。

TOPIC

MISSING ACTIONS .... 消えたプレイバリューの謎

BWトイの中には、開発途中にコストダウンなどの理由で削除されてしまったギミックや、せっかく盛り込まれていながら説明書から抜け落ちた遊び方、果ては何のためについているのか全くわからない動作箇所などが少なからず存在する。発売された商品からこれらの不審点を探り当て、元のデザイン意図を推理するのもまた楽しからずや。そこで一例として、ラットラップ(TM)にまつわる謎について考察してみよう。このアイテムの変形機構には「後輪移動用のアームがきっかり90度下方に回転する」という要素があるのだが、これは指定されたどの形態でも全く使い道がない。果たして何を意図したものだろうか？　この状態で車輪が接地できるのは、ロボット形態で両足を前に投げ出した、尻もち姿勢の時だけである。そして良く見ると、彼の両足ふくらはぎの部分には、車輪と思しきモールドの痕跡(写真左)があり、これを接地させようとすると、おあつらえ向きに脛から先がひっかからないよう(ある意味不自然な)曲がり角度がつけられているのだ。そこでこれらの手掛かりを総合すると、驚くべし、写真右のように、第4の形態、ゴーカートモードが完成するのである！　恐らくは細分化された大腿パーツのために脛から下を簡略化せざるを得ず、結果的に削除となったのではなかろうか(注:全て憶測である)。その他、裏の取れている変更例には、「ラムホーンのカブトムシの角には収納式の隠し爪が付いていた」「マグナボスの胸部ミサイルは、元々は6連発だった」「初代ライノックスの回転武器は本来交換式の装備で、鉄球には専用のコネクターが付く予定だった」などがある。また未解明の謎については、「デプスチャージの翼の多すぎる可動部」や「テラソー(TM)の肩可動」、そして「タイガーホークの背部の車輪(ビークルモードの削除跡)」などがあるので、各自推理されてはいかがかだろう。

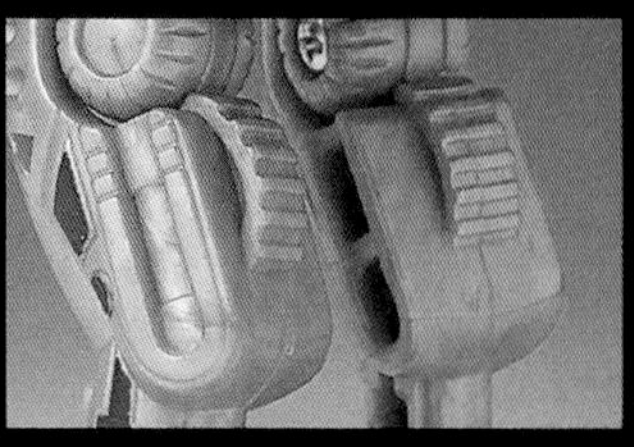

写真上　怪しげなふくらはぎのタイヤ痕。

写真右　確証はないがいかにももっともらしいゴーカートモード。その信憑性やいかに？

"スーパー"クラスで、シリーズ初の4段変形機能と発光ギミックを持つ、この年のフラッグシップアイテムであるオプティマル・オプティマスが発売された。

PREDACONS 1998

DELUXE TRANSMETAL

WASPNATOR

Function: AERIAL ATTACK
ワスピネーター
▶機能：空中攻撃

体力	速度	地位	火力	知力	耐久力	勇気	技能
7.0	9.0	5.0	7.0	6.0	7.0	4.0	6.0

← TRANSPOTATION MODE

●クォンタム・サージの波が過ぎ去った時、ワスピネーターは、生体遺伝学的に強化されたロボット形態のみならず、ジェット戦闘機に変形する能力をも持ったメカニカルなアーマード・ワスプへと生まれ変わった。だが姿形は変わっても、短気で、怒ると見境がなくなる危険な性格に変わりはない。彼が変わったのは、さらなるスピードと、毒の針、そしてマクシマルズを永遠に根絶せんとする、さらなる任務への情熱だけなのだ！

●ワスピネーターのトランスメタル・バージョンで、TV第一シーズンでスタースクリームに体を乗っ取られたため、というわけでもないだろうが、機首や垂直尾翼を展開して、F-15的なイメージのジェット戦闘機風のトランスポーテーションモードに変形する。昆虫の外殻のキチン質の表現が難しいためか、他のトランスメタルと比べて、ロボットモードにおける有機的なイメージは弱くなっているが、トランスポーテーションモードで双垂直尾翼になる後翅が追加されたために、以前は2枚しか無かった翅が、実際のハチと同じ4枚になっている。頭部は以前のミュータントヘッドのイメージを引き継いでいる。ボディ上の名称表記については、トランスメタルズはそもそものコンセプトがTVの人気キャラクターのバージョンアップで、シリーズの他のBWトイよりも、商品としてのキャラクター性をTVに強く依存しているものの、通常の番組よりもはるかに製作が困難なBWの番組の性質上、番組には登場しないものが多くなる事が予想されたため、より積極的にTVキャラクターとイメージをシンクロさせるための処置であろうと思われるが、設定的にどう解釈するかは意見の分かれるところである。また、TVにおけるトランスメタル化／非トランスメタル化の基準については、各キャラクターの人気やストーリー上の重要度、という事もあっただろうが、一つには、チーターのように以前とは異なる移動能力が加わった者や、ラットラップやタランチュラスなどのように、スピードが格段にアップした者など、番組内で面白い動かし方が出来るもの、という点も考慮されたのではないかと思われ、その根拠として、ワスピネーターやエアレイザーなど、飛行タイプから飛行タイプへと変化するものは、演出的な面白味が少ないのか、TVではトランスメタル化していない事が上げられる。

DELUXE TRANSMETAL

TERRORSAUR

Function: AERIAL ATTACK
テラソー
▶機能：空中攻撃

体力	速度	地位	火力	知力	耐久力	勇気	技能
6.0	10.0	5.0	3.0	4.0	3.0	8.0	5.0

← TRANSPOTATION MODE

●クォンタム・サージが空の暴君テラソーの身体構造を変換し、マクシマルへの底知れぬ怒りに燃え、ジェット推進式ビークルの姿を持ったプテラノドンへとチューンナップさせた。以前の彼が、恐いもの知らずとして有名だったとすれば、新たな装甲を得た彼は、もはやカミカゼという他はない。彼が飛び去った後には内蔵式のジェットスラスターが炎の航跡を描き、時にそれは地上に火事を引き起こし、彼の歪んだユーモア・サーキットを際限なくくすぐる。鋭い鉤爪とタービン・スパイクは、彼にマクシマルと戦う至福の一時を提供してくれる恐るべき兵器庫となる。

●テラソーは、TVではトランスメタル化途中に敢えない最期を遂げたようであったが、トイの世界では、ご覧のようにちゃんとトランスメタル化を果たしており、ラットラップやエアレイザーらと同じく、レギュラーサイズからデラックスへとランクアップした。ただ、各種スペックについては、以前と比べて速度と勇気はアップしているものの、知力、耐久力、技能に火力(これはシークレットウェポンが無くなったためか)はダウンし、地位すらも下がっており、トランスメタル化は、必ずしも総合的な能力アップを約束する、というものでもないようだ(全体的なアベレージが上がった、という考え方もできるが)。脚部を折りたたみ、両肩のファンと尾部のエンジンを露出させてトランスポーテーションモードに変形するが、この時の形状が今一つすっきりしておらず、何か別のデザイン意図があったのではないかと思われる。ビーストモードの外翼が大鎌となる。ロボット頭部は以前のテラソーの基本デザインを踏襲しているが、ヒーロー風であった以前と比べて猛々しいイメージとなっている。トランスメタルでは、単にメッキパーツをそのまま使用するのではなく、メッキパーツに塗装を施したり、逆に通常パーツにも部分的にメッキ風のホットスタンプ処理を施したりして、メッキパーツが周囲から浮いてしまわないように注意されている。デラックストランスメタルの最終商品であるエアレイザーとテラソーでは、このホットスタンプ部がホログラム状になっている。またロボットモードでは生体要素が優位であるというそのデザインコンセプトに基き、ロボット時にはできるだけメッキパーツが目立たなくなるように変形システムが工夫されている。

MEGA TRANSMETAL

SCAVENGER

Function: INFANTRY COMMANDER
スカベンジャー
▶機能：歩兵部隊指揮官

体力	速度	地位	火力	知力	耐久力	勇気	技能
7.0	8.0	7.0	6.0	6.0	4.0	8.0	5.0

← TRANSPOTATION MODE

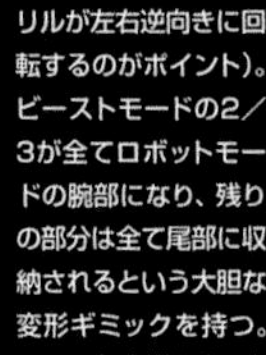

●トランスフォーマーの世界を揺さぶったクォンタム・サージにより、邪悪な歩兵指揮官スカベンジャーは、強力な掘削パワーを誇る機械仕掛けの赤アリへと進化した。螺旋にくねるドリルと分厚いブレードの力で地下を縦横無尽に突き進む彼こそは、不意打ちと強行偵察の名手、マクシマルの不倶戴天の敵だ。全てのマクシマルが彼の地下からの襲撃に脅え、部屋にとじ籠もる。それがスカベンジャーの夢なのだ。

●スカベンジャーとは、元々インファーノの初期名称で、初期のTV脚本にはこの名称が使用されており、逆にスカベンジャーの初期の写真では、胴体の名称表記の部分が"INFERNO"となっていた。名前は異なるが、機能も同じで、スペックもほぼ変わらない事からも、同一人物と考えて間違いないだろう。悪魔的な笑いを浮かべたロボットモード頭部も、以前のインファーノのイメージを受け継いでいる。トランスポーテーションモードでは、2基のドリルを持った地底用ビークルに変形し、前進に連動してドリルが回転する(この時、ドリルが左右逆向きに回転するのがポイント)。ビーストモードの2／3が全てロボットモードの腕部になり、残りの部分は全て尾部に収納されるという大胆な変形ギミックを持つ。1997年末頃からのトイは、ビーストモードの手足にも可能な限り関節を入れて、動物形態でもポーズを付けて遊べるように改良されており、このスカベンジャーでも、インファーノの問題点を払拭するかの如く、全身これ可動部の塊となっていて、各肢に3箇所、全身の関節を合計すると30箇所以上に達する。またそれまでは、低価格商品を除いてロボットモードではできるだけ目立たないように処理されていたビーストモードの肢(特に昆虫系のもの)を、ロボットモードでも大胆に突出させて、シルエットに変化を付けるための小道具として利用されるようになり、このスカベンジャーも、ロボット形態では6本の蟻の肢がフレア状に広がった印象的なシルエットを持つ。ロボットモードでは、他のトランスメタルと比べて生体要素が余り目立たないが、尾部パーツの内面には脈管風のモールドが広がっている。"Scavenger"とは、ハイエナやアリなどの、屍骸を食べる"腐食動物"の事で、G1にも同名キャラクターが存在した。

FUZOR

NOCTORRO

Function: AIRBORNE WARRIOR
ノクトロ
▶機能：空挺戦士

体力	速度	地位	火力	知力	耐久力	勇気	技能
8.0	7.0	4.0	4.0	8.0	7.0	8.0	6.0

●雄牛の如き剛力と超音速のスピード、そして極めて激しい気性を併せ持つノクトロは、夜気を切り裂き、マクシマル前線基地の警備と偵察任務に飛び回る。獰猛にして有能、そして怒りに燃えた時は恐ろしく危険で、不用意に仕掛けてよい相手ではない。並々ならぬ剛力とスピードを誇る彼には、重火器などは必要ない。自慢の強力な角と腕力と爪に物を言わせ、体一つで戦場を駆けめぐるのだ。また内に備わる高感度のソナートラッキングシステムは、プレダコンを探知するだけでなく、彼らのレーダーを妨害する事も可能だ。
●蝙蝠とインド水牛（Brahma Bull）のフューザーで、雄牛のパワーと蝙蝠の飛行能力を駆使して空挺作戦に従事する。また蝙蝠の特性によって夜間活動も可能で、そのソナーは偵察任務に威力を発揮する。アタックモードでは、スプリングによって両手の翼を勢い良く振り下ろすギミックを持つ。インストラクションの指定にはないが、同ギミックはリトラックスと同様に、"ベアハッグ"のような使い方も可能なものの、レギュラーサイズながらもリトラックスと異なり、ギミックの機構によって手の可動が制限されないように設計されている。蝙蝠の羽の湾曲を再現するため、手首が90度曲がっており、手首を下に向けての、いわゆる"気をつけ"のポーズは出来ないが、ロボットモードではこの手首部がアクセントとなって、敵に覆い被さるような特殊なポージングも可能。とてもヒーローのものとは思えない、悪魔か吸血鬼のような、2本の大きな牛の角を持ったロボット頭部の不気味なデザインも印象的である。ネーミングは、"Noctural（夜行性の）"と、スペイン語で闘牛用の雄牛を意味する"Toro"の掛け合わせ。

FUZOR

BANTOR

Function: JUNGLE WARRIOR/ DEMOLITIONS EXPERT
バンター
▶機能：密林戦士／破壊工作エキスパート

体力	速度	地位	火力	知力	耐久力	勇気	技能
6.0	6.0	5.0	4.0	9.0	7.0	9.0	8.0

●気難しく、孤独を好むバンターにとって、彼のフューザーアニマルの選択は満足の行くものであったようだ。ヒヒと虎の本能によって強化されたバンターは、あらゆる戦闘の状況に対応できる生粋の戦士。抜け目のないトラの忍耐強さと、狂ったかのようなヒヒの激しい気性という相反する気質を組み合わせ、近接戦闘においては武器いらずの恐るべき能力を発揮する。偵察破壊任務の実行に際しては、オプティマル・オプティマスのファーストチョイスとなる。敵陣深く潜入し、探知される事なく帰還する事が可能で、敵にその名は殆ど知られてはいないが、彼が仕掛けた発見不可能なワナは、彼自身よりもはるかに有名である。その破壊的な頭突きと右フックの威力も非常に恐れられているが…。
●マンドリルと虎のフューザー。マンドリルの頭部のせいで、一見するとライオンのようにも見えるが、体の縞模様は明らかに虎の物である。ロボットモードではマンドリルの頭が右腕になり、虎の下半身が左腕になるが、合成素材の元ネタは、頭が猿、手足が虎という日本の伝説の妖怪"ぬえ"ではないかと思われる（因みに、ぬえの他の部分は、体が狸、尾は蛇で、声はトラツグミ）。アタックモードは、ビーストモード頭部がスプリングによって前方に飛び出す頭突きギミックで、これはロボットモードではパンチギミックともなる。トイの発売はオプティマル・オプティマスより少し前だが、バイオカードでは既に司令官として登場している。錘部が旧エアレイザーの爪先のような形状になっており、ロボット形態でも錘のまま、としてはデザイン的に少し凝りすぎに思われる。ネーミングは"Banter（通常は「からかう」という意味だが、米中南部では「挑戦する」という意味も持つ）"という単語に、頭突きの"Bunt"を掛けたもの。

DELUXE FUZOR

TORCA

Function: INFANTRY GENERAL
トーカ
▶機能：歩兵部隊司令官

体力	速度	地位	火力	知力	耐久力	勇気	技能
10.0	4.0	8.0	6.0	9.0	6.0	9.0	8.0

●威厳と智性を兼ね備えた戦士として、仲間のマクシマルズは、トーカを尊敬の念で仰ぎ見る。あらゆる戦術に熟達し、戦闘においては、陸上でも水中でもその巨体とパワーからは考えもつかない程の敏捷さを発揮する。その巨大な牙はプレダコンズを易々とからめ取り、彼に敢えて白兵戦を挑もうなどという試みは無駄以外の何物でもない。ビーストとロボットのどちらのモードにおいても、スパークを減退させる霧を噴射して敵の回路を麻痺させてしまう背部の銃が使用可能である。その分厚い装甲獣皮と並ぶ者無きパワーを前にして、なおも戦意を保てるプレダコンなど、いようはずもない。
●巨大な体を持つ動物である象とシャチのフューザーで、かなりの巨体を持つキャラクターではないかと思われる。"GENERAL"だけあって、地位のみならず、知力や勇気のスペックも高い値を示している。バイオカードには、フューザーでは珍しく"スパーク"というTVの設定が登場しているが、この言葉がバイオカードに使われるのはこれが初めてで、この直後に登場する"スパーク・クリスタル"を意識して使われているのかもしれない。アタックモードでは、背中のヒレを前に押すと、実物のシャチのように背部から潮を吹き、また背部ユニット全体を後ろに押すと象の牙が閉じる。この背部ユニットは、上で触れられているように、ロボットモードでは手に持たせる事も可能。ビーストモードでの前肢の巨大な爪や、シャチの胸ビレと一体化した象の耳が印象的である。彫りの深い象の体表の表現や、クワッと大きく開いた口、ナチュラルカラーで成型された2本の牙など、カラーリングも含めて、生々しい、生物的なイメージの強いデザインとなっている。名前は、古典的な冒険小説に由来する象の呼び名"Tantor"と、"orca"（シャチ）の合成語。

TERRAGATOR

Function: SWAMP WARRIOR/ AMPHIBIOUS ASSAULT

テラゲーター

▶機能：沼地戦士／上陸攻撃

体力	速度	地位	火力	知力	耐久力	勇気	技能
6.0	4.0	6.0	7.0	6.0	5.0	9.0	7.0

FUZOR

●トランスフォーマーの殆どは、悪臭漂う沼地を彼らの回路の敵だと考えている。一部はクロコダイル、一部はカメのテラゲーターを除いては。テラゲーターにとって、沼地や下水道は楽しき我が家なのだ。プレダコンが誇る精鋭水陸両用部隊の一員である彼は、陸上でも水中でも変わらぬ戦闘力を発揮する。そしてロボットモードにおいては、極めて堅牢なシールドを手に、その腕に仕込まれた恐るべき武器が威力を発揮するのだ。

●アフリカ・アジア・アメリカ産の大型のワニ、クロコダイル(Crocodile)と亀という爬虫類同士のフューザー。沼地や水辺を棲み処とするフューザーアニマルの特性によって、上陸作戦などの水陸両用任務に活躍する。二つの動物の能力を持つという特性を強調するためか、パンター以外の1998年のレギュラーサイズのフューザーは、複数の機能を与えられている。いかついビーストモードに対して、ロボットモードはスリムだが、右肩の上下逆さまになったワニの頭が、一種異様なイメージを感じさせる。アタックモードでは、尻尾を押す事によってワニの顎が可動する。またロボットモードでは、棘の付いた甲羅がシールドになり、後肢と尻尾が銃になるが、これらの武器を両手に装備したまま、ビーストモードへの変形が可能。フューザーズはトランスメタルズとは異なり、従来のビースト・トランスフォーマー同様、ロボットモード時に、内部のメカ部分が現れるようになっている。ネーミングは北米最大の淡水亀であるワニガメの英名"Alligator Terrapin"の変形で、合成素材の元ネタもこの亀の名前から来ていると思われる。また、"Terror(恐怖)"もしくは"Interrogator(尋問者)"も掛けていると思われ、初期には"Instigator(扇動者)"という名称でアナウンスされた事もある。

BUZZCLAW

Function: SABOTEUR/ QUICK ATTACK SPECIALIST

バズクロー

▶機能：妨害工作員／奇襲スペシャリスト

体力	速度	地位	火力	知力	耐久力	勇気	技能
6.0	5.0	3.0	5.0	7.0	5.0	5.0	9.0

FUZOR

⬇ANOTHER FORM

●半カマキリ、半トカゲのバズクローは、獰猛にして悪賢い戦士だ。ビーストモードでは強力な尾の一撃で背後から敵を打ち倒し、トゲだらけのハサミと、毒にまみれた大顎を突き立てる。そして飛行能力を発揮するロボットモードでは、前腕部に装着したスティレットからイオン・ディスクを発射し、敵を麻痺させる。普段は寡黙で禁欲的なバズクローだが、こと戦闘任務においては、傲慢で機知に富んだ戦士となり、目の前の戦いに没頭するのである。

●トカゲ(Lizard)とカマキリのフューザーで、普段は物静かでストイックという、プレダコンでも珍しい性格のキャラクター。全体的にカマキリのイメージが優位で、トカゲの属性はやや弱い。このようにフューザーズでは、何と何を合成したのか判りにくい場合がある事を憂慮したのか、パッケージ正面のブリスター部分のシールが、トランスメタルでは共通化されたにもかかわらず、合成された動物の種類が書かれた個別の物となっている。アタックモードでは、背中のレバー操作で両手の鎌が開閉する。この鎌ユニットはロボットモードでは手に持たせる事ができ、尻尾はシールドになる。バイオカード中の"スティレット"とは短剣の事で、この鎌ユニットではなく、ロボットモードで手甲となるビーストモードの踵部の事ではないかと思われる。バイオカードでは、同じカマキリに変形するマンテラーのアタックウェポンに似た武器の記述があるが、この時期で、実際のトイには存在しない武器の記述は珍しい。よもや、ここに書かれているようなアタックギミックが予定されていた、という訳でもないと思うが…。因みに機能の"QUICK ATTACK SPECIALIST" もマンテラーと共通で、アメリカ人のカマキリに対するイメージがうかがわれる。フューザーズのギミックに関しての表記は、1997年末に発売された物では、それ以前と同じ"アタックウェポン"となっていたが(なぜかシルバーボルトだけ"アニマルアタックモード"となっている)、1998年以降の物では"アタックモード"に統一されている。名称の"Buzz"は昆虫が飛ぶ時の羽音で、"Claw"はカマキリの鎌から。

INJECTOR

Function: AIR COMMANDER

インジェクター

▶機能：航空部隊指揮官

体力	速度	地位	火力	知力	耐久力	勇気	技能
5.0	8.0	7.0	6.0	8.0	7.0	8.0	7.0

DELUXE FUZOR

●インジェクターの醜い顔を愛せるかどうか、仲間のプレダコンでさえ怪しいものだが、プレダコンでもNo.1のうぬぼれ屋である本人の弁によれば、彼はエナージョンの生成以来の最高傑作なのだそうだ。ミノカサゴとハチが合成された彼は、その生まれの通りに危険な戦士だ。巨大な針を備え、背びれからは敵を麻痺させる毒を分泌し、ロボットモードでは、恐るべき破壊力を持つミサイルを武器とする。聡明にしてカリスマ性に溢れ、体の芯まで悪に染まったインジェクターは、マクシマル最大の脅威の一つなのだ。

●スズメバチとミノカサゴ(Lionfish)のフューザーで、己の容姿に自身を持ったうぬぼれ屋の戦士のようである。デラックスフューザーの後期商品であるトーカとインジェクターは、共に司令官クラスのキャラクターで、他のデラックスフューザーも全体的にランクが高めである。極端にアンバランスなプロポーションと怪物的な顔が印象的で、フューザーのイメージを見事に体言したインパクトの強いデザインとなっており、TV CFでも、プレダコン側のフューザーの代表として、シルバーボルトの対決キャラクターとなっていた。アタックモードでは、ビーストモード後頭部の横ビレを後ろに引くとスプリングで頭部が前に倒れ、背部のヒレに隠された毒針を突き出す。また針を発射する尾部のランチャーを、ロボットモードでは手に持たせる事ができる。名前は"Injecter(注射する者)"の変形で、毒針を持った動物の合成である事によるが、初期には、アクアスティング(Aquasting)の名称でアナウンスされ、TV CFでもこの名称が使われていた。"フューザーズ"のカテゴリーは1年で終了したが、キャラ設定、デザイン、アクション共に秀逸なトイが多かった。ぜひ"フューザーズ2"を見てみたかった気がする。

DEPTH CHARGE

Function: *AQUATIC FORCES COMMANDER*

デプスチャージ

▶機能：海軍司令官

体力	速度	地位	火力	知力	耐久力	勇気	技能
9.0	8.0	10.0	9.0	10.0	9.0	10+	9.0

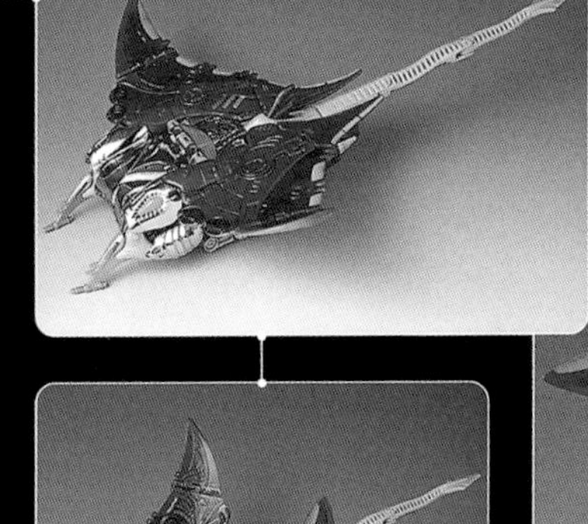

⬆TRANSPORTATION MODE

●威風堂々たる体躯が大海原を悠然と切り裂く様は、正に王者の風格。プレダコン海中部隊の侵攻を最前線で阻止する事。それが、オプティマス・プライマルが直々に下したデプスチャージの任務だ。戦闘よりは、より高度な戦略の研究に余念がない彼だが、その戦士として、そしてリーダーとしての力量には、誰もが一目を置いている。原子力を動力源とするサイバーシャーク・ドローンは、偵察任務に威力を発揮するだけでなく、戦闘時には、二連装のプロトン魚雷を駆使して援護にあたる。中間形態のスペースクルーザーモードは、衛星軌道への進出が可能なばかりでなく、深海の水圧にも十分に耐え得る。ロボットモードでは、胸から破砕グレネードを発射し、強力なフォースフィールドを5メガサイクルに渡って展開する。何事にも動じぬ豪胆の持ち主デプスチャージは、エナージョン・カットラスを手に、恐れ知らずの小隊を率いて今日も戦いに臨むのだ。

●ランページと同時に発売された、トランスメタルズ初の"ウルトラ"サイズにして、初のオリジナルキャラクター。2本の頭ビレが特徴のイトマキエイに変形する。TVでは指揮権を離れた一匹狼の復讐者というイメージであったが、トイ版のデプスチャージは、地位のスペック10.0が示す通り、司令官クラスのキャラクターである。発売はオプティマス・オプティマスより若干後だが、バイオカードはまだオプティマス・プライマルのままになっている。ビーストモード下部に小判鮫のように張り付く小型ドローンは、ロボットモードではミサイルランチャーとなり、バイオカードでも"Cybershark"と呼ばれているが、P50のサイバーシャークとは無関係であろう。ウェポン機能としては、背びれを押す事によって胸部のディスクランチャーの連射が可能で、ロボットモードでは尻尾がダンパーとなり、先端は海の男らしくカットラス（昔の船乗りが用いた短剣）になる。ロボットモードでは、腹部等に生体部分があり、胸部の両脇にはビーストモードの眼に似た部分があるが、これが実際に眼としてデザインされたのかは不明である。トランスポーテーションモードは、両脇のヒレを立てて、タイ・インターセプター風のスペースクルーザーになるが、ギミック的には少々あっさりしている。ヒレの裏面は凝ったデザインとなっており、支持アームの可動部も複雑な事から、何か別のデザイン意図があったのかもしれない（尻尾を先端にして裏返してみると、何となくいい感じになるのだが…）。P66-67の3体のパッケージ裏面には、ロボットモードのデザイン画が各部の名称説明図として載っており、これによるとロボット腕部がフォースフィールドジェネレーターとなっている。その横のトイの写真は、左手が拳を出さずにスパイク状態のままとなっているので、この形態でジェネレーターを使用するのかもしれない。チャレンジレベルは07で、名称は"爆雷"。

OPTIMAL OPTIMUS

Function: *SUPREME COMMANDER*

オプティマル・オプティマス

▶機能：最高司令官

体力	速度	地位	火力	知力	耐久力	勇気	技能
10+	10+	10+	10+	10+	10.0	10+	10+

●賢くも慈悲深いオプティマル・オプティマスは、ビーストウォーズを通して、その勇猛さと勇壮さを遺憾なく発揮してきた。そしてある宇宙的存在にその身をさらした彼は、4つのモードに変身する究極のトランスメタルとなった。反応式のスマートミサイル・キャノンは、全てのモードにおいて使用が可能。サイバートロン星の"エア・ガーディアン"ジェットテクノロジーが生んだスクラムジェット・モジュールによって強化されたハイパーソニック・アタックモードは、比類なきスピードを叩き出し、重装甲のグランド・アサルトモードは、いかなる地形も走破し、いかなる障害物をも突破する。そして、バトルリアクティブ・ブラストシールドが絶対の防御を約束する。オプティマル・オプティマスこそは、メガトロン率いるプレダコンにとって、かつて相対した事のない最大の脅威なのだ。

●オプティマス・プライマルのニューバージョンで、従来の最高クラスであった"ウルトラ"を超える、唯一の"スーパー"クラスである（バイオカードの文脈からすれば、プライマルとは別に、オプティマル・オプティマスというキャラクターが存在したと読めなくもないが）。バイオカードの"宇宙的存在（Nebulous Entity）"とは、その名称から、旧TVやコミックなどに登場し、トランスフォーマー達と深い関わりを持つ"ネビュロス星"を指すものとも取れるが、実際には、バイオカードが書かれた時点ではっきりとした設定が決まっていなかったため、ぼかした表現にした、というのが真相のようだ。テックスペックはほとんど10プラスで、4段変形を誇るその変形モードは、メガ・トランスメタル時の飛行能力を引き継ぐハイパーソニック・アタックモードの他に、オプティマス・プライムの変形モードであるトレーラートラックをイメージさせる地上走行形態"グラウンド・アサルトモード"が加わった。ロボットモード頭部は、TVでは最もオプティマス・プライムのイメージに近いものとなっているが、マスク部に口のようなスリットがあるのはメガ・トランスメタル時の名残りだろうか？またその大型の銃もオプティマス・プライムをイメージさせるが、この銃にまでスプレー塗装が施されている。バイオカード中の"エア・ガーディアン"とは、G1初期に登場した、当時唯一飛行メカに変形したオートボット"ジェットファイア"の機能名で、スクラムジェット・モジュールも彼の装備だった事から、この設定を意識した記述と思われる。オリジナル版のBWでは初めてコクピット（コマンドモジュール）を持ったトイで、2つのトランスポーテーションモードがビークル（乗り物）である事を強く印象づけている（P69のコラムも参照）。またブロック単位ではあるが、TFシリーズで初めて指が可動し、メガ・トランスメタル時には拳ごと入れ替えなければならなかった腕の左右の入れ替えギミックを、親指の可動のみで実現している。ウェポン機能としては、発光ギミックを内蔵した二連装のスマートミサイル・プラズマキャノンを持ち、発射と同時に砲口と透明パーツのミサイルが赤色に発光する。この発光ギミックは、ロボット／ビーストモードの眼を光らせる事も可能で、ビーストモードではオレンジ、ロボットモードではマクシマルズのイメージカラーであるグリーンに発光する（光源は一つで、変形に合わせて光源に通じる蓋がスライドする）。また腕部には、スプリングで分解するバトル・リアクティブ・アーマー（ブラストアウェイ・アーマー）を持ち、ビースト／スーパーロボットモードでその位置を変化させる事ができる。そのオリジンからして、ロボットモードでもメカ要素が優位となっているが、腕部の生体要素はテクスチャー表現ではあるがTVでも再現されている。パッケージ裏面の説明図は、上の2体よりもトイのギミック説明としての性格が強くなり、「ビーストモードで眼がオレンジに発光」「指が可動」などと書かれている。この時期においてもエナージョンチップは残っており、ビーストヘッド裏面に隠されている。ただ、それ以前のアメリカのBWトイでは、本体上にエンブレムは露出していなかったので、隠されたエナージョンチップを見ないとそのキャラクターがどちらの軍団に属するのか、明らかにはならなかったが、この見開きの3体は、ボディ上にそれぞれの軍団のエンブレムのモールドされているため、"トゥルー・アレジアンス（忠誠）探し"という、チップの本来の存在理由は弱くなっている。このエンブレムのモールドは、メッキ処理（もしくはホットスタンプ）が施されている事などからも、次シーズンからのスパーククリスタルを先取りしていると言えなくもない。チャレンジレベルは10（EXPERT）で、恐らく唯一の値だが、実際にはチャレンジレベルは価格帯に伴って上昇し、上の2体のような例外を除いて、基本的に価格帯が同じ物は同じ値であり、あまり厳密なものではない。ネーミングは"Optimal"、"Optimus" ともに同じ語源の言葉で"最上の"という意味を持つ。因みに"スーパートランスメタル"という名称は、パッケージや封入カタログなどには無く、初期のアナウンス時などに使用されたもので、"アルティメットトランスメタル"と呼ばれた事もある。

RAMPAGE

Function: *WARLORD*

ランページ

▶機能：ウォーロード

体力	速度	地位	火力	知力	耐久力	勇気	技能
10+	9.0	9.0	10+	10.0	10+	10+	9.0

●失敗に終わった実験の産物、それが情け知らずの悪しき巨人ランページだ。邪悪で狡猾なランページの名はサイバートロン人達の伝説となっている。そして彼のスパークは永遠不滅なのだとも…。キングクラブの姿となったランページは、そのあまりにも巨大なハサミによって津波を起こし、地震を起こし、地滑りを誘発する。その巨体故に小手先の技は得意ではないが、クラブ、タンク、ロボットのいかなるモードにおいても、ランページがその防具と武器を持て余す事はありえない。背中に装着されたガルバ・コンダクターは、危険な高圧電流を意のままに撒き散らす。ランページの最もお気に入りの武器は、巨大なガトリング・カノン。クラスターミサイルの雨を振らせ、敵を殲滅するのだ。ランページの侵略、それは全てのサイバートロン人の恐怖なのだ。

●ギングクラブに変形する。バイオカードは、ほぼTVの設定と同じだが、彼を生み出した実験がマクシマルズの物であったかのような記述はなく、また天変地異を引き起こす能力も、TVよりも強力なものの、タイガーホークのように明らかに超常的な物ではないようで、アイデア的にはシオマネキのイメージからきていると思われる(変形する動物とは異なるが)。デプスチャージと同じ水棲生物だが、プレダコンズの水中侵攻部隊は、レイザークロー、シークランプなど、節足動物ばかりであり、水中機動性に劣る印象がある(インジェクターに水中行動能力はあるのだろうか?)。トランスポーテーションモードでは、蟹の歩脚とハサミに収納されているゴム製のトレッドがキャタピラとなり、"オールテラ・アサルト・ビークル(全地形対応攻撃ビークル)"に変形する。従来のTFトイではキャタピラ部に難のあるものが多かったが、このランページは、日本のみで発売された実際に電動走行するTFを除いて、TFシリーズ初の可動キャタピラとなっており、キャタピラ問題に一つの回答を与えている。ウェポン機能は、ビークルモードでガトリング式のキャノンを展開し、走行にあわせてミサイルを3連射する。片側だけで6箇所もの可動部があるハサミ部は、初期版のパッケージ裏面のチャートでは"テラークロー"となっていたが、後期版では"ガルバクロー"に変更されている。ロボットモード頭部はカニの形を逆さに象ったようなデザインとなっており、あちこちに張り出した突起物が異様なシルエットを作り出している。デザイン画から見て、腕の先端の蟹の肢は巨大なハサミとして機能させるようだ。甲羅のメッキのグラデーション塗装が美しい。チャレンジレベルは、キャタピラ部の変形が難しいためか、デプスチャージよりも上の08。名称は、"暴れ狂う事、突進"で、G1プレダコンズにも同名のキャラクターがいた。因みに機能の"ウォーロード"とは、"大将軍"や"軍司令官"の文語的表現である。

⬆TRANSPOTATION MODE

⬆HYPERSONIC ATTACK MODE

⬆GROUND-ASSAULT MODE

1998年末からは、トランスメタルズ（TM）から派生した新カテゴリー"トランスメタルズ2(TM2)"にラインナップが一本化された。この新カテゴリーでは、これまで商品化されていなかった動物がラ

TRANSMETAL2

OPTIMUS MINOR

Function: GROUND COMMANDO
オプティマス・マイナー
▶機能：陸上コマンド兵

体力	速度	地位	火力	知力	耐久力	勇気	技能
6.1	5.0	4.8	3.9	8.3	6.8	7.5	7.1

●メガトロンの早急なクローン実験は、マクシマルズに新たな同志をもたらした。サイバネティックに進化し、比類なきスピードと敏捷性を獲得したオプティマス・マイナーを。極めて優れたバランス感覚と登坂能力、そして高い知性を有するこの電脳猿にとって緊急の課題は、その敵意に満ちた本能を抑える術を学ぶ事だ。これはメガトロンの実験の副作用として身についたものだが、戦闘においては有用な武器ともなる。すぐにプレダコンは学ぶだろう。オプティマス・マイナーの登場は、笑い事ではないと。

ANOTHER FORM

●トランスメタル2のレギュラーサイズ第一弾で、リスザルに変形する。バイオカードに明言されてはいないが、その名前からも、オプティマス・プライマルのクローンではないかと推測され、ロボットモード頭部のデザインにもそのような痕跡が見受けられる。ロボットモードでは下腕部が二つに裂けて4本腕となり、尻尾がムチになる。また、ビーストモードであぐらをかく事が可能。トランスメタル2の最初の6体は、パッケージのタイトルロゴの数字部分が、初期発売時にはローマ数字の"Ⅱ"だったのが、リピート分からアラビア数字に変更された。名称は、"小オプティマス"。

TRANSMETAL2

SONAR

Function: AERIAL RECONNAISSANCE
ソナー
▶機能：空中偵察

体力	速度	地位	火力	知力	耐久力	勇気	技能
4.6	6.5	4.2	4.5	6.8	5.5	6.8	7.4

●メガトロンが行った危険なクローン実験は、マクシマルズのさらなる戦力、ソナーを誕生させた。その極めて鋭敏な感覚は、彼を超一流の偵察員たらしめ、サイバネティック処理されたバイオパーツは、彼に怪力と高い運動能力を与えた。そして、もはや制御不能の怒りが加わった時、ソナーは危険な敵、そして気の置けない仲間となる。何という不幸であろう。メガトロンは、意図せずして史上最高のEWS（早期警戒システム）を生み出していたのだ。マクシマルズの戦士、ソナーを！

ANOTHER FORM

●コウモリに変形し、そのコウモリとしてのレーダー能力を利用して、早期警戒任務を担当する。ビーストモードの下肢が、ロボットモードで隠し腕として使用可能。TM2では、それまでのエナージョンチップに替えて、各軍団のエンブレムがモールドされたスパーククリスタルが導入された。また、TM2のテーマの一つである、メカと生体要素が渾然一体となった"左右非対称性"を表現するため、ソナーの場合は、ロボットモードの脚部が、左右で別々のカラーで成形されている。さらにバイオカードでは、テックスペックの数値が小数点以下まで細かく設定されるようになった。ネーミングは"音波探知装置"。

DELUXE TRANSMETAL2

CHEETOR

Function: ROBOTIC JUNGLE PATROL
チーター
▶機能：ロボティックジャングル・パトロール

体力	速度	地位	火力	知力	耐久力	勇気	技能
8.1	10.0	7.1	7.2	7.2	9.2	9.5	7.7

●メガトロンのクローン実験装置の爆発に巻き込まれたチーターは、かつてない苦痛に苛まれた…成長に伴う痛みに。ビーストとロボットの間に引かれた境界線がぼやけた結果、チーターは、より素早く、獰猛な存在に生まれ変わった。だが、この新たな能力に呑まれてはならない。新たな力をコントロールする術を学ばねばならないのだ。高破壊力のミサイルランチャーとリープスラスターを備えた、強力無比にして予測不可能な行動を見せるチーターは、戦った全てのプレダコンの回路に恐怖を叩き込むのだ。

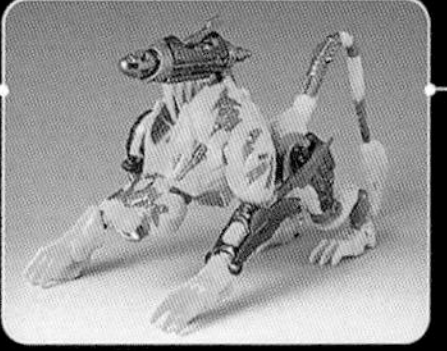

ON THE SHELVES

●よりマッシブとなったチーターのトランスメタル2バージョンで、表情もさらに野性的なものとなった。アタックモードでは背部のミサイルランチャーと腕部のシールドが展開する。バイオカードでは、トランスメタル2化によって機械と動物の融合状態が以前とは変化している事が示されているが、能力値が下がっている場合もあるのが興味深い。パッケージイラストや裏面の写真、TVデザインと実際のトイでは、上腕部の左右が逆になっており、販売時にメッキパーツを目立たせるために急遽このような変更がなされたのではないかと思われる。（ON THE SHELVESが発売時の状態）。初期には、"CHEETOR Ⅱ"という名称でアナウンスされた事もある。

DELUXE TRANSMETAL2

RAMULUS

Function: SCOUT/SURVIVALIST
ラミュラス
▶機能：偵察員／サバイバリスト

体力	速度	地位	火力	知力	耐久力	勇気	技能
7.2	5.7	5.0	6.3	8.3	8.2	7.8	8.1

●クォンタム・サージの到来により、ラミュラスのステイシス・ポッドは、有史以前の地球の山岳地帯へと墜落した。孤立し、深いダメージを負ったラミュラスは、己の力だけで生きていく術を学ばねばならず、その結果マクシマルもプレダコンも等しく信用しなくなった。争いは好まないが、ひとたび怒ると積極的で直情的な性格となる。しかし自分の領地の未踏破地区を探索する時の彼は、穏やかで信頼できる人物だ。冒険を好み、マクシマルの勝利の鍵は、絶え間ない移動にあると主張する。サイバートロン星への帰還を願うラミュラスの武器は、二連装のスラグメーカー・キャノン。ヒビ割れたスパーククリスタルからはイオンパルスを放射している。

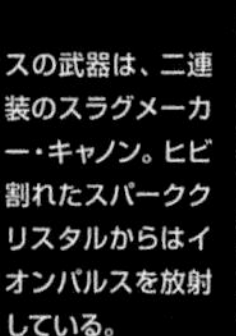

●オオツノヒツジに変形する。ここで初めて"有史前の地球"というTV設定が登場した。が、この説明だと、彼はTM2ではなく「普通のトランスメタル」という事になるのだが…。アタックモードではレバー操作でホーンが開閉する。ネーミングは雄羊の"Ram"と"Romulus（古代ローマを建設した伝説上の人物）"をかけ合わせたもので、彼のロボット形態がローマ神話のファウヌス（希神のサテュロス）を想起させるデザインである事に由来するようだ。オリジンや性格に関する設定が非常に細かく記述されている事も特徴的である。

インナップに加えられるようになり、それまではフューザーのみであったレギュラーサイズのトイも発売されるようになった。また各キャラクターの名称の印刷処理は廃止された。

SCAREM

Function: GROUND COMMANDO
スケァレム
▶機能：陸上コマンド兵

体力	速度	地位	火力	知力	耐久力	勇気	技能
5.6	5.3	2.9	4.2	6.2	8.2	9.1	6.5

●メガトロンのクローン実験は、プレダコンズに新たなメンバー、邪悪なるスケァレムを加えた。冷徹にして抜け目ないサイバー甲虫スケァレムは、いかなる地形をも、上下逆さまの状態の時でさえ、驚異的なスピードで駆け抜ける。その外骨格は、あらゆる火器の攻撃に耐え、戦闘においては超過激な戦法を駆使し、その攻撃は殆ど阻止不可能である。恐るべきスケァレムの攻撃を阻止するには、マクシマルズの全ての武器を惜しげなく使うしかあるまい。
●クワガタムシに変形する。ロボットモードでは4本肢形態に変形させる事ができる。レギュラーサイズのトランスメタル2第一弾は、ロボットモードで手や足が4本になるという、ある種の3モード・コンバージョンギミックを持ち、その"異形性"を強調しているが、スケァレムのバイオカードに書かれている踏破能力は、この形態に由来すると思われる。"トランスメタル2"は、以前のトイオリジナルキャラクターのイメージを受け継いでいるものも多く、例えばスケァレムはインセクティコン、ソナーはオプティマス・プライマルのバットモードから創られたクローンの可能性もある。名前は、"Scarab(甲虫)"と"Scare'em!(奴らをゾッとさせろ!)"の掛け合わせ。

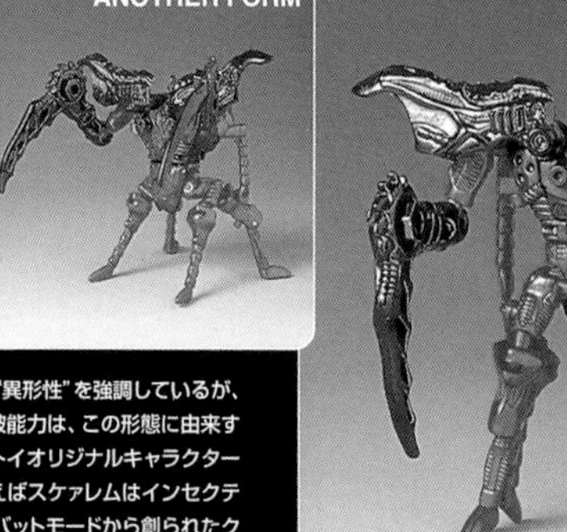
ANOTHER FORM

TRANSMETAL2

DINOBOT

Function: SPECIAL OPERATIONS COMBATANT
ダイノボット
▶機能：特殊任務戦闘員

体力	速度	地位	火力	知力	耐久力	勇気	技能
8.6	7.7	6.0	6.8	6.3	7.5	8.9	9.5

●かつてのマクシマルの英雄に施された不道徳な再生処置の結果、ダイノボットは狡猾な戦闘エキスパートとして完全なる再生を遂げた。寡黙にして自堕落なるダイノボットは、メガトロンの招きに応じ、その戦士の技を披露する。骨状のボディは生体パーツとサイバートロン生命体のハイブリッド。トランスメタライズドされた鉤爪はいかなる物体をも切断し、電光石火の素早さには、爬虫類の巧妙さが宿る。その身を支えるランページのスパークから放たれる有害なエネルギーを浴びた者は、身体の自由を奪われる。

●ダイノボットのTM2バージョンで、TM2の"クローン"という設定自体、TVでの彼の復活シークエンスにインスパイアされているようだ。バイオカードによれば、ダイノボットは始めからマクシマルで、ここで初めてプレダコンとなったようにも取れる。TM2では、以前のデラックスの3モードコンバージョンに替わり、アタックモードが復活。レバー操作で軟質素材の尻尾を振り回し、ロボット形態で右手に持たせる事が可能である(米初期版では難しいが)。またTM2では、メリハリのきいたプロポーションやエッジの強調など、従来にも増してフィギュアとしての個性的デザインを重視しており、ダイノボットの場合も、パール系のカラーリングが骨をイメージさせ、全身が刃物の固まりようなデザインとなっている。

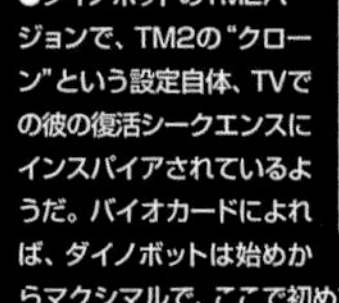

DELUXE TRANSMETAL2

COMING OF 2 ……. トランスメタルズ2 バックカードストーリー

TOPIC

1998年末からは、"トランスメタルズ2"の登場に合わせて、バックカードストーリーとカードデザインが変更された。カードデザインは、メカと生物の混沌たる融合というTM2のコンセプトに合わせて、以前のメカニカルな表皮が裂けて、中から動物の皮膚(マクシマルズはチーター、プレダコンズは爬虫類)が露出した物となっている。また同シリーズでは以前商品化された事のない動物からのTM化が増え、パッと見て何に変形するのか分かりにくい場合が心配されたためか、中期より、パッケージ表面のキャラクター名の下に変形する動物の名前が入るようになった。またチャレンジレベルのグラフも、それまでとは異なる、明確な数値的な区切りの無いデザインに変更された。

●トランスメタルズ2バックカードストーリー
邪悪なメガトロンは、強力だが不安定なテクノロジーを開発、凶暴な新種のビースト"トランスメタルズ2"を生み出した。サイバーオーガニック・マシーンであるこれらのトランスフォーマーは、制御に困難をともなう超攻撃的な性質を吹き込まれている。この最も新しい創造(ジェネシス)は、マクシマルズとプレダコンズにかつてないほどの素早さと、強さと、そして獰猛さをもたらした。科学と自然の激突は次なる段階へと進化を遂げ、かくして真の混沌が始まった…。

カード/マクシマルズ(台紙のみ)

カード/プレダコンズ(台紙のみ)

FIGURE IT OUT ……. 「誰もいない操縦席」の怪

TOPIC

トランスメタル最大の謎といえば、オプティマル・オプティマス、ドラゴンメガトロン、そしてタイガーホークに据え付けられた"無人のコクピット"の存在理由につきる。実はこれらのキャラクターには本来、俗にソウル・フィギュアと呼ばれる"スパーク擬人体"のパーツが付属する予定があり、スパーククリスタルとはまた別に、TFの魂自体が人の形を取り、コマンドモジュールに着座するようになっていたのである。フィギュアそのものは(パイロットに見間違えられないよう)極力キャラクター性を削ぎ落としてあり、例えばメガトロンのスパーク体の顔は、やや台形がかった電池状のシリンダーに水平のスジボリが2本引かれただけの非常にシンプルで無表情なデザインだった。これらの設定的な理由付けは不明だが(恐らく完全に決められてはいなかったと思われる)本体のロボットには、いずれもTVにおいて「スパーク融合」を果たしたキャラクターという共通点がある。製品時には、このソウル・フィギュアにメッキがかけられるか、あるいは畜光素材で成形される予定だったかは不明だが、いずれにせよこのフィーチャーは、やはりどうしてもフィギュアが操縦者に見えてしまうため、TFの世界観が壊れるとのハズブロ側の判断により、最終的に削除されてしまった。それも一つの英断と言えるが、イマジネーション喚起力の高いアイディアだけに何とも惜しい話ではある。

TVにてオプティマル・オプティマスのコクピットに"プライム・スパーク"が収容されたのは、恐らくこの件の名残りだろう。

MAXIMALS 1999

初商品化の動物となり、多段変形ギミックを持った“メガ”や“ウルトラ”も発売された。また、以前のトイオリジナルキャラクターのTM2

TRANSMETAL2

STINKBOMB

Function: PSYCHOLOGICAL WARFARE
スティンクボム
▶機能：心理戦

体力	速度	地位	火力	知力	耐久力	勇気	技能
6.5	7.1	6.0	4.7	8.9	7.1	8.1	5.9

●戦略の専門家スティンクボムは、プレダコン的心理の研究に余念がない。力が全てと信ずるプレダコンの心理に精通する事で、自軍に優位な戦術を立てるのだ。かつてはその匂い故に疎んじられた彼だが、その機知、狡猾な戦略、危険なまでに豊富な知識により、すぐに周囲の尊敬を集める事に成功した。もちろんオプティマル・オプティマスからも、有用なアドバイザー兼優秀な兵士と見なされている。近接戦闘においては、ノコギリ状の尾を活用し、さらに光学センサーに仕込まれたフォトン・エミッターからは催眠スペクトラムを放射。加えて、不快極まる化学スプレーで敵を一時的に戦闘不能に陥らせる。数週間は消えないこの匂いを落とすには、トマトジュースの風呂に入るしかない。
●「戦闘の9割は、想像力の中において行われる」

ATTACK MODE

●シリーズ初の商品化であるスカンク(Skunk)に変形し、心理戦を担当する。ロボットモードでは、チェーンソー状の尻尾の先端のクローで敵を頭上から攻撃する(先端のパーツはパッケージイラストと上下が逆になっている)。またスパーククリスタルの収納部の反対側にもダミーの蓋がある。名称はアメリカのジョークグッズの名前からで、“臭い爆弾”。

TRANSMETAL2

NIGHTGLIDER

Function: INTELLIGENCE OPERATIVE
ナイトグライダー
▶機能：情報工作員

体力	速度	地位	火力	知力	耐久力	勇気	技能
3.8	7.1	5.0	3.6	8.2	7.7	8.5	6.3

●ナイトグライダーはマクシマル随一のスパイ。夜の生き物である彼は単独行動に最も能力を発揮する。電磁波遮蔽フィールドを展開し、音も無く飛び、光にも影にも容易に溶け込む彼を探知する事は殆ど不可能である。さらに電子ディスラプターは幻影を投影し、彼の居場所や外見を10分に渡って変化させる事ができる。マクシマルズの大儀に忠誠を誓い、プレダコンズを毛嫌いする彼の武器は、ノコギリ状のエナージョン・ソードだ。
●「こんな夜には、つい一暴れしたくなるぜ」

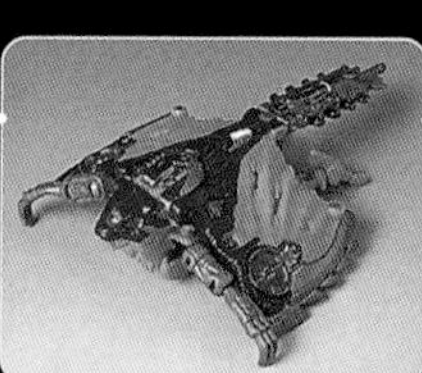

ATTACK MODE

●ムササビ(Flying Squirrel)に変形し、夜間行動能力を活かして情報工作任務に活躍する。初期のレギュラーサイズのTM2のように、ロボットモードでは4本腕にする事ができる。ムササビの特徴である幅広の尻尾にソードを収納するが、海外版のBWで刀らしい刀を武器にするのは、他にオプティマス・プライマル(ゴリラ)とマグナボスくらいか。翼の破れ目がビザールな印象を強めている。スパーククリスタルは以前のエナージョンチップのように意外な場所にある物が多いが、後期になると、このナイトグライダーのように段々と目立つ部分に付くようになってきた。名前は、“夜の滑空者”。

DELUXE TRANSMETAL2

PROWL

Function: MILITARY STRATEGIST
プラウル
▶機能：軍事戦略家

体力	速度	地位	火力	知力	耐久力	勇気	技能
6.1	7.9	6.5	8.8	8.2	7.6	8.1	7.9

●プラウルは何事にも論理と理由を見い出そうと懸命になる。常に聞く側であり、話し手ではない。マクシマルズで最も洗練された論理中枢を持ち、複雑な戦局においても殆ど瞬時の分析とアドバイスが可能である。高腐食性アシッド・ペレットを発射し、サイバネティックな眼と前頭葉を、翼に装着されたイオン球と相互に作用させ、限定的なテレキネティック・パワーを発揮する事ができる。皮肉めいて枯れたユーモアのセンスを自己嫌悪しながらも、自分は前世においても偉大な軍事戦略家であったと信じている。

ATTACK MODE

●「論理こそ究極の武器である」
●フクロウ(Owl)に変形し、実際の動物の生態をイメージして、レバー操作によってビーストモードの頭部が回転する。また、アタックモードで翼を展開すると、頭部ごとプロペラのように回転させる事ができ、このギミックは両形態で使用可能。知恵、賢明のシンボルといわれるフクロウらしく、頭部の透明ドームから中の電子頭脳が覗いているが、このドームの裏側にスパーククリスタルが隠されている。またG2期のように目がクリアパーツになり、後頭部からの光によって目が光る。名前はやはりフクロウの習性から来ている。

DELUXE TRANSMETAL2

JAWBREAKER

Function: CLOSE-COMBAT SPECIALIST
ジョーブレーカー
▶機能：接近戦スペシャリスト

体力	速度	地位	火力	知力	耐久力	勇気	技能
7.2	6.8	5.0	6.6	5.7	8.3	9.4	8.6

●マクシマルズでも一番の攻撃的性格の持ち主であるジョーブレイカーは、戦闘において一度も退いた経験がない。自分に不利なオッズの戦況を好む彼の力が最大限に活かされるのは、強力な顎がその威力を発揮する接近戦。両肩の電磁フィールド・ジェネレーターで発生させた力場で哀れなプレダコンを引き込み、デルタ状の回転刃で切り刻むのだ。少々歪んだユーモアセンスの持ち主で、いつも笑ってばかりいるが、同調する者は希である。
●「笑えば、世界も共に笑う。しかし吠える時はいつも独りだ」

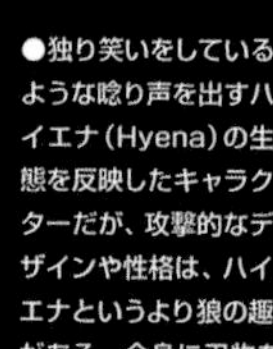

●独り笑いをしているような唸り声を出すハイエナ(Hyena)の生態を反映したキャラクターだが、攻撃的なデザインや性格は、ハイエナというより狼の趣がある。全身に刃物をまとったレイザーシャープなデザインの最たるもので、アタックモードでは、スイッチ操作でたてがみに隠したディスクソーが回転する。ロボットモードでは左眼がスコープ状になっており、同時発売のイグワナスとは隻眼対決となっている(TM2ダイノボットもそうだが)。名前はハイエナの強力な顎(Jaw)に引っ掛けているが、直接の意味は、発音しにくい言葉や大きくて固いキャンディーの事で、初期には、かん高い笑いを意味するクラックル(Cackle)という名で発表された事もある。

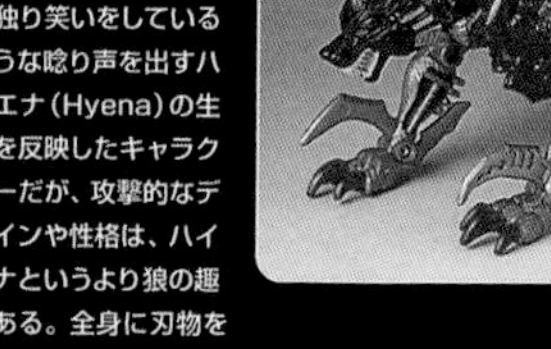

化も行われるようになり、デザイン的に凝ったものが増え、後期商品からは、透明パーツを多用して、よりカラフルなイメージが強調されるようになった。

PREDACONS 1999

TRANSMETAL2

SPITTOR

Function: SPECIAL FORCES: AMPHIBIOUS WARRIOR

スピッター

▶機能：特殊部隊／水陸両用戦士

体力	速度	地位	火力	知力	耐久力	勇気	技能
5.8	6.9	5.0	5.7	4.9	8.1	7.1	8.9

●怒りと、己の策略への自惚れに溺れるスピッターは、任務遂行のためならばいかなる手段も辞さない。海中でも、陸上でも、変わらぬ技能を発揮する無音の戦士で、真のプロフェッショナル。僅かなミスも許されない任務へのメガトロンの隠し玉である。その全身は毒に覆われ、彼の背を撫でると幸運に恵まれるという噂を信じたプレダコンの幾人かは、重度の精神錯乱に陥ったという。恐ろしいまでに忍耐強く、電子毒にまみれた舌は、取り外してロボットモードの武器としても使用できる。400mをひとっ飛びし、背骨にカモフラージュされたクローを突き出し、前方の敵を排除する。下品にして、抑圧された怒りに燃える彼にとって、全ては憎むべき存在だ。心からの忠誠を誓うメガトロンを除いては。

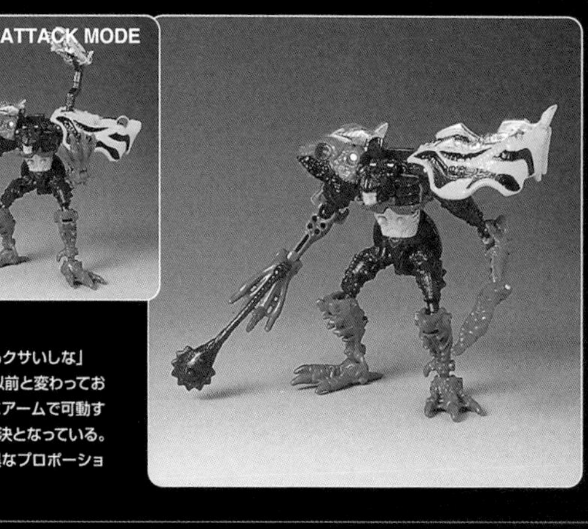

●「俺は骨の髄までクサってるとも。身体中から出る液もクサいしな」

●トイオリジナルキャラクター初のTM2化だが、機能は以前と変わっており、同一人物か、それともクローンなのかは不明。背部にアームで可動するクローを持ち、同時発売のスティンクボムとはクロー対決となっている。変形ロボットトイとしては初の、ハンチバックという特異なプロポーションを持つ。

DELUXE TRANSMETAL2

SCOURGE

Function: SPECIAL OPERATIONS COMBATANT

スカージ

▶機能：特殊任務戦闘員

体力	速度	地位	火力	知力	耐久力	勇気	技能
4.6	8.7	6.0	7.8	7.0	6.5	8.7	9.3

●忌むべきプレダコンズの中でも、スカージは最も卑しい存在である。好き好んでボソボソと低い声で喋る不可解な神経の持ち主で、細菌戦と化学戦の研究開発に異常なまでの熱意を見せる。その上、合成培養した危険なウイルスやバクテリアを、仲間のプレダコンを使ってテストしようとするので、仲間達からさえも忌み嫌われているのだ。その戦闘能力は高く、化学兵器を弾頭に詰めたフォトン・クラスターキャノンを武器とする。アンテナには電子攪乱装置が内蔵され、翅を使って、実に2マイルをひと飛びする。

●「奴らの家に疫病をバラ撒け」

●伝染病を運ぶイナゴ（Locust）の生態を反映して、細菌戦や化学戦を得意とする。アタックモードでは、スイッチ操作によって翅が前方に倒れ、左の翅からミサイルを発射する。非人間的なプロポーションや全身の突起物を強調したクリーチャー造形となっており、獣脚や、透明パーツにグラデーション塗装を施して途中から透明化しているようなデザインに、『ビーストマシーンズ』のプロトタイプの趣がある。ロボットモードの顔はどことなくワスピネーター似である。名称はイナゴがもたらす疫病、災厄の意味で、G1にも同名のキャラクターが存在した。

DELUXE TRANSMETAL2

IGUANUS

Function: DEMOLITIONS AND ARTILLERY EXPERT

イグワナス

▶機能：破壊工作及び砲術エキスパート

体力	速度	地位	火力	知力	耐久力	勇気	技能
5.6	3.5	4.5	8.3	8.1	6.5	7.2	7.3

●イグワナスは戦闘計画の専門家である。自慢の長距離戦術ミサイルは各種弾頭の装備が可能で、その火力はプレダコン屈指の高さを誇る。計算能力に優れる彼は、超長距離にある目標の位置計算を即座にこなし、数千キロ先の敵を、目の前の敵の喉を切り裂くような驚くべき正確さで殲滅する。さらに特殊チタン製の装甲は、いかなる攻撃にも耐えうる堅牢さを誇っている。

●「二つのマクシマル基地を最短距離で結びたいなら、熱源探知ミサイルを発射すればいい」

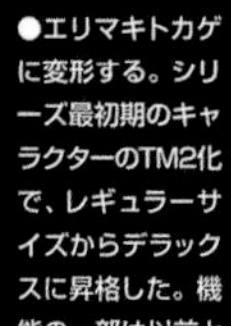

●エリマキトカゲに変形する。シリーズ最初期のキャラクターのTM2化で、レギュラーサイズからデラックスに昇格した。機能の一部は以前と同じだが、やはり本人なのか、クローンなのかは不明である。アタックモードでは、顎の下のボタンを押すとエリマキを展開して口からミサイルを発射し、ミサイルは舌状のデザインとなっている。以前よりもエリマキトカゲらしさが増し、放熱版風のエリマキがスカート、尻尾が弁髪になるという、デザイン的にも良く計算された凝った変形ギミックとなっている。スパーククリスタルは左胸の心臓の位置にあり、開閉するパネルの下に収納されている。

TOPIC

"NEW PACKAGING, SAME PRODUCT..." .... プラウル新旧比較

左ページのTM2プラウルは、G1時代の同名キャラクター（日本名プロール）を極めて意識した設定になっている。参考までにオートボット版オリジナル・プラウルのバイオカードを、ここに再録しよう。

プラウル／機能：軍事戦略家／「論理こそ究極の武器である」

●プラウルは必要な限り任務を続行する。何事にも理由と論理を見い出そうと懸命になる。常に聞く側であり、話し手ではない。全てのオートボットの中で最も洗練された論理中枢を持ち、複雑な戦局においても、殆ど瞬時の分析とアドバイスが可能である。有線誘導式焼夷ミサイルと高腐食性アシッド・ペレットを発射する。予期せぬ事態にしばしば回路を混乱させがちである。

（体力7、速度7、地位9、火力4、知力9、耐久力9、勇気9、技能9）

G1、G2華やかなりし頃は、同一人物のモデルチェンジも盛んだったが、BWトイ世界では商品名の同じ者は多かれど、G1と何がしかの関連のある（またはありそうな）人物というのは、初期のリーダー以外はグリムロックとレイザービーク位しかおらず、多くはファンのイマジネーションに委ねられた形になっている。このプラウルのように、（ほのめかし程度でも）G1時代と直結した例は実は珍しいのである。

ジャズ(日本名マイスター)の陰でかすみがちだが、オートボッツの実質上のNo.2である初代プラウル(左は初代グリムロック)。

CYBERSHARK

Function: *TRACKER/OCEAN ATTACK*

サイバーシャーク

▶機能：追跡員／海洋攻撃

体力	速度	地位	火力	知力	耐久力	勇気	技能
7.9	6.4	7.0	7.1	5.3	5.8	9.8	6.5

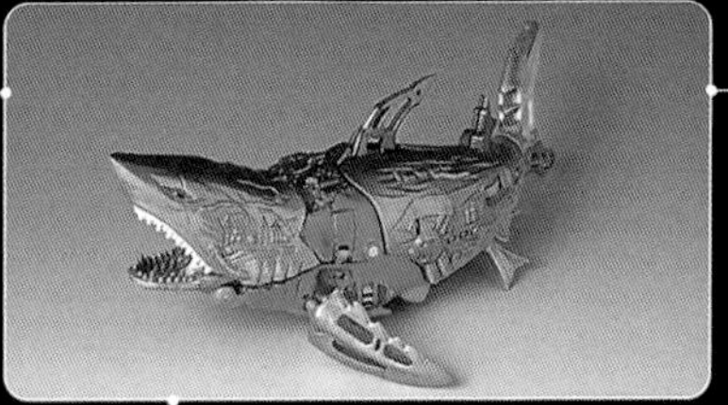

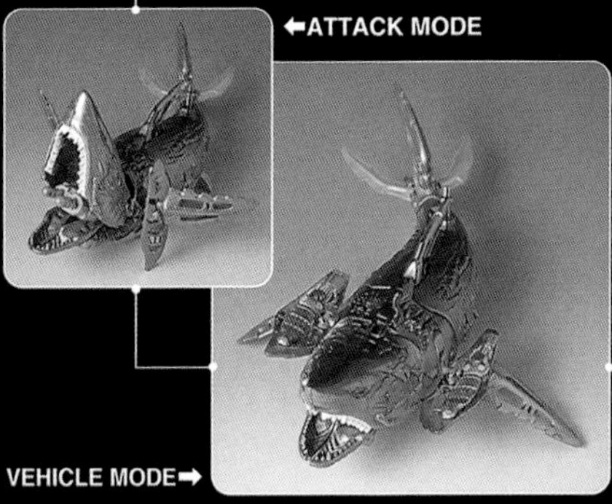

←ATTACK MODE

VEHICLE MODE➡

●サイバーシャークは、2万尋（ひろ）の深みからプレダコンの暗躍を感知し、6百ノットの高速で敵を追う。哀れな獲物に逃げきるチャンスは少ない。アゴに装着されたソナー追尾式の鉄甲魚雷は、対空能力も備える。回転する尾は水中航行時のスピードアップだけでなく、ロボットモードでは、4枚刃の切り裂き器としても機能する。そして、スラスタージェットは、さらに航行スピードを増し、低高度での限定的な飛行さえも可能にしている。獰猛なる戦士サイバーシャークは、その腕を磨くべく、サイバートロンの宇宙海賊を獲物にバウンティーハンター業に精を出している。マクシマルの大義に準ずる彼だが、その強引なやり方は、上官であるデプスチャージの怒りを買う事もしばしばである。慎重にして恐れ知らずのサイバーシャークがいる限り、プレダコンが安心して海に入る事はあるまい。

●「海の深みに隠せぬ物はない」

●初のメガサイズTM2で、機能は以前の物を引き継いでいるが、変形モードはホオジロザメに変化した。バイオカードは、G1同様、彼らの行動圏が宇宙にまで及んでいるという、シリーズ開始当初の設定に基づいて書かれており、この時期においてもトイ独自の世界観が脈々と息づいている事がわかる。口腔内の二連装の魚雷発射管は、アゴを開くと発射し、尻尾はダイヤル操作で回転するレイザーウェポンに変化する。なおビークルモードは、スピッターのパッケージ裏面で紹介されたのみで、説明書にはない。ビーストモードでの左右非対称の固定ポーズは変形ロボットトイとしては異質なものだが、これは、ダイナミックなポージングによってフィギュアに生命感を与える、『スポーン』などに代表される昨今のアメリカのハイエンド・アクションフィギュアの要素を取り入れたもので、このコンセプトと高度な変形&アクションギミックの両立は、極めて野心的な試みである。TM2は、ギミックによってデザイン的な制約を受ける事の多い従来の変形トイの枠を超えて、フィギュアとしてのトータルイメージの追求という新しい領域へと踏み出しており、変形ロボットトイの歴史に新たな1ページを開く物と言えるだろう。なお、この頃より発売元がケナーからハズブロに戻っている。

TIGERHAWK

Function: *VOK EMISSARY*

タイガーホーク

▶機能：ヴォック密使

体力	速度	地位	火力	知力	耐久力	勇気	技能
8.2	8.1	7.0	9.7	10.0.	7.3	8.4	8.8

⬆AERIAL BATTLE MODE

●謎のサイバネティクス、タイガーホークは、かのエイリアン種族によるタイガトロンとエアレイザーの拉致事件の結果として誕生した。未知の技法により、合体、再構成されたタイガーホークは、マクシマルズとプレダコンズの長きに渡る戦いに終止符を打つ平和の使者として送り返された。そのエレメンタルパワーは、地震を、稲妻を、津波を呼ぶ。その知能はヴォックの超テクノロジーにより高められ、敵を麻痺させるイオン・デミニッシャーを始めとする脅威の兵器群がその身を固める。恐れを知らず、高貴にして獰猛なタイガーホークは、マクシマルの戦友達の心の支えとなっている。

●「暴力は看過せぬ…降伏か、さもなくば破壊か選ぶがいい」

●タイガトロンとエアレイザーが融合して誕生したウルトラサイズTM2で、ビーストモードの前部は虎、背部から後部にかけては鷹というフューザー的要素も合わせ持つ。バイオカードではエイリアンの力によって神がかりなパワーを与えられた事が強調されており、機能にも"ヴォック"の名前が登場し、設定的には、ほぼTVの物に準じているが、ヴォック自体はTVよりも平和的な種族のようにも見える（モットーからは、冷徹なイメージもうかがえるが）。ビーストモードでは、ターゲッティングコンピューター・バトルバイザーを装着してエアリアルバトルモードに変形し、ロボットモードの右腕は旋回銃としても使用が可能。また背部のレバー操作で、ウィングが折りたたみ状態から左右に開き、同時に両翼に装備したランチャーが展開してミサイルを発射する。この時、連動して翼上面の小翼が開くが、これは実際の航空機が対地攻撃時などにエアブレーキやスポイラーを開いて射撃姿勢を安定させる動きをイメージしているのではないかと思われる。また翼端もスプリングで前方に展開し、羽根の一部を発射する事ができ、この羽根やミサイルランチャーはロボットモードで手に持たせる事も可能。また後ろ肢はスプリングによって触れた物を挟み込む。ロボットモードの頭部と胸部中央のパネル部分は、当初は前方に開いて、脊髄に位置する透明シリンダーに埋め込まれたスパーククリスタルを見せるように考えられていたようだが、強度の関係で製品版では接着されたものと思われる。また、TM2で新しく取り入れられた要素の一つに、エッジの強調というデザインコンセプトに伴う、大幅な軟質パーツの導入があるが、タイガーホークでも翼端やスカート部など、尖った部位に軟質パーツが使用されている。また、タイガトロンのイメージを強調した、ホワイト主体のカラーリングのため少々目立ち辛いが、全身に凝ったモールドが施されているのにも注目したい。名前はそのオリジンからで、P20のキャラクター紹介も参照されたい。

BLACKARACHNIA

Function: *SABOTEUR*

ブラックアラクニア

▶機能：妨害工作員

体力	速度	地位	火力	知力	耐久力	勇気	技能
5.5	7.2	5.0	6.1	9.3	6.8	7.6	8.5

●メガトロンのミステリアスな新技術を盗み出したマクシマルズの黒薔薇ブラックアラクニアは、自らのマクシマル・プロトフォームを、より強力なトランスメタル2構造に変換する事に成功した。プレダコンとしてのプライドを捨ててはいないものの、彼女はマクシマルズに与し、メガトロンと戦う道を選んだ。究極の妖婦たる彼女にとって、生きる喜びなど戯言に過ぎない。麻痺クローとして使用可能な強力な毒にまみれたピンサーは百メートル先の敵を打ち倒し、背部に内蔵された電子ディスラプターは、彼女の位置と外見を変化させる幻影を、5分に渡って投影する。そしてロボットモードにおいては、威力抜群の回し蹴りを得意とする。自己保全しか考えていないと見られがちだが、時には意外なまでの正義感を披露して周囲を驚かせる。とはいえ、彼女を完全に信用する事など、できぬ相談だが。

●「正義のためなら嘘もつくさ。それこそ頻繁にね」

●ブラックアラクニアのTM2バージョンで、TF史上でも初めて、100%女性としてデザインされた変形トイである。バイオカードの記述は、どちらかというとTM2化直前の物のようだが、ここで初めてトイの世界にも“プロトフォーム”という設定が登場している。その任務とオリジンを反映し、スパーククリスタルは両軍団の物が裏表に装着されている。取り外し式のクモの顎にはウインチ機構を内蔵し、さらに腰部には、回し蹴りを放つ“パワーキック・アクション”ギミックが内蔵されている。“ロボット・ディフェンスモード”にも変形するが、故意か偶然か、このような防御形態を持つのは、女性という設定のトイのみである。ビーストモードでは、ロボットの腕を前方に突き出すように指定されているが、本体下部にはこの腕の収納スペースがあり、本来は、通常のビーストモードでは腕部を収納し、指定の形態はアタックモードのようなものだったのではないかと推察される。ロボットモード胸部のパーツは、パッケージイラストや説明書などでは装着されておらず(写真のトイは、このパーツを外せるように改造してある)、当初の予定よりも発売が遅れた事と何か関係があるのかもしれない。また尾部両サイドの回転部分の目的も不明である。

ON THE SHELVES ➡

⬅ATTACK MODE ?

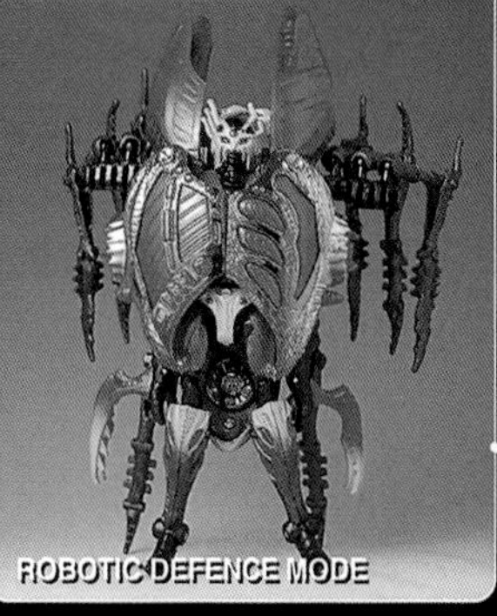

ROBOTIC DEFENCE MODE

MEGATRON

Function: *PREDACON COMMANDER*

メガトロン

▶機能：プレダコン司令官

体力	速度	地位	火力	知力	耐久力	勇気	技能
10+	10+	10.0	10+	9.9	10+	10+	10+

●横暴なる暴君にして悪の天才であるプレダコンズ司令官メガトロン。ついに彼は、その並ぶ者なき剛力、狡猾な戦略知識、情け容赦ない非情さ、そしてその身が醸しだす恐怖とを完璧なまでにマッチングさせ、さらなる圧政に乗り出した。オリジナル・メガトロンのスパーク・エッセンスを取り込んだ彼は、投げ落とされた溶岩溢る火口から、史上最強の存在、ドラゴンの化身となって蘇った。口から吐くパイロビーム・トーピドーは、石油の千倍の熱を発し、その翼は、ビースト、グランドスピーダー、ロボットの各モードで威力を発揮、時速400マイルで飛行する。電撃を発射する尻尾は、敵を捕らえ打ちのめし、グランドスピーダーでは、戦闘能力をフルに発揮しながら時速250マイルで疾走する。沸き上がる破壊の衝動は、彼をしても抑える事はできない。その衝動は彼にとって弱点ともなりうるが、このトランスメタル2形態は、憎っくきオプティマル・オプティマスを倒す鍵でもあるのだ。

●「我に劣る者は我が糧となる。そして我に挑む者は破壊する！」

●メガトロンのTM2バージョンで、ビーストモードではオプティマル・オプティマスに引けを取らない、プレダコンズ初にして唯一の大型TM2である。変形モードは、海外のBWワールドでは、フューザーのような例外を除いて、初の完全な想像上の動物である“ドラゴン”で、全てのビーストTFの上に君臨するイメージを持つ。バイオカードでは、ついに“オリジナル・メガトロン”という言葉が登場した。これでトイの世界にも、少なくとも2人のメガトロンが存在する事になったわけだが、バイオカードの情報量が少ない分、解釈の余地はあり、例えば、TM2の基本設定に倣って、このメガトロンが、それ以前のメガトロンのクローン体であるために、オリジナルという言葉が使用されたと考える事もできる。巨大な翼は背部のレバー操作によって羽ばたき、もう一つのレバーによって、ドラゴンの鎌首も自由に可動する。またドラゴンの口腔内とロボット後頭部からミサイルを発射する。ビーストモード脚部からはホイールを展開し、踵部を前肢に固定してグランドスピーダーモードに変形するが、この時ドラゴンの首を固定するためには、背部のレバーをドライバーで外して、前後が逆になるように改造しなければならない。胸にはタイガーホークと同様のエナジークリスタルカプセルが埋め込まれ、内部には体の傾きにかかわらず一定の位置を保ち続けるコクピットが入っているが、海外版のインストラクションには、P69のコラムで触れられているソウルフィギュアのシルエットがはっきりと描かれている。また、海外版のパッケージは、中に入っているドラゴンの口から炎が吹き出しているかのような凝ったデザインとなっている。

⬆TRANSPORTATION MODE

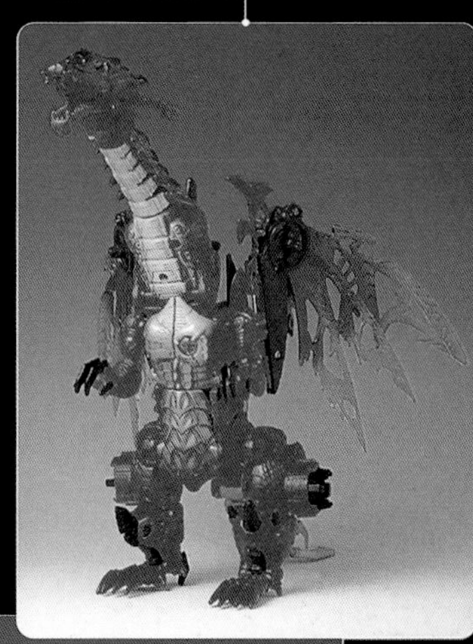

FOX KIDS REPAINT

1999年秋より『ビーストウォーズ』の放映局が、それまでのシンジケーション系から、全米大手ネットワークのFOX TVに移行し、BWは同局の子供番組時間枠“FOX KIDS”内で放送されるようになった。これに合わせて、既に市場から消えて久しかった初期商品のリペイント版が発売される事になった。これらの再販キャラクターは、ハズブロへのE-mailや電話でのファンからの要望を元にセレクションされているそうで、パッケージイラストや裏面のテックスペックカードの内容は以前と同じだが、ブリスター部のシールに“FOX KIDS”のロゴが入っている。リアルビースト期のトイについては、TVのCGI（もしくはトランスメタル）を意識させるメタリックなカラーリングが施されているのが特徴である。

Series-1

1999年9月に発売された“FOX KIDS”リペイントの第一弾は、TV第1シーズンに登場するキャラクターから4体がセレクトされた。パッケージデザインの基本パターンは“トランスメタルズ”の物に準じている。（これらの商品はTV主導の性格が強いため、TVに合わせてロボットヘッドで撮影している）

CHEETOR
チーター

塗装用のマスク型は日本のTVリペイント版と同じようだ。初期名は“JUNGLE ROAR（ジャングルに吠える）CHEETOR”。

DINOBOT
ダイノボット

金型はグリムロックの物が使用されているが、成形色の配置が変更されている。初期名は“LIVE WIRE（精力的な）DINOBOT”。

RHINOX
ライノックス

ビーストモードの塗装がジャングル迷彩風に変更されている。初期名は“ENERGEON SURGE（エナージョン渦巻く）RHINOX”。

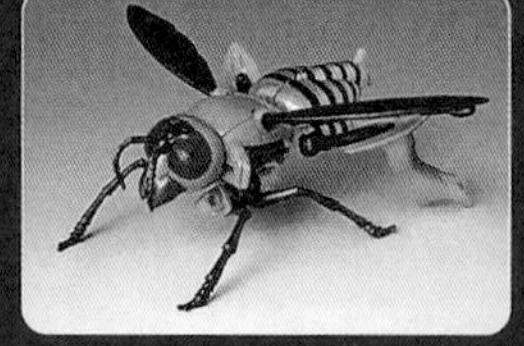

WASPINATOR
ワスピネーター

透明パーツはクリアブルーになり、旧版同様、光にかざすと若干だが眼が光る。初期名は“POWER FRIGHT WASPINATOR”。

Series-2

第一弾の好評を受けて発売された“FOX KIDS”第二弾で、やはりアメリカでは1年以上前の商品となる“トランスメタルズ”からラインナップされている。発売は2～3体ずつ、時期をずらして行われ、この他にTMライノックスとTMワスピネーターの予定があり、さらに追加される可能性もある。

CHEETOR
チーター

これらの第2弾にはエナージョンチップが残っている（第一弾のダイノボットには無い）。初期名は“MECH-TECH CHEETOR”。

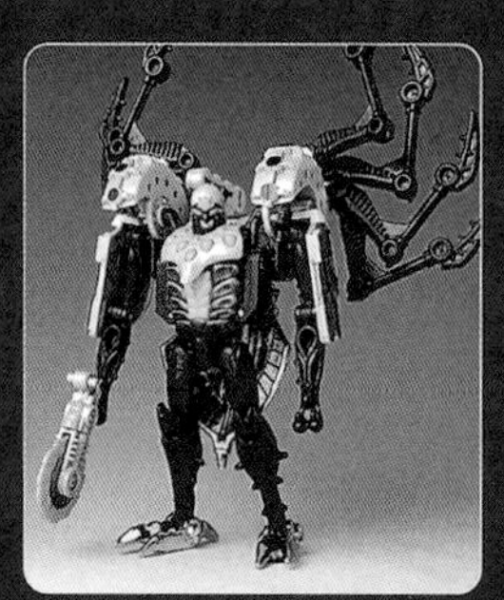

TARANTULAS
タランチュラス

CHEETORと同時に、1999年中に発売された。塗装パターンは若干変更されている。初期名は“STEEL FORCE TARANTULAS”。

RATTRAP
ラットラップ

これ以降のトイは2000年になってから発売された。本体上のレタリングは残っている（文字色は変更されている物もある）。

AIRRAZOR
エアレイザー

これらの“FOX KIDS”第二弾の内の何体かは、日本のトイザらスでもプレゼントが行われた。カード裏面の基本デザインはTM2の物。

WAL☆MART EXCLUSIVE

1999年3月に、アメリカ最大のディスカウントストアー・チェーンの一つ"ウォル☆マート"の限定商品として、トランスメタル・ラットラップのリペイント版が発売された。ブリスター部のシールには"WAL☆MART SPECIAL EDITION"と書かれており、このようにキャラクターは同一で、リペイントである事のみを売り物とした商品はシリーズ初で、1999年後期からのリペイント攻勢の先駆けとなるものであった。11月にはTM2ダイノボットとTM2プラウルのリペイント版が発売されたが、この時は完全にはウォル☆マート限定では無かったため、シールは通常のTM2のままで、中でもTM2ダイノボットのカラーリングは、TVを多分にイメージしたものとなっていた。

RATTRAP
ラットラップ

メッキ部がブルーになったのを始め、カラーリングは全面的に変更された。カード裏面の基本デザインはTM2の物になっている。

DINOBOT
ダイノボット

カラーリングは全体的にTVのイメージに近づいており、ロボットモードで尻尾が手に持たせ易いように改修されている。

PROWL
プラウル

ビーストモードの左眼やロボット頭部の塗装パターンが変更されており、翼のメタリックパーツにも新たに塗装が追加されている。

VIDEO PACKS

トランスメタルズ登場キャンペーンとして、1998年3月に、TVの第27、28話のビデオが付属したエアレイザーとレイザークローのリペイント版が発売された。キャラクター設定は通常版と同じだが、イラストは描き直され、ビデオ分の値段が上がっているために、チャレンジレベルもデラックス級の04となっている(通常のレギュラーは02～03)。またこのビデオは、当時"ケイ・ビー"でBWのトイを買った子供にプレゼントもされた。1999年11月には、イギリスで、クロージョーとスピッターの同ビデオ付きリペイント版が発売されている。

AIRAZOR
エアレイザー

これらの2体とも、トランスメタルズをイメージしたのか、メタリックなカラーリングとなっている。

RAZORCLAW
レイザークロー

こちらはTV未登場なためか、カラーリングは大幅に変わっている。日本のロックバスターはこれのエナージョンチップを変更したもの。

CLAWJAW
クロージョー

イギリス版2体も、数字やアルファベット、バーコード風のペイントによって、トランスメタルズに見せようとしている。

SPITTOR
スピッター

ヨーロッパでは初めてプレダコンとして発売された。付属ビデオはPAL方式で、米版と異なり、1本に1話ずつ収録されている。

MICROVERSE: BEAST WARS

ケナーから1997年頃に発売された「マイクロバース」シリーズは、ガルーブの「マイクロマシーン・プレイセット」への対抗商品だった。このシリーズの中で発売された異色のBWトイを紹介しよう。

ケナーの「マイクロバース」シリーズは、身長25mm程度のミニフィギュアで遊ぶプレイセット商品で、当時はハズブロ／ケナーとは別会社であったガルーブ社の「マイクロマシーン・プレイセット」(主力ラインは『スター・ウォーズ』)の対抗商品として開発され、『バットマン』や『ジュラシック・パーク』『G.I.ジョー』などが発売されていた。そして同シリーズの一環として、海外の『ビーストウォーズ』シリーズでは唯一の基地アイテムが1997年初頭に発売された。パッケージ裏面にはテックスペックは付属していないものの、BWの世界に基づいた独自のストーリーが掲載されており、ドリルビットよりも若干先に、TV版の設定を使用している。一部彩色された付属のミニフィギュアは、腰部が可動してビークルに載せる事ができ、オルカノックにはオプティマス・プライマル（ゴリラ）とタランチュラス、アラクニッドにはメガトロン（クロコダイル）とレイザービーストのミニフィギュアが付属している。パッケージイラストはそれぞれ描き起こしで、商品に付属していないキャラクターまでもが多数登場しており、オルカノックのパッケージでは、アーマディロやエアレイザーまでが水中で活動している。アラクニッドは、緑の部分の成形色が黄色のものも存在する。タカラの刻印はあるものの、実際にタカラが開発に関与しているかどうかは不明。とはいえ、エナージョンチップも付属しており、ギミックも細かく、凝ったディティールもある優れた商品である。「マイクロバース」シリーズ自体が比較的短期間で終了してしまったために、BWの関連商品はこれらの2体のみだが、アメリカでは、BWトイ用のビークルやプレイセット商品が無かっただけに、このフォーマットで、マクシマルのアクサロンやプレダコンの宇宙船、G1のオートボットやディセプティコンの宇宙船なども出てくれると良かったのだが…。

ORCANOCH

Function: *MAXIMAL COMMAND BASE*

オルカノック

▶機能：マクシマル戦闘基地

●マクシマルズの一同が不時着した未知の惑星には、いくつもの海洋が点在し、海では単細胞生物が進化の途上にあった。その深海の暗闇を行くのは、巨大なマクシマル、オルカノック。移動戦闘基地に変身する彼のボディには、ミサイルランチャー、小型脱出ポッド、ハイテク防衛装備が完備されている。オプティマス・プライマルが彼に下した命令は、海底のエナージョンの調査及び、オルカノックの体内の秘密を求めて迫り来るプレダコンの侵略者アラクニッドの撃退だ。

●シャチに変形するマクシマルズの海底基地。上のストーリー中の年代設定は、TVの物よりかなり昔のようでもある。ビーストモード頭部をスプリングで発射し、腹部のシャフトを中心に、ボディが輪切り状に展開し、各フロアに、マニピュレーターやコントロールパネルなどの各種装置をセットして、4層構造のタワー基地に変形する。また頭部を発射するランチャーを内蔵したコクピット部は、アームで伸長して監視タワーになる。尾部のミサイルラックに生物的なディティールを持ったミサイルを4器ホールドしており、頭部のランチャーに装填して発射する事が出来る。また胸ビレ部分が分離して小型のエスケープポッドになる。

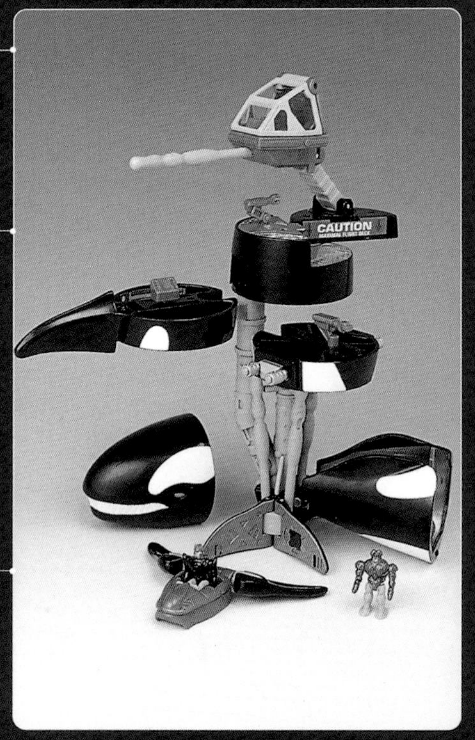

ARACHNID

Function: *PREDACON COMMAND BASE*

アラクニッド

▶機能：プレダコン戦闘基地

●マクシマルズの新発明を盗んだプレダコンズは、体内にモビルバトルステーションを隠し持った巨大なアラクニッド・クローンを誕生させた！　開かれた彼のボディには、上下に移動し小型戦闘艇に変形するミサイルプラットフォーム、可動式レーザーキャノンとコンピュータを装備したコマンドセンター、戦闘で傷ついたプレダコンを治療するコントロールエリアが備わっている。さらに敵が接近するや否や、その機械仕掛けの肢が警告も無く襲い掛かり、獲物を捕獲するのだ。

●クモに変形するプレダコンの移動基地で、こちらにはミサイル発射ギミックはないものの、ミニビークルが2台付属している。上の文中の小型戦闘艇の変形ギミックは実際のトイには無く、途中でオミットされたのかもしれない。基地モードではクモのボディ前部を回転させて砲台と捕獲用ネットを展開し、尾部からは火山が出現して、さらにこれを開くと中からヘリポートと滑走路が現れる。また可動する後肢の先端にはクレーンやマジックハンドを取り付ける事もできる。基地モードの偽装火山や、スキッド、キャタピラなど（実際に車輪は付いてないが）、プレダコンズがコピー時に独自の改良を加えたのか、オルカノックとは異なった雰囲気の基地となっている。

McDONALD HAPPY MEAL

BWはアメリカマクドナルドの“ハッピーミール(日本のハッピーセットに当たる)”のプレミアムにもなっており、正規のトイとは異なったアイデアによる、マニアなら要チェックのアイテムが発売されている。

ハッピーミール版ビーストウォーズは、それぞれ簡単ではあるが変形ギミックを備えている。第一弾の発売は1996年3月頃で、この時点では正規のトイもまだロックブリスター版しか発売されておらず、多くの動物が正規版に先駆けて登場している。ディスプレイや専用ランチボックスに名称などが書いてある以外に設定は存在しない。タカラの刻印は入っているものの、実際にはタカラは開発に関わっていないようだが、何らかの資料を見て作ったと思しき点もあり、正規のトイに似せようとしている点も見受けられる。“UNDER THREE(3歳児以下)”は、低年齢の幼児向けのトイで、ディスプレイなどにも描かれておらず、固有名称も所属も不明で、同時期の女の子向けラインの“UNDER THREE”トイも存在する。また1998年には正規版ではトランスメタル化されなかったキャラクターのTMバージョンが商品化されている。なおこの時は、BWの“UNDER THREE”トイは発売されなかった。

1996

上段は女の子向けのハッピーミールトイで、やはりハズブロのトイシリーズだが、BWとは無関係。

1998

上段の“MY LITTLE PONY”は、やはりハズブロのトイシリーズで、80年代にはアニメ化もされた。

1996 MAXIMALS

PANTHER パンサー

黒豹に変形する。正規版のチーターの初期案もクーガー(アメリカライオン)で、頭部が似ている。

RHINO ライノ

サイに変形する。発売はライノックスより若干先で、頭部にそのイメージがある(類人猿風でもあるが)。

UNDER THREE アンダースリー

可動部わずか一カ所で、ライオンの頭部に変形する。顔はどことなくオプティマス・プライム似である。

1996 PREDACONS

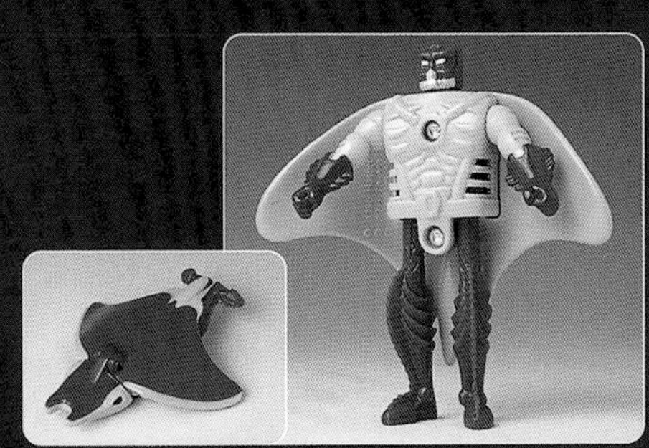

MANTA RAY マンタ・レイ

イトマキエイに変形する。この時点では、魚類がプレダコンに所属していても違和感はなかった。

BEETLE ビートル

クワガタムシ(?)に変形する。発売はインセクティコンより若干先で、頭部はメガトロン(クロコダイル)に似ている。

1998 MAXIMALS / PREDACONS

DINOBOT ダイノボット

ブラックアラクニアと共に、正規版でのTM2化より先に商品化された。ロボット恐竜に変形する。

BLACKARACHNIA ブラックアラクニア

ロボットグモに変形し、女性に見えなくもない。ロボット時にはちゃんと生体要素が表に現れる。

SCORPONOCH スコーポノック

ロボット蠍に変形する。正規版ではTM2にすらならなかったので、この商品化は貴重と言える。

BOTCON EXCLUSIVES

アメリカで1994年から開催されているコンベンション"BOTCON"では、ハズブロ/ケナーによる、エクスクルーシブ・トイが毎回発売されている。そのディープな世界を見てみよう。

1994年よりアメリカで開催されているTF/BWのファン大会"BOTCON"では、ハズブロ/ケナーによるコンベンション限定トイが毎回発売されている。BWのオリジナルトイは1996年からの発売だが、恐らくこの時初めて、それまでハズブロ側から支給されたアイテムをそのまま販売していたのが、ファンの側からメーカーにデザインを提示して限定トイが作製されたと思われ、以降、マニアらしい凝ったアイデアが盛り込まれた限定トイが作られるようになった。また1998年には日本でも"ボットコン・ジャパン"が開催され、やはりタカラの協力によるコンベンション限定トイが発売された。パッケージはそれぞれオリジナルの物が作られており(1994年のみは、一般発売予定時のパッケージがそのまま使用されている)、何れもバイオ&テックスペックカードが付属し、バイオカードに旧TF時代の伝統であった"モットー"を復活させたのも、正規のトイより先であった。1997年はトイの2体セットに、それらのキャラクターが活躍するオリジナルコミックが付属したコミック2パックとなっており、パッケージは、グリッドパターンが使用されたG1期の物をイメージしたものとなっていた。また1998年のアンタゴニーと1999年のサンドストームのパッケージは扉付きのウィンドウボックスとなっており、アンタゴニーのパッケージの扉内面には、当時のコンベンションで開催された、これらの限定トイのキャラクターが総登場する、TVの声優によるシナリオドラマのストーリーが紹介されている。またサンドストームのパッケージは、TV第51話に登場した"Covenant of Primus"をイメージしたデザインで、中のサンドストームはロボットモードで収納されているが、同じく1999年発売のウィンドレイザーでは、正規のトイと同じブリスターパッケージとなっている(デザインは新規の物)。またキャラクターイラストについては、1997年と1998年は、旧TFのマーヴルコミックシリーズのアーティストによる描き下ろしで、1997年のコミック2パックの裏面には、同アーティストによるバトルシーンも掲載されている。また1999年には、実際のTVに使われているCGIデータを加工した物が使用されている。

BOTCON 1996/TRASCON 1997

ONIX PRIMAL (BLACKIE)

Function: ASSASSIN

オニクス・プライマル(ブラッキー) ▶機能:暗殺

体力	速度	地位	火力	知力	耐久力	勇気	技能
10.0	10.0	9.0	9.0	10.0	10.0	10.0	10.0

●「我が兄弟に毒を盛り、殺そうとした者達よ。我が燃える怒りを、復讐の怒りを思い知るがいい。そしてその時、汝達、我が名を覚えておけ、オニクスの名を」

●オプティマス・プライマル(Bat)のリペイントで、当初はプレダコン側のキャラクターとして発売された。カラーリングはバットマン風だが、元々のオプティマスのトイ自体が、BWスタート時にトイの発売元がそれまでのハズブロから、当時、ハズブロの子会社となっていたケナーに移行したため、ケナーの人気シリーズであるバットマンをイメージしてデザインされたようなので、このリペイントは当初のデザイン意図を汲んだものと言えるが、オリジナルの塗装用マスク製作の関係上、頭部の塗り分けはバットマンのそれとは異なっている。BOTCON'96時には、一般、ゲスト、ディーラー用の3種のパッケージが製作され、ディーラー限定バージョンのみ、トイの背部に"BOTCON 96 DEALER EXCLUSIVE"という金のレタリングが入っていた(写真右参照)。また1997年のTRANSCON2では、パッケージを変えてマクシマル側として再発売された。"Onyx"とは黒色の鉱石である"縞瑪瑙(めのう)"の事で、別名の"ブラッキー"は、BOTCON'96の主催者が旧ミクロマンの大ファンなため、そのキャラクター名から取られたものと思われる。

BOTCON 1997

PACKRAT

Function: THIEF

パックラット ▶機能:盗賊

体力	速度	地位	火力	知力	耐久力	勇気	技能
6.0	8.0	4.0	6.0	6.0	5.0	8.0	6.0

●パックラットほど栄誉に貪欲な男はいない。その度し難い盗癖を抑えられるのは、自分がやったと皆に誇示したがる自己顕示欲以外にない。こそこそと人を欺くような態度にもかかわらず、仲間のマクシマル達が彼に寛大な態度で接しているのは、ひとえに彼が優れた戦士であり、仲間に与えている以上の被害をプレダコンに与えているからに他ならない。エナージョン・アーマーを巡る事件で彼とチームメイトの仲は危うくなったが、ライノックスは言ったものだ、「彼にはまだ望みがあるかもしれない」と。

●「ただ物を盗るだけでなく、信用も盗み取れ」

●ラットラップのリペイントで、カラーリングは、17世紀に大流行したペストの原因といわれたドブネズミ(Norway Rat)をイメージしている。一方、キャラクター名は、北米産の"モリネズミ"の事で、TFとは深い関係を持つ10cmサイズの『G.I.JOE』に登場するリモコン操縦の小型ロボットにも同じ名前の物があり、巣の中に物を蓄えるこのネズミの習性が、盗賊というそのキャラクター設定にも反映されている。なお、このパックラットとフラクティルは、コミック2パックとして発売された。付属したコミックの内容については、P110を参照のこと。

FRACTYL

Function: GEOCHEMIST

フラクティル ▶機能:地球化学者

体力	速度	地位	火力	知力	耐久力	勇気	技能
4.0	8.0	4.0	5.0	9.0	4.0	5.0	6.0

●メガトロンは彼に戦士である事を強いているが、フラクティルは、この奇妙な惑星の過剰なエナージョンが引き起こす問題の解決に、より大きな関心を持っている。他のプレダコンズは、エネルギーソースに関する彼の並々ならぬ情熱に対して無関心、もしくは嘲りの目を向けているが、彼の研究が、マクシマルズに対する究極の勝利への鍵を握っている可能性があるのも事実なのだ。研究の成果はまだ数える程だが、循環器上のオーバーロードの問題を解決し、それによって仲間の敬意も得られるであろうと、彼は自信を持っている。

●「この惑星のパワーは、我らの救いであり、また呪いでもある」

●テラソーのリペイントで、これらの1997年の限定トイの2体には、細かな粒子(いわゆるラメ)が入った成形色が使用され、メタリックな質感となっており、これについては、彼らのボディが"エナージョン・アーマー"となっている、という設定で、パッケージアートでも、彼らのボディからエナージョンがほとばしっている様が描かれている。名称は科学者としてのキャラクター設定と変形モードから来ており、自然科学における新しい理論の一つである"Fractal"理論と、"Pterodactyl(翼竜)"の合成。

BOTCON 1998

ANTAGONY
Function: CHEMICAL WARFARE

アンタゴニー ▶機能：化学戦

体力	速度	地位	火力	知力	耐久力	勇気	技能
7.0	6.0	6.0	7.0	8.0	8.0	8.0	9.0

●アンタゴニーは、まさに謎の存在だ。ビーストウォーズ・プラネットに謎の到来を果たした彼女は、これから起きる出来事を正確に言い当てる不思議な能力を披露した。彼女は、自分の千里眼なるものは単なる直観に過ぎないと弁解したが、他のプレダコン達は、彼女があたかも未来から来たようにしか見えず、その説明以上の何かがあるのではないかといぶかっている。戦闘においても彼女は、短時間ではあるが、触感さえ伴う光学的ホログラム を投影するという優れた能力を持っている。またその主要武器は、接触したマクシマルの装甲を腐食させる強酸液を噴射する。

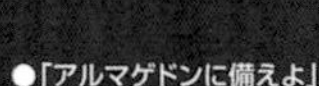

●「アルマゲドンに備えよ」

●ボットコン限定トイ初のメガビーストで、インファーノのリペイント。黒蟻に変形し、未来を予言する能力を持つ謎の女性キャラクターで、パッケージには、サイバートロン星から飛来する謎の光球が描かれている。先述のシナリオドラマでは、メガトロンの命を狙ってこの星へやって来たという設定になっている。"Antagony"という単語自体、"敵意"という意味を持つが、"Ant"+"Agony(苦痛)"や、「身の上相談の女性回答者」を指す"Agony Aunt"という言葉も掛けている。

VICE GRIP
Function: RECONNAISSANCE

ヴァイス・グリップ ▶機能：偵察

体力	速度	地位	火力	知力	耐久力	勇気	技能
8.0	5.0	5.0	6.0	5.0	7.0	8.0	7.0

●ヴァイス・グリップは、メガトロンの最も忠実にして頼りになる兵士の一人だ。任務の持つ意味を正確に把握する彼は、常に最大限の力を発揮し、その達成に邁進する。その情熱と、類稀なる追跡能力はメガトロンに高く評価されている。そして戦友達もまた、彼に尊敬の眼差しを向け、その指導や助言を請う事もしばしばである。インセクトモードでは、巨大なハサミで油断したマクシマルに襲いかかり、高圧電流で止めを刺す。またそのハサミは、ロボットモードでは携帯パルスウェポンに変形し、半径20m以内の全てのマクシマルの回路をショートさせる雷球を発射するのだ。

●「偵察は、しばしば、己の内面から始まる」

●パワーピンチのリペイントで、生物としてのリアリティを感じさせるカラーリングとなっている。特別なパッケージは作成されず、ビニールパックのまま販売されたが、バイオカードはちゃんと封入されている。カードに記された設定は、キャラクターを個性化しつつも、過度なマニア性さを感じさせない節度をもって書かれており、正規のトイに付いていてもおかしくないレベルの高いものとなっている。ネーミングは"Vise Grip(万力)"のもじりで、"Vice(悪徳の)"+"Grip(掌握)"。

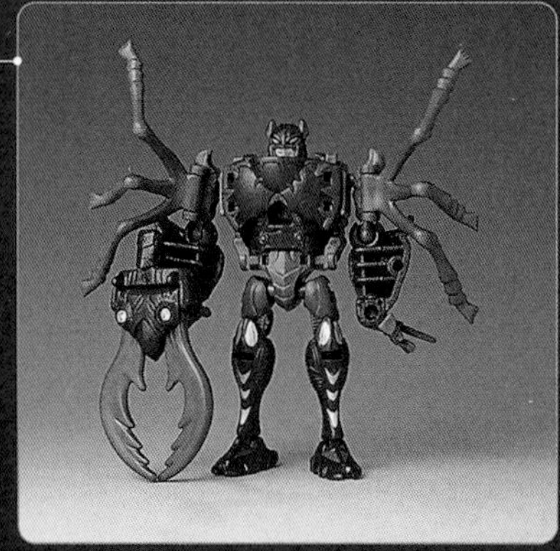

BOTCON 1999

WINDRAZOR
Function: SPARK STALKER

ウインドレイザー ▶機能：スパーク追跡者

体力	速度	地位	火力	知力	耐久力	勇気	技能
6.0	8.0	5.0	7.0	7.0	8.0	6.0	8.0

●悲劇的な裏切りにより、その若きマクシマル戦士のライフ・フォースは消えかかっていた。だが死に瀕した若者を救うべく、グレートウォーで鍛えぬかれた老兵が自らの年老いたスパークを提供し、融合の結果、二人のボディは混じり合って変容し、新世代の戦士へと生まれ変わった。他に例の無いバイナリースパークシステムを持つウインドレイザーは、サイバートロンを揺らす紛争に終止符を打つべく死力を尽くす。即座に敵を撃ち落とす二連装ロケットランチャーを両肩に装備し、また歴戦の兵士の知恵と機知、少年の若き情熱をも兼ね備える。驚異のコンビネーションが生んだ凶暴にして危険な戦士は、サイバートロンから宇宙へと拡がる戦乱を戦い抜くのだ。

●「無鉄砲さは、智性によって補完される」

●シルバーボルトのリペイントで、ボットコン限定初のデラックス。名前は"Wind(風)"+"Razor(カミソリ)"で、G2に同名キャラクターがおり、米国のボットコン限定トイ初の、既存の名称を持った新キャラクター。当初は、夏至の「至」を意味する"Solstice"という天文学用語をもじった"Soulstice"という名称が考えられていたが、商標上の問題で、旧キャラクターの名称を使う事になったという。

SANDSTORM
Function: COVERT OPS COMMANDER

サンドストーム ▶機能：隠密作戦指揮官

体力	速度	地位	火力	知力	耐久力	勇気	技能
8.0	6.0	10.0	7.0	9.0	8.0	9.0	9.0

●プレダコンズに身を置くが、サンドストームはあたかも古参のマクシマルのようだ。プレダコン・レジスタンス部隊の勇気ある指揮官である彼が部下に望むのは、ただ忠誠と献身のみ。サイバートロン星を支配する独裁体制に抵抗するマクシマルズとプレダコンズの軍内派閥の協力体制を支援し、その素早い決定力とあくまでも公平な判断は、プレダコンズとマクシマルズから同等の尊敬を集め始めている。ビーストとロボットの両モードにおいて、亡き友のスパークを組み込んだサイバービーとコンビを組む。巨大なハサミに仕込まれた二連装の電動ミサイルと、近づいた敵を麻痺させる尾部内のエレクトロアーク・スティングを武器とする。

●「運命が俺の名を呼ぶのなら、応えねばなるまい」

●スコーポノックのリペイントで、通常の"Evil Predacon"ではなく、"Noble(高貴な)Predacon"と呼ばれる。独特の世界観を持つバイオカードの記述は、同コンベンションで先行上映された『ビーストマシーンズ』を意識した設定となっている。名前は"砂嵐"で、やはりG1に同名キャラクターがおり、当初は"Quicksand(流砂)"という名称が考えられていた。オレンジ主体のカラーリングがG1キャラクターと共通である。

BOTCON JAPAN

GRIZZLY-1 (BARBEARIAN) Function: BERSERKER

グリズリー1（バーベァリアン） ▶機能：狂戦士

体力	速度	地位	火力	知力	耐久力	勇気	技能
9.0	4.0	7.0	8.0	8.0	7.0	9.0	9.0

●黒き猛熊の毛皮をまとったグリズリー1は、ビーストウォーズの草創期に勇名を馳せた、生きた伝説とも言える英雄である。北極圏での作戦中に行方不明となっていた彼は、長きスティシス・ロックから目覚め、今まさに戦列へと復帰した！ 彼の生体組織は合成異常のため、極度の興奮と錯乱を誘発する毒素を分泌し、彼の凶暴さを著しく増大させるが、毒素とホルモンを受容するミュータントヘッドと、理性的なロボットヘッドを切り替える事で、彼は自身の内なる野獣を完璧にコントロールしている。彼はその破壊力を最も有効に発揮するため、ゲリラ戦や破壊活動、前線戦闘などに単身で投入される。胸部から強力なエナージョン・ボルトを発射し、左肩に装備したパワークローは敵のヘッド・モジュールを残酷にもぎり取る。敵の頭脳回路を混乱させるソニックピストルに変形するロボティック・バットのナイトシュリークとコンビを組むが、グリズリー1がバーサーク状態に入ると、我先に姿を消してしまう。優秀な指揮官としての素質を持っているが、その実力を発揮する機会に恵まれずにいる。

●「時には、狂気の行動が功を奏する事もある」

●ハイイログマに変形するマクシマル戦士。ポーラークローのリペイントで、コミック2パック付属のミニコミックなどに掲載された同トイの初期案を再現している。キャラ名はグリズリー1だが、登録商標の関係で、商品名は「バーベァリアン」で発売された。

DOUBLE PUNCH Function: PREDACON KILLER ELITE

ダブルパンチ ▶機能：殺人エリート

体力	速度	地位	火力	知力	耐久力	勇気	技能
8.0	7.0	6.0	8.0	7.0	6.0	9.0	9.0

●悪賢く冷笑的なダブルパンチは数多くの殺しのテクニックを身に付けた、暗殺と処刑のエキスパートである。ロボット、獣、人間のいかんにかかわらず、重要と思われる全てのものが彼の獲物となる。身体を透明化するステルス機能を使い、音もなく標的に近づき、すみやかに抹殺するが、本来は陽の光のもとで公然と敵を血祭りにあげる方を好んでいる。尻尾の針から敵の神経系を破壊する猛毒ネット・ポイズンを注入し、片腕からは二連信号追尾ミサイルを発射する。もう片方の腕から発射するスパイ・ドローンのビーラインは、遠隔操作で100キロメートル先の標的を襲撃するほか、索敵とデータキューブ搬送用にも用いるが、しばしば彼自身の暗殺の現場を記録するために使用する。普段から、彼のプレダコン内での地位を高めるために、対立し合う者のどちらとも手を組む。

●「暗殺こそ、世界の運命を最も劇的に変える」

●サソリに変形するプレダコンで、スコーポノックのリペイント。全身がクリアレッドで成形されている。G1期にヨーロッパで発売された"ACTION MASTER ELITE"というカテゴリーに、サソリに変形する同名キャラクターがいた。なお、同時に発売されたグリズリー1に関しては、元となったポーラークローのバイオカードには北極熊としての要素が一切無く、当初のグリズリー1時の設定がそのまま用いられていると思われる。

HASBRO. COLLECTORS.COM

ハズブロでは、日本のBWトイのインターネット販売も行っており、2000年からは新たな企画もスタートするという。そのラインナップを見てみよう。

ハズブロでは、'98年頃から、日本国内で販売されているBWトイのインターネット通販を行っている。これらは日本のパッケージに簡単なシールが貼られているだけで、キャラクター設定の翻訳等は一切無い。初期にオファーされていたタイガトロンは、チーターのリペイント商品ということで、そもそものアメリカ版の販売期間が短く、その後のTVでの人気によって早期に品薄となってしまったために選ばれたようだが、日本版はTVのイメージにより近いカラーリングとなっている点も考慮されたのかも知れない。その後「セカンド」や「ネオ」からのキャラクターもラインナップに加えられ、下の写真で2体一緒のものは対決セット版が販売されている。'00年からは「ネオ」の恐竜トイのリペイント版に、初期のT-REXメガトロンのリペイントを加えた「TRANSFORMERS DINOBOTS」という新シリーズが一般販売される。また、やはりハズブロ／ケナーからTFブランドで発売されていた、BWとも旧TFとも作品的な関連の無い実写番組とのタイアップによる変形トイシリーズ「ANIMORPHS」からの流用商品による「TRANSFORMERS MUTANT BEASTWARS」というシリーズも発売され、TVの「ビースト・マシーンズ」に準じた設定が与えられている。なお「DINOBOTS」のラインナップは、ガイルダートTriceradon、セイバーバックStriker、ハードヘッドDinotron、アルカディスAirraptorで、メガトロンのリペイントはT-Wrecksという名称である。

SHADOW PANTHER

TIGATRON

LIOCONVOY

GALVATRON

STAMPY

LONGRACK

MACH KICK vs. ARCHADIS

COHRADA vs. SABERBACK

MISCELLANIES

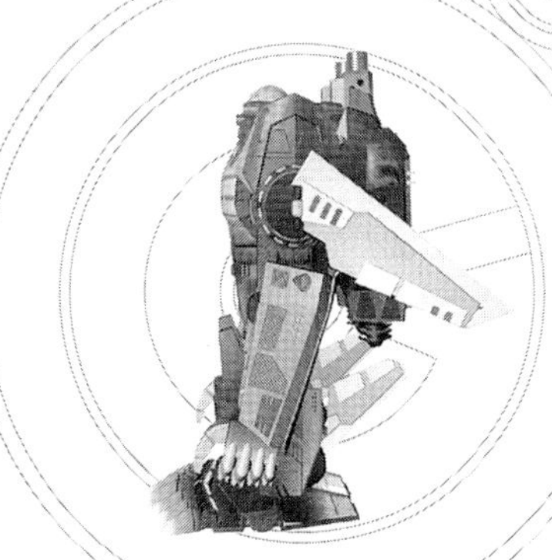
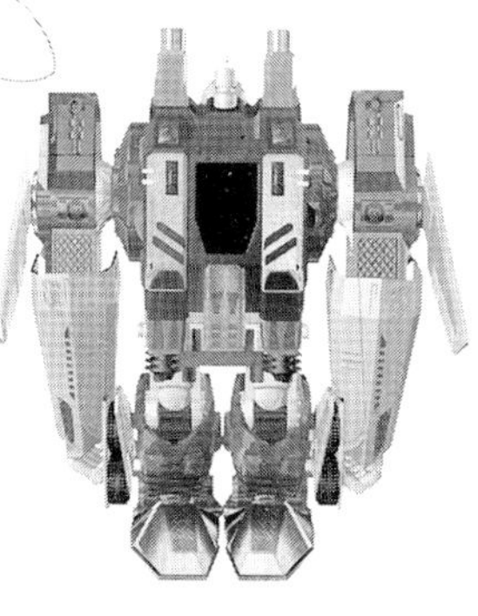
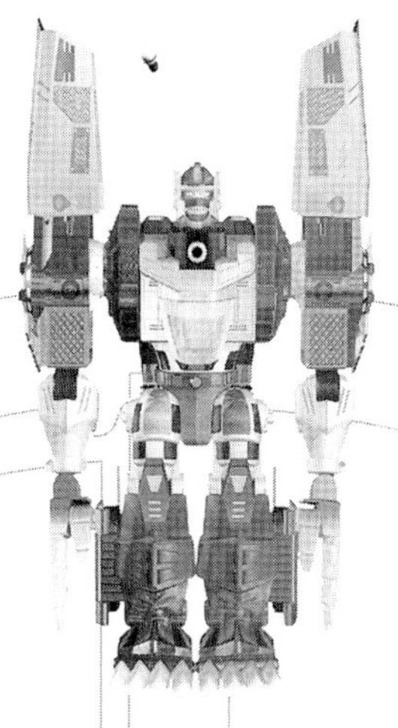
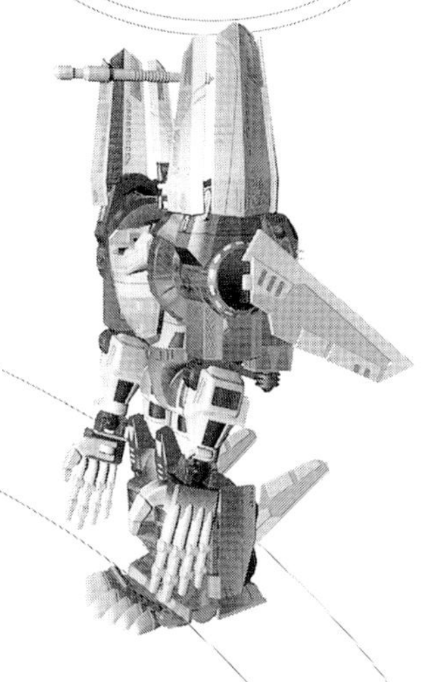

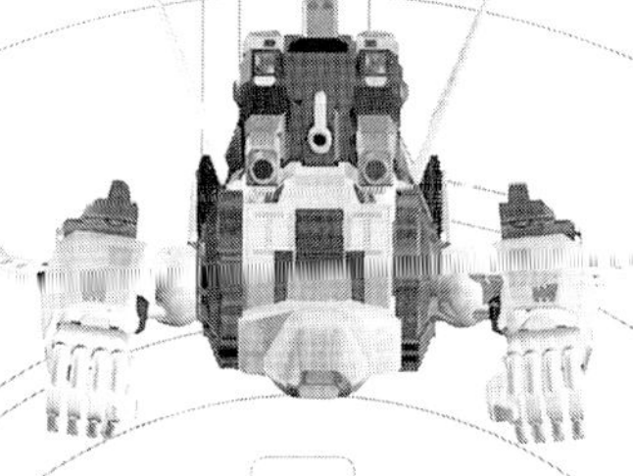

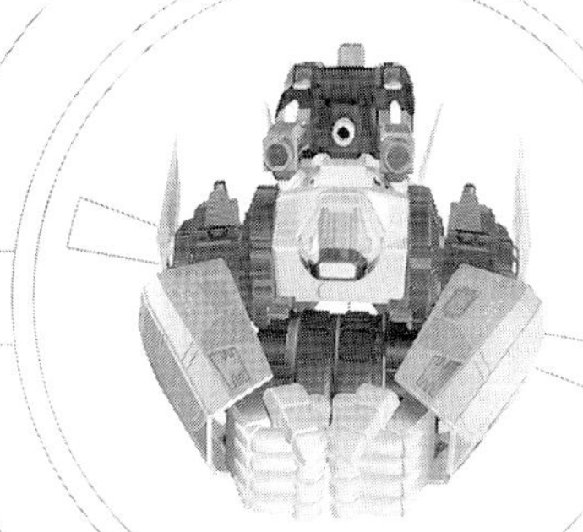
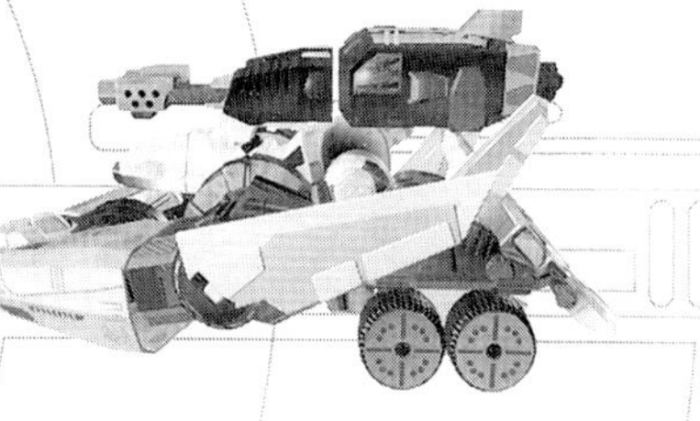

BEAST WARS TRANSFORMERS
EPISODE GUIDE

エピソードガイド

全52話が制作された『ビーストウォーズ』は、子供向け番組としての娯楽性と、ジュブナイルSFとしての骨太な構成が絶妙なバランスで調和させた意欲作だった。このコーナーでは、全52話のストーリーを振り返ると共に、それぞれのエピソードの見どころとなるポイントを解説。注意深く張られた伏線や、画面の裏に隠された製作者の意図などを取り上げた。より深き、『ビーストウォーズ』鑑賞の手引きにしていただければ幸いである。

『ビーストウォーズ』は、アメリカでの放送を前提に制作された番組だが、アメリカのTV番組の放送システムは、日本とは大きく異なる。ドラマやアニメの場合、日本では毎週新作が放送されるが、アメリカでは通常、半年の間、新作エピソードが放映され、残りの半年はその再放送が行われる。これはシーズン制と呼ばれる物で、13本または26本と、あらかじめ決められた本数を制作し、放映期間中の人気や評価によってシリーズの継続、終了が決定されるシステムになっている。シーズン制の番組は一般的に9月から放送が始まり、遅くとも翌年の5月頃までに新作を消化する。夏の間は再放送期間で、次の9月から追加の新作が開始される。BWの場合、CGI製作の特質上、十分な話数を揃える事が難しく、製作期間に余裕があったため26話分が用意できた第1シーズン以降は、1シーズンにつき13話に変更された。また年に4回、視聴率調査週間“スウィープ・ウィーク”というものがあり、各番組とも、この期間に合わせて、盛り上がる派手なエピソードをぶつけてくる。それに向けた期間調整の意味で、新作エピソードの間に再放送を挟む事が多く、BWでも、新作エピソードが2ヶ月も放映されない事もあった。毎週、新作が放送されるのが当然の日本では考えられないシステムだが、番組の制作に時間がかけられるという一面も否定できない。次に放映網についてだが、アメリカの場合、シンジケーションとネットワークの二つの形態がある。配給会社から各地方の独立放送局に売りに出されるのがシンジケーション番組で、ABCやNBCなど、全国に放送網を持つメジャー放送局が系列局に向けて発信するものをネットワーク番組という。BWは、アメリカの玩具会社ハズブロの主導で、カナダの制作、配給会社アライアンス・アトランティスとCGI製作会社メインフレームが番組を制作、ハズブロのTV配給部門クラスターTVによってシンジケーション番組として全国に配給された(カナダ国内では、YTBというTV局が『ビースティーズ(BEASTIES)』のタイトルで放映、製作国の強みか、大抵の場合アメリカより早い時期にオンエアされている)。シンジケーションでの放映が終了した1999年、全米第4のネットワーク局、FOX TVがBWの独占放送権を獲得。同局の子供向け時間帯「FOX KIDS」で、過激な表現の部分をカットした再編集版のデイリー放送を開始した。これは、ネットワークの方が暴力描写に敏感なためで、FOXに移っての新シリーズでは、タイトルから「戦争」を意味する“WARS”を削除し『ビーストマシーンズ』とした。これまでに子供番組で同様のケースといえば、メガヒット番組である『ポケモン』だけである事から、BWのシンジケーションからネットワークへの「昇格」がいかに異例の事態であるか、またその人気と評価の程がうかがえる。BWのプレスキットには、「キャラクター主体、アクション満載の娯楽作」と謳われている。その言葉通り、磨き上げられた個性と多彩な魅力に溢れる登場人物達が、時にユーモアを交えながら激しいアクションと優れたドラマを演じ、また土台となる世界観にも数多くの工夫が凝らされた、いうなれば至極真っ当なジュブナイルSF作品に仕上がっていた。BWは基本的には6歳から11歳までをターゲットにしているが、実際にはこれらの対象の上限である15から16歳までも視野に入れている。脚本家とアニメーターは、番組が単なるコマーシャルに見えてしまわないように、最大限の努力を払ったという。彼らはキャラクター達を個性豊かに作り上げ、オフ・ビートなユーモアのセンスを発揮し、番組に緩急の効いた様々な側面を与えた。BWの奥深いプロットは、平均的な子供番組のそれを越えており、これが、子供達の親も子供達と一緒に番組を楽しめ、家族全員をTVの前に引きつけた理由の一つだと言えるだろう。

#001 BEAST WARS-PART1

マクシマルズの至宝ゴールデンディスクを強奪したメガトロン一味を追ったオプティマス一行は、激しい砲撃戦の果て、謎の惑星に不時着する。あまりにも強力な惑星のエナージョンから身を守るため、両軍は惑星の生物の姿をスキャン。ここに長く激しいビーストウォーズが幕を開けた。

TFのビースト戦士への変身とその原因となった環境、対立の図式、各人の個性が簡潔に紹介される。この第1、2話はシリーズのパイロット版も兼ねており、そのためライノックスとスコーポノックの喋り口調などが後のエピソードとは若干異なっている。ラットラップの性格はガラの悪さが際立っており、オプティマスも初代に比べて若く発展途上のリーダーとして設定されたため、後にG1時代との関係がはっきりした時点で、初代とは完全に別人という扱いになった。また地球とゴールデンディスクに関する言及も既にあるが、「元々地球と接触のなかった種族が、いざ訪れてみれば…」という雰囲気が、この時点では強く感じられる。

#002 BEAST WARS-PART2

不時着した惑星が、約束の地、地球でないと知ったダイノボットは、メガトロンに造反。プレダコンズを離脱した彼は、オプティマス・プライマルからマクシマルズのリーダーの座を奪おうと一騎討ちを挑む。が、戦いの最中にプレダコンズが乱入。さらにエナージョンの鉱脈が発見され…。

マクシマルズに元プレダコンのダイノボットが加入。その前段階でオプティマスに挑戦する際、マクシマルとなる事で腹をくくった証に、アクティベーション・コードを「テラライズ」から「マクシマイズ」に変更していた。凶暴だが誇り高く生真面目であるという彼の独特なキャラクターが、味方として迎えるにあたっての説得材料となっている。この相反する信義の持ち主を身近に加える事で「マクシマルの流儀」をより伝えやすくするという、キャラクターの布陣が絶妙である。以後の伏線となる謎の巨石建造物が登場、惑星の謎が示される。クライマックスはタイトル通り、ビーストモードによる猛獣同士の決戦に。

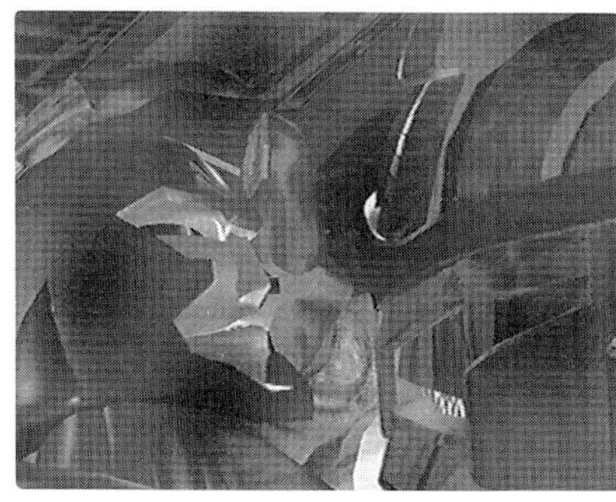

#003 THE WEB

新型無線機のテストに出たチーターは、オプティマスの命令を無視したあげく、プレダコンズに重傷を負わされる。汚名返上とばかりに、単独で敵基地に攻撃を仕掛けた彼だったが、タランチュラスの攻撃を受け、虜となってしまう。絶対絶命のチーターに最期の時が迫る。

「チーターの幻視」が初登場。過去と未来が交錯する映像の中、タランチュラスが尋常でないキャラクターである事が暗示され、実際にチーターのメック・フルード（機械液）を生きたまま吸い尽くそうとするなど、その猟奇的な本領を発揮する。またラットラップが、無茶をする若者に渋々手を貸す、面倒見のいい兄貴分のような一面を見せる。ラストシーンのやり取りは、しおらしい台詞も浪花節も用いる事なく、ラットラップとチーターのいい関係をじんわりと感じさせる、繊細な描写になっていた。"エナジー・シグネチャー"の設定が登場し、マクシマルとプレダコンが異なるエネルギー特性を持つ事が判明した。

#004 EQUAL MEASURES

嵐の中、探知装置の設置を行っていたチーターは、突然、プレダコンズの基地へと転送されてしまう。落雷の影響で探知装置が転送機能を持った事に気づいたダイノボットは、プレダコンズ基地への時限爆弾の転送を提案するが、両基地の地下にはエナージョンの鉱脈が走っていた。

再びチーターの活躍編。子供扱いされる事に不満を抱くチーターは、実力を認めさせたいがために無茶をするが、今回はそれがマクシマルズを救う結果となる。テラソーと手を組むふりをして転送器の秘密を知ったダイノボットは「自分はチームプレイヤーではない」と言って彼を叩き出す（この時の水洗トイレの効果音が愉快）。またチーターの生死などお構いなしに爆弾を送りつけるなど、ダイノボットが善悪の基準ではなく、あくまで自己の冷徹な信念に基づいて行動している様が描かれている。プレダコン基地ダクト内の追跡劇で、スコーポノックが発射したトリッキーなミサイルは、脚本段階ではサイバービーの予定だった。

#005 CHAIN OF COMMAND

スタンディング・ストーンで激突するマクシマルズとプレダコンズ。と、突如、遺跡がエイリアン・プローブを呼び寄せ、オプティマスがプローブに飲み込まれてしまった。司令官を失ったマクシマルズにプレダコンズの魔手が迫る。プローブの目的とは何か？　オプティマスの運命は？

エイリアン建造物と最初の接触。彼らの介入が始まる。オプティマスの不在の折、ダイノボットと争ったラットラップが行きがかり上リーダー候補に。マクシマルズの秘密投票のシーンでは同点決勝となった所で（ダイノボットに投票したのはチーターのようである）オプティマスは指揮権の引き継ぎを平和的にすませるためと称し、ラットラップを指名する。キャラクター設定にもある通り、彼が平素からラットラップを高く買っていた事がわかる。この回は特異な状況下に置く事で各人の個性をより浮き立たせる手法が取られている。オプティマスを救出するためライノックスが急造した装置は、結局のところ効果がなかった。

#006 POWER SURGE

エナージョンの作用で空中に浮かぶ山脈を発見したテラソーは、大量のエナージョン・エネルギーを吸収し、驚異的なパワーを身につける。メガトロンを一蹴した彼は、プレダコンズのリーダーを宣言するが、オプティマスとラットラップは浮遊山脈の爆破に向かっていた。

力を手にしたテラソーの反逆、その秘密を暴こうとするタランチュラス、指揮権を主張しながら決断力のないスコーポノックの無能ぶりと、プレダコンズの実態が良く表わされた一編。テラソーのパワーアップを印象づける効果として、携帯武器が大型化。両肩のキャノン砲は初お目見えだが、以後の使用時は小さめにモデリングされている。TFの自己防衛機能"ステイシス・ロック"の用語が初登場、エナージョン値の増大に対し、オンボード・コンピュータが「ステイシス・ロック急迫」と警告を発する。最後のメガトロンの台詞 --Well,look Who's back!（誰が戻って来たのか）"も、実に洒落ている。

#007 FALLEN COMRADES

不時着の際、衛星軌道に放出したステイシス・ポッドの内、一基が地上に落下した。新たな戦力を求め、ポッドの落下地点に急ぐ両軍だったが、ポッドの中のプロトフォームは既に活動を開始していた。タイガトロンを名乗る新戦士は、マクシマルズの味方なのか、敵なのか？

新戦士タイガトロンの登場と共に、ステイシス・ポッドの機能が紹介され、"プロトフォーム"の設定が登場する（この時点では"プロトフォーム・ロボット"とも呼ばれており、後に描かれる"誕生以前のTF"というよりは、オプティマス達と同じく既に完成体で、単に冬眠中の人物であるかのようにイメージしていたフシがある。これは15話以降、完全に"誕生以前"の物として統一された）。また"コア・コンシャスネス（中枢意識）"の概念が登場、修復中でオフライン状態のオプティマスに、ダイノボットは彼のコンシャスネスを起動して助言を乞う。「幽体離脱」をSF的に表現したかのような、興味深い演出である。

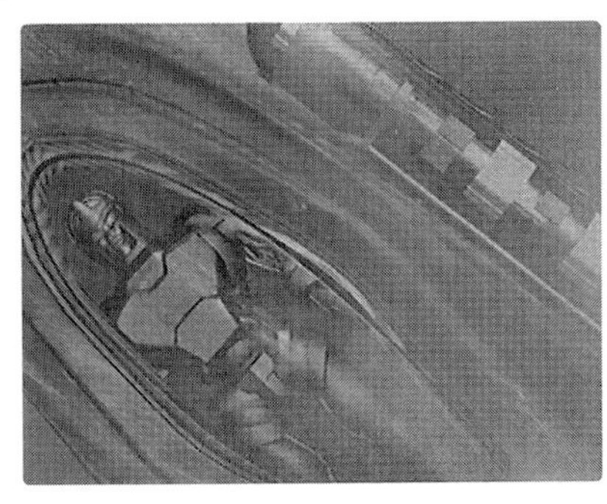

#008 DOUBLE JEOPARDY

再びステイシス・ポッドが落下。マクシマルズは全力で回収に向かったが、プレダコンズに先を越されてしまう。内部情報が漏れていると考えたオプティマスは、ラットラップに単独任務を指示。任務遂行中、プレダコンズの捕虜となった彼は、果たして裏切りを宣言するが。

ブラックアラクニア初登場、だが今回は顔見せ程度の活躍(それでもチーターを一蹴している)。テラソーが再び実権を握るが、メガトロンは直接力を振るわず、テラソーの指揮が破綻をきたす様を他の部下達に見せつけ、その上で自己の支配力を固めるという、反逆行為をも利用するしたたかさを発揮。ラットラップの潜入捜査が存分に描かれる。「敵を欺くにはまず味方から」のパターンとはいえ、オプティマスが最初から彼の事を、露ほども疑っていなかった所が心憎い。作戦中にオプティマスを撃ち落とした事の釈明に「これでも外そうと努力したんだぜ」とふてぶてしく言うラットラップがいかにも洒脱。原題は直訳すると「二重の危険」だが、本来は「二重告発」という意味の法律用語である。

#009 THE PROBE

メガトロン一味を追って消息を断ったオプティマス部隊を探すべく、マクシマルズ司令部は探査プローブを放った。トランスワープの航跡を辿るプローブ。プローブの接近を探知したライノックスは、救助信号を送信しようとするが、それを黙って見ているプレダコンズではなかった。

(現実の)惑星サイバートロンが初登場、アクサロンの船名が明らかに。実はスクリプト上では、この時点で既にこの惑星が「地球」である事が明記されている(プローブの通過する他の惑星もそれぞれ「土星」「冥王星」と書かれている)。ダイノボットがサイバートロンについて「お前達には故郷でも、俺には違う」と語る場面、プレダコン同盟に反逆した身である彼は、救援が来れば後には恐るべき運命が待ち受けている。「誰にも手出しはさせない、君はマクシマルの一員として扱われるはずだ」と言うオプティマスに、彼は「何ゆえに、俺がそう望んでいると思うのだ?」と返す。誇り高い戦士の悲愴感、心理描写が絶品である。

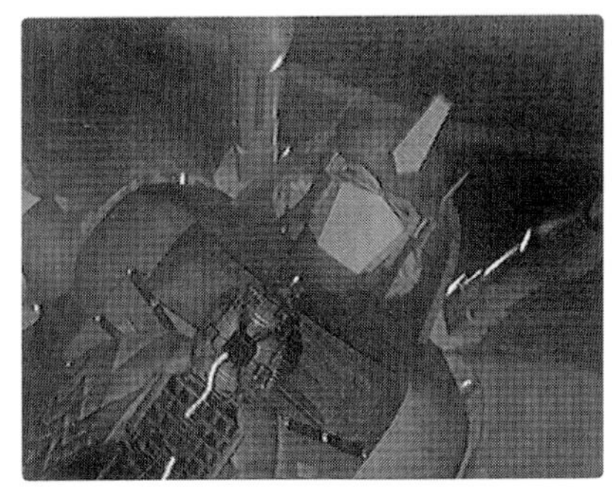

#010 GORILLA WARFARE

スコーポノックが、オプティマスの性格を臆病な悲観論者に変えるウイルスを発明。さっそくオプティマスをウイルスに感染させるが、なぜか彼は凶暴で好戦的な性格になってしまう。一計を案じたマクシマルズは、オプティマスをプレダコンズの基地に突入させるが。

スコーポノックの武器サイバービーが登場、だが肝心のウィルスは当初の目論見とは全く逆に働くなど詰めの甘さが露呈、ダイノボットに「悪名高き役立たず」と酷評された。ウィルスに苦しむオプティマスを励ますチーターの姿に、憧れの英雄の痛ましい姿を見るに忍びない彼の心情がよく表わされている。また自然に学ぶマクシマルズの探検家としての側面、オプティマスの恐怖映画さながらの暴れっぷり、冒頭とラストでのダイノボットの態度の変化と、多くの要素がすっきりと無駄なく構成された良作である。"スパーク"の存在が、台詞上で始めて言及された。ちなみに、原題の「ゴリラ戦法」は「ゲリラ戦法」に掛けた物。

#011 A BETTER MOUSETRAP

ライノックスが発明した新型の基地防衛システム、センティネルが未完成のまま暴走を始めた。暴走のきっかけを作ってしまったラットラップは、一人基地に残り、システムを停止させるべく奮闘するが、その一方ではプレダコンズのマクシマルズ基地爆破計画が進められていた。

実力者としてのラットラップの、プロフェッショナルな手腕が遺憾なく発揮されたエピソード。またマクシマル基地攻略を企むブラックアラクニアと、それを阻止するタイガトロンの活躍が、本編と殆ど関連しないサブプロットとして同時進行する。原題の"A BETTER MOUSETRAP"とは、センティネルの事を指すが、ことわざの「よりよい鼠捕りを一つ作れば、世界が君の戸口に押し寄せる(先進的な着想が成功の秘訣、の意)」から。アメリカ放映バージョンでは、なぜかタイトルとスタッフクレジットが表示されなかったため、少しの間、ファンには謎のエピソードだった。

#012 VICTORY

プレダコンズが仲間割れを起こしたあげく、基地の爆発で全滅した。ビーストウォーズが終結したと考えたマクシマルズは、プレダコンズ基地から回収した部品で宇宙船アクサロンを修理。サイバートロン星への帰還を目指すが、全てはメガトロンが仕組んだ芝居だったのである。

破壊されたプレダコン基地内でダイノボットがかつての同胞の死を悼むシーンに、『ハムレット』からの引用が初登場。以後も度々使用される。実は生きていたプレダコンズに追われるダイノボット、その救援に向かうオプティマスとチーターの下りからラストまでの展開が非常にドラマティック。浮上するアクサロンのグラフィック、転落するオプティマスの無言のショット、ダイノボットを責めずに「オプティマスの犠牲を無にするな」と一喝するラットラップの意外な側面など、見所多し。素手の格闘でメガトロンを撃退するライノックスの強さも披露され、次回への引きに。

#013 DARK DESIGNS

マクシマルズを影で支える実力者ライノックスを拉致したメガトロンは、再プログラミング処置を施し、彼をプレダコンズの戦列に加えてしまう。が、プレダコンとなったライノックスは桁外れの狡猾さを発揮。次々と仲間を血祭りに上げていく。そして、ついにメガトロンとの対決の時が。

ライノックスの潜在力が炸裂する一編。オプティマスの弁によると、本人がその気になりさえすればライノックスは、"プライム・リーダー"になれるほどの器であるという。プレダコン化されたライノックス(この際、彼の声色と体色が変わっている)の状況を知ったオプティマスの落ち着きぶりも、相手を知りつくした、彼らの付き合いの長さを示唆している。ブラックアラクニアの口から"グレートウォー"が、300年前の出来事であると、具体的に語られる。オプティマスとメガトロンの対決シーンで、オプティマスの剣でぶった斬られたメガトロンの腕の断面には、「歯車」がぎっしり詰まっていた。

#014 DOUBLE DINOBOT

ダイノボットのクローンを造りだしたメガトロンは、ダイノボット本人を監禁。マクシマルズ基地を奪うべく、クローンを潜入させる。が、自力で脱出を果たしたダイノボットは基地に急行。ここにダイノボットとクローンの奇妙な一騎討ちが始まった。果たしてその勝者は？

二人のダイノボットが出会う鏡像演技のシンクロ具合は、CGIならではの効果。クローンに変形能力がない事を知るや、下等な敵では話にならぬとビーストモードでの対等な戦いに及ぶダイノボット、それに対しクローンは「幸い俺は、貴様のばかげた名誉の感覚など持ち合わせていない！」と襲いかかる。メガトロンとダイノボットの一騎討ちの場面では、排気煙を発しながら放たれるダイノボットのサイバトロニック・ビームの演出が圧巻である。あえなく食べられてしまったダイノボット・クローン。なんと後のエピソード(31話、35話など)では、彼の生皮がダイノボットの個室に飾られている。

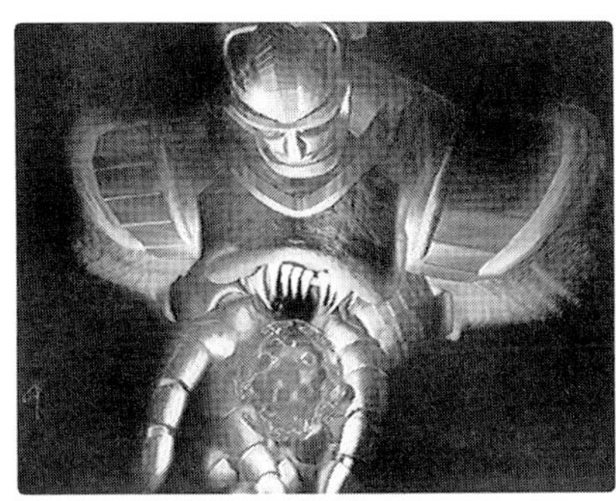

#015 THE SPARK

新たなポッドが地上に落下した。駆けつけたライノックスとチーターだったが、ポッドの損傷が激しく、中のプロトフォームの命は風前の灯だった。やむなく、チーターのチップを代用して延命処置を施したライノックスだったが、そこにプレダコンズが攻撃を仕掛けて来た。

マクシマルの女性戦士エアレイザーが誕生。TFの誕生プロセスが本格的に描写される。「チーターの幻視」が再び登場、TFの生命観が示される。ここに現れるライノックスの幻が、スパークの実態について語る台詞は以下の通り:「スパークの目覚めるところ、大いなる喜びあり。一つが消える時、宇宙は悲しみにくれる」この場面はTFの深層心理下の繋がりを意味し、ライノックスがチーターの見た夢を共有していた訳ではない(エアレイザーが彼の名を知っていたのもこの暗示)。にも拘わらず、女性戦士の加入に、つい先の台詞を口にするライノックス、それに思わずニヤリとするチーター、というオチが小気味いい。

#016 THE TRIGGER-PART1

戦闘中にタイガトロンが遭遇した怪しい雲には、エイリアンが造った空飛ぶ島が隠されていた。空飛ぶ島の美しく平穏な光景に魅せられたタイガトロンは、この自然を守ろうと心に決めるが、プレダコンズもまた飛行島を我が物にせんと行動を開始していたのである。

マクシマルズに巨大なスケールの危険が訪れる。空飛ぶ島はスクリプト上では"ブリガドゥーン"と称されている(ブリガドゥーンとはイギリスの戯曲のタイトルで、何年かに一度姿を現わす幻の町の名)。エイリアン建造物の持つ破壊的なパワーが明らかになる。また惑星の「第2の月」が空洞状の人工物である事が判明、第25話へのヒントになっている。タイガトロンとエアレイザーが初共演、傷ついたエアレイザーを介抱するタイガトロンの台詞から、自己修復にはビーストモードの方が有効である事が示される。[illegible]が遠距離誘導視覚器として機能し、またタイガトロンによって「伝書蜂」に改造される。

#017 THE TRIGGER-PART2

スコーポノックと共に飛行島に潜入したブラックアラクニアは、罠をかいくぐり飛行島のコントロールタワーを占拠。エイリアンの強力な兵器を手に入れた彼女は、マクシマルズを撃滅し、プレダコンズの支配権を握るべく、マクシマル基地へと進撃を開始するが。

ブリガドゥーンのパワーを手に入れたブラックアラクニアの様子は、スクリプトでは「深く、神の如き声で」と但し書きがされている(絵的には、身体がブラック、シルバー、パープルの三色に変化した)。マクシマル基地に迫るブリガドゥーンの様子についても、『インディペンデンス・デイ』の巨大宇宙船のように」と記述されており、またこの時オプティマスに脱出を促されたライノックスが、鉢植えを抱える場面がある(園芸が趣味の設定通り)。マクシマルズの危機は、この島を最も愛するタイガトロンが手を下す事によって回避され(ほのかに失楽園テーマを感じさせる)、天空の楽園はエイリアン到来の予感のみを残し、露と消える。

#018 SPIDER'S GAME

またもステイシス・ポッドが落下。が、駆けつけたタランチュラスの目的はプロトフォームではなく、ポッドそのものだった。タランチュラスの妨害によりDNAスキャニングに失敗したプロトフォームは、アリの記憶しかないインファーノとして復活。見境のない攻撃を開始する。

タランチュラスの独断専行が表面化。ポッドを手に入れるため、電磁パルスによって敵味方双方の電子機器をシャットダウンさせるなど、大胆な手段に打って出る。タイトルにもあるように、タランチュラスとブラックアラクニアの駆け引きが静かに繰り広げられる。新戦士インファーノが誕生、蟻の本能にロジック回路が支配されているキャラクター設定に、工夫が凝らされている。当初は敵も味方もなかった彼も、タイガトロンがポッドを破壊して以来、「貴様と貴様の眷属を、全て滅ぼしてくれる！」と、マクシマルズへの復讐を宣言した。またタイガトロンとエアレイザーの関係が、ロマンティックな色合いを帯び始める。

#019 CALL OF THE WILD

プレダコンズの攻撃により、マクシマル基地のエナージョン防護装置が奪われた。常にビーストモードでいる事を強いられたマクシマルズの面々は、やがて野性の本能に目覚めジャングルへと消えて行った。残されたタイガトロンとエアレイザーに、仲間を救う事ができるのか？

BWの「野生動物とロボットの融合」という、独特なアイディアを最も巧みにストーリー化した秀逸なエピソード。メガトロンは今回の作戦を立案するにあたって、長期に渡るマクシマル・プログラミングの解析を行っていたと述べている。この敵攻略に努力を惜しまぬ姿勢もまた、彼の大きな魅力である。エアレイザーが、キャラクター設定にもある短距離超音速飛行を実践、華麗にしてパワフルなソニックウェーブ攻撃を披露する。惑星上で生まれたタイガトロンとエアレイザーの2人が、マクシマルズのオリジナルメンバーと異なり、野生と調和の取れた精神を持っている点が危機を脱する決め手となる所など、描き分けが秀逸。

#020 DARK VOYAGE

戦闘中にエナージョンの爆発に巻き込まれたライノックス、チーター、ラットラップ、ダイノボットら4名は知覚回路を損傷。視力を失った彼らは、野獣の感覚だけを頼りに基地を目指すが、ジャングルには様々な脅威が待ち受けていた。果たして4名は無事に生還する事ができるのか？

ビーストモードの有効性とロボットならではの特質が発揮される一編。またライノックスのリーダーシップや哲学性なども表現されている。瞑想のような手段で敵を感知するライノックス、その指示により、仲間達の心の中に表示させたメンタル・ターゲッティング・グリッドを介して敵を倒すという、工夫の凝らされたクライマックスが見物。大蛇に締め上げられたチーターが息を詰まらせる場面については、彼らのビーストモードが通常の有機組織同様に呼吸を必要とするものと説明されている。マクシマル達が、実際に"ステイシス・ロック"状態に入るシーンが初めて描かれた（見た目には単なる卒倒と変わりないが）。

#021 POSSESSION

ビーストウォーズ・プラネットに漂着したスパークは、古のディセプティコン航空司令官スタースクリームの物だった。ワスピネーターの身体を乗っ取ったスタースクリームは、巧みな作戦でマクシマルズを降伏させてしまう。が、彼の真の目的は、プレダコンズの支配だった。

旧アニメシリーズの名物キャラクター、スタースクリームの登場と共に、G1の歴史要素である「ユニクロン」「ガルバトロン」の名が語られる。また、マクシマルズの最高理事会"マクシマル・エルダーズ"の存在に初めて触れられた。オリジナル・スタースクリーム役の声優クリス・ラッタは既に故人になっていたため、テラソー役のダグ・パーカーが代役を演じている。オプティマスが敗北したスタースクリームに別れを告げるシーン、ここで「アスタ・ラ・ヴィスタ、スタースクリーム！」という台詞の後、彼のヘルメットから黒いサングラスが下りてくるのは『ターミネーター2』のパロディ。

#022 THE LOW ROAD

仲違いをするラットラップとダイノボットを止めに入ったライノックスは、そのせいでタランチュラスの造ったエネルギー放出ウイルスに感染してしまう。責任を感じたラットラップとダイノボットはワクチンを求め、タランチュラスの巣窟を目指すが、そこにはプレダコンズが待ち構えていた。

全編スラップスティック調に演出されたエピソード。強烈なオチが話題となったが、本話の主軸はラットラップとダイノボットのバディ・ムービー的珍道中にあり、絶え間なく罵り合いながら意外に息の合った二人の連携が描かれている。またオチである"大暴発"へ向けての段取りも、実に筋道の通った無理のない展開になっているのが流石である（ビーストモードに、摂取食物をエネルギー変換する機能がある事も説明されている）。原題の"THE LOW ROAD"は、「目的を達するための、あまり感心できない早道」という意味。地下を潜行するラットラップとダイノボットの道中を意味し、またラストの「低俗な方法」にも掛けている。

#023 LAW OF THE JUNGLE

タイガトロンの親友スノーストーカーが、マクシマルズとプレダコンズの戦闘に巻き込まれ死亡した。悲嘆にくれるタイガトロンは、これ以上、無益な争いはしたくないとマクシマルズを離脱してしまう。だが、オプティマスの絶対の危機に、タイガトロンは再び銃を取った！

この回で重要なのは、プレダコンとマクシマルの戦いに対する考え方の違いである。プレダコンが征服し、奪い、滅ぼすために戦うのに対し、マクシマルは守るために戦う、と両者の志向ははっきりと異なっている。タイガトロンが最終的に選んだのは、ダイノボットの唱える弱肉強食(すなわちプレダコンの論理)ではなく、あくまで守護者としてのマクシマルの道であった。本話は、タイガトロンがこの惑星の自然に属する者としての立場から、真の意味でのマクシマルとなった瞬間を描いている。この回ではまた、ダイノボットの口から"グレートウォー"が、数百万年前に端を発するものだと語られる。

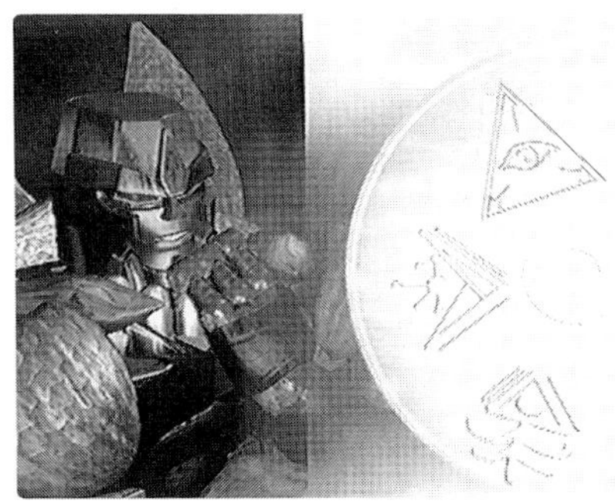

#024 BEFORE THE STORM

インファーノがオベリスクから回収してきたエイリアン・ディスクを解読したメガトロンは、エイリアンの到来に対処すべく、オプティマスに停戦を申し出る。タイガトロンの内偵により、メガトロンの言葉が事実だと知ったオプティマスは、その申し出を受け入れるが…。

エイリアンの本格到来の前段階となるエピソード。エイリアン・ディスクと共に、以後の展開で重要なプロット・デバイスとなる"トランスワープ・セル"が初登場。メガトロンの裏をかいたタイガトロンの潜入作戦と、VRイメージのハッキングシーン、停戦中の両陣営によるカートゥーンさながらのユーモラスな戦いなど見所多し。メガトロンが自分の"ダイノヘッド"を、007などで悪の首領がペットの猫を撫でるように愛でる、珍しい場面がある。また、彼の個室には「スタースクリームの頭」と「初代メガトロンのフュージョン・キャノン」が陳列されている(サイズ的にレプリカと思われるが)。

#025 OTHER VOICES-PART1

メガトロンの言葉通り、再び現れたエイリアンが築いたバイオドームにエアレイザーが捕らわれてしまった。救出に向かったオプティマスにエイリアンは、彼らトランスフォーマーが実験の妨害をしたため、この惑星ごと彼らを破壊すると一方的に告げるのだった。

遂に謎のエイリアンが到来。異質な言語による多数の囁き声として表現される。捕らえたエアレイザーを解析中、ビーストモードに変形した彼女を見て「サイバートロン！」と気づくシーンが印象的。エイリアンの使者として"ユニクロン"の巨大な顔が出現、だがこれは以前に調べた事のあるオプティマスの記憶から抽出したイメージ映像であった。惑星のエナージョンがエイリアンによって埋設されたものである事は前回に明かされたが、ここで更に、彼らがエナージョン自体を生み出せる事が判明。全編を通じ、エイリアンに対抗するためのメガトロンの手回しが丹念に描かれているが、実際を明らかにしないまま次回に続く。

#026 OTHER VOICES-PART2

二つあった月の一つは、エイリアンの惑星破壊装置だった。オプティマスは、ステイシス・ポッドのトランスワープ・エンジンを暴走させ、惑星破壊装置を爆破する事を計画するが、そのポッドにはメガトロンの罠が潜んでいた。オプティマス決死の作戦は成功するのか？

第1シーズンの最終話である本編は、次回に気を持たせるクリフハンガー形式のエンディング。メガトロンの罠により、オプティマスが爆死に追い込まれるという、衝撃のラストだ。その際のメガトロンの台詞で「貴様ら"オプティマス達"は、よほど自己犠牲がお好きと見える」と、後に登場する初代オプティマス・プライムの存在について示唆している。エイリアン・マシーン爆発直後のシーンでは、木っ端微塵になって宇宙にばら撒かれたポッドの破片と共に、オプティマスの胸部プレートと苦悶に歪む生首が一瞬画面に写る。ビデオをコマ送りにして、確認されたし。

#027 AFTERMATH

オプティマスの捨て身の攻撃により惑星破壊兵器は葬られたが、オプティマスの姿はどこにもなかった。さらに、惑星破壊兵器の爆発によって生じたクォンタム・サージによって、両軍の一部はトランスメタルへと進化。ビーストウォーズは新たな局面を迎えつつあった。

トランスメタルズ登場編。第2シーズン開幕から、いきなり新形態が登場、その機能を存分にアピールする(ただし単純なパワーアップには終わらせず、突発的な変異に戸惑い、もて余す様子も描かれている)。その代わりに、スコーポノックとテラソーが当話限りで姿を消す。脚本家によると「ビースト戦士達は、ゆくゆくトランスメタルの身体に大いなる危険を見い出す」と、あらかじめ構想していたというが、それらしき描写は僅かに第33話で見い出せるくらいである。フューザーの誕生を予告する場面では、多くのステイシス・ポッドが地上に落下し、そこに収納されていたプロトフォームが多数失われた様子が描かれている。

#028 COMING OF FUZORS-PART1

クォンタム・サージの影響で落下したステイシス・ポッドから、異形の戦士フューザーが誕生した。シルバーボルトとクイックストライクの2名のフューザーを仲間にしたメガトロンは、マクシマル基地に一斉攻撃を仕掛ける。一方、基地ではライノックスが危険な賭けに出ていた。

メガトロンは、フューザー達のセキュリティ回路が断線している内にアクティベーション・コードを書き換え、"テラライズ"の音声コマンドによって変形する事を証拠に、彼らはプレダコンであると信じ込ませる。起動コードの設定が巧みに利用されたプロット展開だ。中盤の「ダイノボットの独白」のシーンは、ハムレットの有名な一節を下敷きに、未来と運命の問題を述べている("To be or not to be ~"を「成るや、成らざるや」という意味で用いている)。彼にとってはディスクに刻まれた未来が不動であれ、書き換えが可能であれ、彼自身から運命の選択権を奪う物として脅威を感じたのである。

#029 COMING OF FUZORS-PART2

必死の抗戦を続けるマクシマルズ。だが、戦力の差は如何ともしがたく、ついに全滅の危機を迎える。その時、ライノックスの捨て身の作戦で復活したオプティマスが登場、プレダコンズを一掃した。オプティマスの復活、新戦力シルバーボルトの加入に、マクシマルズの士気は高まるのだった。

オプティマス・プライマルがトランスメタルとなって再登場、意表をつく(そしてやや難解な)方法で復活を果たす(早い話が、幽体離脱したライノックスが天国から魂を取り返して、新しい身体に移したという事)。その直前、マクシマル達の陽動から基地内でのライノックスの計画を即座に理解した、メガトロンの洞察の鋭さも光っている。脚本ではオプティマスのスパークを追ってトランスワープ空間に突入したライノックスが"メイトリクス・ディメンジョン"に肉迫する描写がある。その光景も細かく説明されていたが、恐らくは「ある事情」のためか、その一連の場面は全面的にカットされた。用語集も参照されたし。

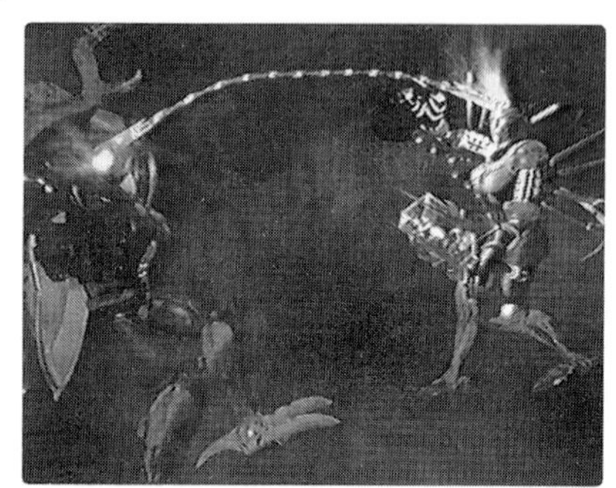

#030 TANGLED WEB

エナージョン補給基地の建設を命じられたタランチュラスは、基地建設予定地点の洞窟を自らの新たな巣窟にする事を画策。わざとマクシマルズとの戦闘を引き起こした彼は、戦闘によって洞窟が破壊されたように装うと、密かに巣窟の建設に取りかかるのだった。

プレダコンズ中心の視点で、タランチュラスの策謀が描かれている。第26話以来、サイキック・リンクによって彼の支配下に置かれていたブラックアラクニアは、精神の自由を取り戻すためタランチュラスに対し命懸けの精神戦を挑む。この時、エナージョン・キューブの暴走によるエネルギーサージはタランチュラスの身体に害を及ぼしておらず、リンクによってブラックアラクニアの苦痛が流入する形になっていた(トランスメタルが以前より高いエナージョン耐性を持つ事を示している)。また彼女とシルバーボルトの最初の出合いの回でもある(スクリプト上では両者ともほぼ一目惚れ状態だったようである)。

#031 MAXIMAL, NO MORE

ビーストウォーズはメガトロンの勝利に終わると考えたダイノボットは、プレダコンズへの復帰を嘆願。忠誠の証として、プレダコンズ基地から盗み出したゴールデンディスクをメガトロンに渡してしまう。そして、彼を止めに現れたラットラップの処刑を命じられたダイノボットは…。

ダイノボットの「運命の選択」を巡る苦闘のエピソード。ダイノボットの人生の目的である「戦いと勝利」への執着が、彼に再びプレダコンとなる事を選択させる(ダイノボットのキャラクター設定にある要素が最後の一滴まで使い切られている所に注目)。その際、再び起動コードの変更手続きが行われる。タランチュラスの言葉通り、この変更には儀礼的な意味しかないようだが、忠誠心に(ロボットらしい)システマティックな色合いを帯びさせており興味深い。結果的に彼は、メガトロンの「野心ゆえの狂気」が全てを滅ぼすと悟り、プレダコンズと完全に決別する。彼を許したラットラップの言葉(「こいつの醜態にゃ、もう慣れたぜ」)も、さりげなく感動的。

#032 OTHER VISITS-PART1

落下したステイシス・ポッドの調査に出ていたタイガトロンとエアレイザーが、エイリアンに拉致される事件が起きた。現場のエイリアン・ガーデンに集結する両軍だったが、その時、宇宙からの信号を受けたエイリアン・ガーデンが、巨大なメタルハンター・ベースへと変身を始めた!

タイガトロンとエアレイザーの熱愛が発覚。だが今回をもって一時退場となる。この拉致のシーン、脚本では、二人はエイリアン・ガーデンでもう一つの"ブランク・プロトフォーム"を発見し、そのポッドと共に転送される、という描写になっていた。本編ではカットされたが、当初どのような構想であったのか非常に興味深い。プレダコンズによるエイリアンディスク奪取の場面では、腕を引きちぎられたライノックスの骨格が露出するショッキングな描写がある。タランチュラスがメガトロン指揮下からの離脱を宣言、だがエイリアン対策に協力する彼の動機が憎しみである事を知ったメガトロンは「憎悪こそ、唯一信頼できる感情だ」とうそぶいた。

#053 OTHER VISITS-PART2

エイリアン・ディスクを使ってメタルハンター・ベースを制御下に置いたメガトロンは、ベースをトランスワープさせ、サイバートロン星を襲撃しようと計画。その準備を進めるが、タランチュラスの手引きによって急行したマクシマルズに阻まれ、エイリアンの到来も阻止されるのだった。

エイリアン・ストーリーの後編。第2シーズンでは、この連作が唯一のエイリアン編である。トランスメタルとフューザーが、エイリアンと同質の身体構造となっていた事が判明、彼らに対するアドバンテージとなる。メタルハンター・ベースを手にし、オプティマスを捕らえたメガトロンは「貴様と、この兵器を勝利の手土産とすれば、プレダコン同盟も"サイバートロンの征服"こそが真の道だと知るだろう」と言い放つ。メガトロンのプレダコン組織内における立場をよく表わした台詞である。他にもタランチュラスの言葉から、プレダコンズがエイリアン技術の応用により、スキャナー精度を向上させていた事がわかる。

#054 BAD SPARK

チーターが巨大なステイシス・ポッドを発見。それは、マクシマルズの極秘実験によって誕生したプロトフォームXを遺棄するためのポッドだった。不死身のスパークを持つプロトフォームXは、オプティマスらと戦ったあげく、プレダコンズに加わりランページと名付けられるのだった。

ランページには凶暴さと知性を合わせ持つ、原作版フランケンシュタインの怪物のような性格付けがなされているが、スクリプト初稿の段階では自分を「われわれ」と言い、神を自称するなど狂気の度合いが強く描かれていた(名前もこの時点では"キングクラブ"となっている)。ブラックアラクニアとシルバーボルトの共同行が描かれ、二人の関係が発展するきっかけとなる。また中盤にダイノボットが基地のコンピュータに何かをアップロードする場面があるが、それが明かされるエピソード"Dark Glass"がキャンセルされてしまったため、この伏線は生かされなかった。

#055 CODE OF HERO

メガトロンは、プレダコンズの祖先であるディセプティコンズ敗北に加担した人類の誕生を阻止するため、人類の祖先である原人を襲撃する。メガトロンにゴールデンディスクを渡してしまった事を後悔するダイノボットは、その責を果たすため、単身、プレダコンズに挑む。

ダイノボットが原人を救うべく死地に赴く場面で、彼は次のように言う。「かつて俺を脅かしていた疑問に、答えが下された。未来は不動にあらず、選択は我が手の内にある…だが皮肉な事に…今の俺には選ぶ余地など、どこにもないようだ」運命を巡る彷徨に決着がつくと同時に、戦士が英雄となる瞬間をも表した、最高の一幕である。ダイノボットの最期の台詞も、ハムレットの臨終の一節を元にしている。その内容は以下の通り「尋ねる者達に俺の一部始終を伝えてくれ。その悪行も、善に与した事も、正しく伝えるのだ。そして相応しい審判が下される事を。後は…ただ沈黙のみ」。『2001年 宇宙の旅』を意識したラストシーンも秀逸。

#036 TRANSMUTATE

またもステイシス・ポッドが発見された。だが、中から出てきたのは、変形もできない不完全なトランスフォーマーだった。この「トランスミューテイト」に心引かれるランページは、彼女を救おうとするシルバーボルトとトランスミューテイトを巡って激しく争うが…。

トランスミューテイトの声を担当したのは、本作のボイス・ディレクターで、旧アニメシリーズで女性TFアーシー役を演じたスーザン・ブルー。劇中では"IT(それ)"の三人称で呼ばれるのみだったトランスミューテイトだが、脚本の注意書きには「女性的な顔立ち」とあり、ラットラップが「本当の名前は？　例えば"マリリン"とか」と尋ねる台詞(本編ではカット)など、さりげなく女性として扱われている。原作版フランケンシュタインの怪物を彷彿とさせるランページからすれば、さしずめ「フランケンシュタインの花嫁」を求めるモンスターの心境といったところか。

#037 THE AGENDA-PART1

エイリアンの惑星破壊兵器爆破の際に生じたトランスワープ・ウェーブが、サイバートロン星域に到達した。一足先に波を感知したプレダコンズ司令部は、波のサイバートロン星への感知を妨害。自らの計画の邪魔となるメガトロンを処刑すべく、老兵ラヴィッジを派遣する。

G1キャラクターのラヴィッジが、文字通り時を超えて登場。スクリプトの指示では「サイドジェットをマウントし、直立して歩く金属的なブラックパンサー。TMチーターのビークルモードを再着色し、小改造(手と足を加え、サイドジェットを大きく)を施すとよい」とある。トイ版の合体チーム、トライプレダカスがカメオ出演。脚本では3人のジェネラルズがそれぞれ名前(ラムホーン、シケーダコン、シークランプ)を呼び合う予定だったが、モデリングの都合でキャラクターがトイと似せられなかったためカットされた。ストーリー開始前のメガトロンの行動が、本星のプレダコンズとマクシマルズの間に政争を巻き起こしていた事実が判明する。

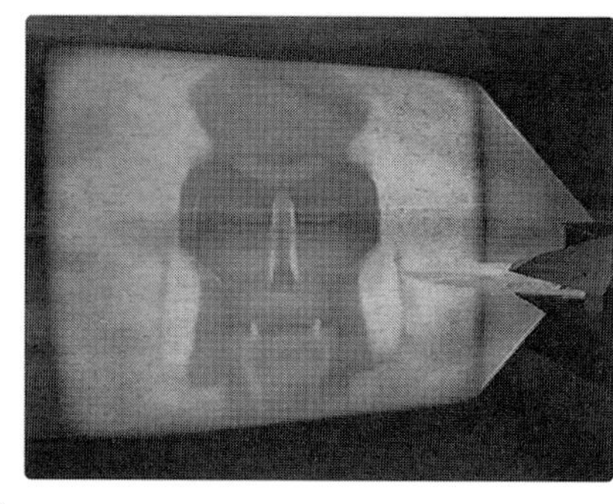

#038 THE AGENDA-PART2

ラヴィッジの協力でメガトロンの逮捕に成功したマクシマルズ。が、メガトロンには切り札があった。ゴールデンディスクには、子孫に復讐を託す初代メガトロンのメッセージが刻まれていたのだ。かつての司令官の言葉に寝返るラヴィッジ。一転、マクシマルズは最大の危機に陥った。

初代メガトロンが台詞付きで登場。初代のオリジナルキャストは超ベテラン声優フランク・ウェルカーで、脚本家ボブ・フォワードは彼の起用を切望していたが、高額なギャラと地理的な制約(スタジオはカナダ)のために叶わず、オプティマス役のゲイリー・チョークが代役を務めた。ゴールデンディスクがTFの手に渡った経緯と、そこに託された秘密が明らかになる。タランチュラスがプレダコン秘密警察の内偵者であった事実が明らかに(画面では微妙だが、脚本の描写によると、メガトロンにはお見通しだったようである)。ラヴィッジが懐かしい効果音と共にカセット形態にトランスフォーム。当初はテーマ曲の使用も考えられていた。

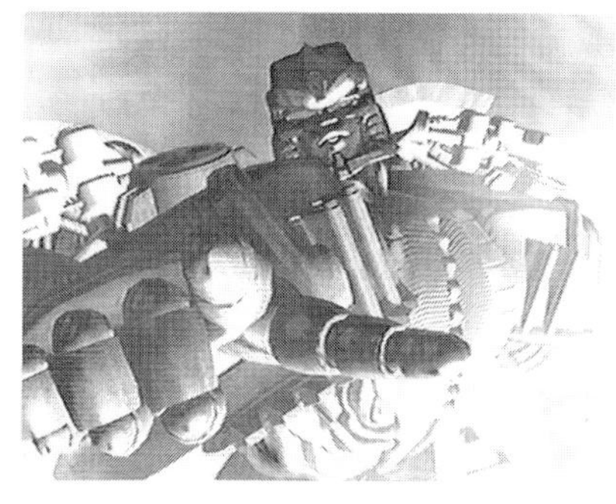

#039 THE AGENDA-PART3

メガトロンの狙いは、4百万年前に地球に墜落した宇宙船アークに眠る、オートボット司令官オプティマス・プライムの暗殺だった。マクシマルズの祖先である彼が死ねば、マクシマルズの存在は抹消される。初代メガトロンの遺言を実行に移すメガトロン。もはや打つ手はないのか?

第2シーズンの最終話。G1キャラクターが多数登場し、怒濤の展開というに相応しいクリフハンガーで次回へ続く。ラヴィッジは惜しくも退場。最期の台詞「ディセプティコンズよ永遠なれ!」は、彼の悲哀がこめられた名場面だが、スクリプト初稿の段階では、撃墜された船の残骸の中で、アークの元へ向かうメガトロンを見届けた上で「ディセプティコンズよ…永遠なれ!」とつぶやくという、より情感豊かなシーンとなっていた。シルバーボルトがブラックアラクニアを金星に例えるシーンは、彼女の役を演じた声優ヴィーナス・ターゾの名前に掛けた楽屋オチだが、両者の視点の違いを表わす、気の効いた描写にもなっている。

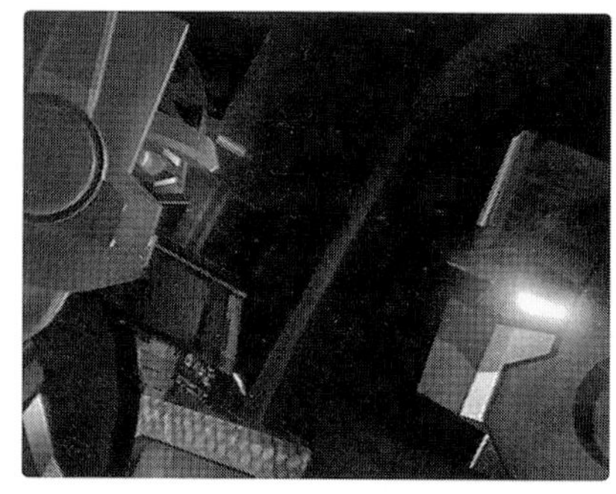

#040 OPTIMAL SITUATION

マクシマルズの危機を救ったのは、本来はマクシマルのブラックアラクニアだった。オプティマス・プライムの治療のため、オプティマスは一時的に彼のスパークを体内に取り込む。その結果、彼はさらなる変身を遂げ、オプティマス・プライムも一命を取り留めるのだった。

前回からそのまま続く第3シーズン開幕のエピソードで、当初は"THE AGENDA-PART4"のタイトルが予定されていた。ブラックアラクニアの活躍で危機が回避され、彼女は以後マクシマルズに同行する事に。オプティマル・オプティマス登場(ただしTVでは、この名称はメガトロンが付けたあだ名なので、あまり多用されない)。初回から全ての変形モードと武器ギミックをこれでもかとばかりに見せつけてくれる。G1スパークを体内に収めた状態のオプティマスが、初代の人格を匂わせる台詞(「自由とは全ての知覚ある者に与えられた権利だ」「トランスフォーム&ロールアウト!」)を口にする場面がある。マクシマルズは新基地へ移動する。

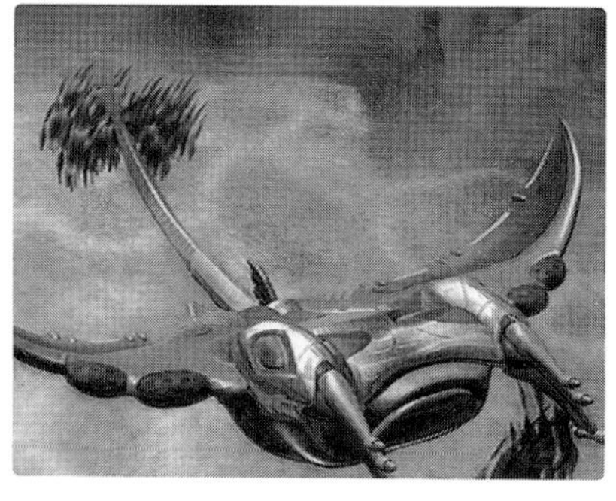

#041 DEEP METAL

新たな戦士がテンポラル・ヴォーテクスを抜け地球に飛来した。それは、オプティマスの旧知でもあるデプスチャージだった。かつてランページに仲間を殺された彼は、プレダコンズとの戦いに力を貸してくれというオプティマスの言葉にも耳を貸さず、己の復讐に邁進するが…。

デプスチャージ登場編。ハードボイルドな一匹狼という、これまでにない性格付けがなされている。本編中でのルールである「地球生まれのTFはトランスメタル化しない」に従い、宇宙からやって来たTFが新たなトランスメタルとなる。この法則は本編中では一度も言及された事はないが、にもかかわらずきちんと首尾一貫している所など、配慮に余念がない(とはいえ、デプスチャージが"ビーストモードに"変形する際に、通常の「ビーストモード」ではなく、なぜか「マクシマイズ」のコードを使うなど、少々不可解な点もあるにはあるのだが)。サイバートロンの統治機関である"ハイ・カウンシル"の名が登場。

#042 CHANGING OF THE GUARD

アークの周囲に新たな基地を築いたマクシマルズは、湖に沈んだアクサロンからセンティネルを回収すべく、ラットラップを湖底に向かわせる。しかし、湖底ではランページが待ち構えていた。さらに、ランページを狙うデプスチャージが乱入し、戦いは混迷を深めていく。

デプスチャージのマクシマル参入への決め手となるアクション編。彼の活躍の場である水中を、重要なシチュエーションとして設定している(この水中の映像表現や、ラットラップの潜水艇の描写が秀逸)。これまでの展開が、彼の登場を見越した上で構成されていたところが実に周到である。オートボッツとマクシマルズの(単に時代の差だけではない)技術格差が言及され、そのために必要とされたセンティネルが奪われた事で、今回はマクシマルズの黒星で終わる。だがこれに伴いデプスチャージとの協力関係ができあがるという、キャラクターの取り回しの上手さを改めて感じさせる内容だ。多彩なアクション描写も見物。

#043 CUTTING EDGE

メガトロンが新たに造り出したサイボーグ恐竜サイバーラプター。彼らの魔手から原人の兄妹を救ったオプティマスは、チーターとブラックアラクニアに兄妹を原人の村まで送り届けるよう命じる。が、彼らの行く先には、プレダコンズの二重三重の罠が張られていたのである。

トランスメタル2登場への布石となるエピソードで、その試作品サイバーラプターが登場する。自己嫌悪にかられながら子供達を救ってしまうブラックアラクニア。徐々にマクシマルの本質を見せ始める。いつしかブラックアラクニアに魅かれたチーターは何かにつけ彼女の気を引こうとするが、子供扱いされ、はねつけられる。アプローチを拒絶された彼の中に暗い感情がくすぶり、成長への願望がトランスメタル2への変身に際し、彼の精神的変化の引き金となる。サイバーベノムに冒されたオプティマスが「歌う」場面は脚本の最終稿にも書かれておらず、コメディ色を増やしたいというメインフレームの意向により追加されたという。

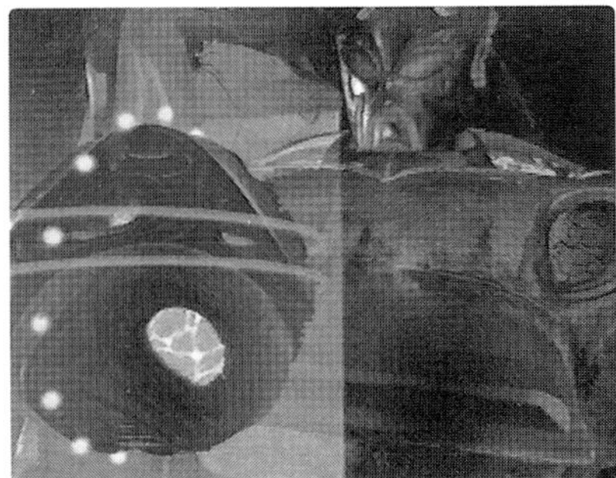

#044 FERAL SCREAM-PART1

エイリアンが造ったトランスメタル・ドライバーを手に入れたメガトロンは、第二のダイノボットの製造実験に着手する。実験の阻止に向かったチーターだったが、装置の爆発に巻き込まれ、行方不明になってしまう。時を同じくして、獰猛な野獣の出現が報告されるのだが。

TM2ダイノボット初登場。その誕生シーンは、『フランケンシュタイン』さながら。ここで初めて"ブランク"がハッキリと画面に登場(単にスパークが無いだけのプロトフォームではあるが)、ランページのスパークをひったくる様子に、メガトロンは「生命に飢えておる」と評した。TM2ダイノボットはその姿と同様、精神も別物であり、同じ所は声だけである(それにも金属的エフェクトがかけられている)。チーターの成長が主題であるこの連作では、ブランクへの無関心(「でもあれはブランクじゃないか！　メガトロンがあれを起動できたとしても、どうせプレダコンになるだけさ」)など、彼の未熟さをまず、ネガティブに表わしている。

#045 FERAL SCREAM-PART2

野獣の正体は、メガトロンの実験の影響でトランスメタル2へと進化したチーターだった。内なる野性の目覚めを抑えきれないチーターは、あてもなくジャングルをさまようが、オプティマスの必死の説得で、ついに己を取り戻す事に成功するのだった。

オプティマスとチーターの疑似親子的な関係が表現されたエピソード。オプティマスの父性を強調する事で、チーターの変化(成長)を印象づけている。チーターの自室には(少年らしく)アクサロンの模型、オプティマスと彼、そしてブラックアラクニアの写真が。ここで現れる「幻視」は、疎外感と異変への恐怖がない交ぜになった「成長の痛み」を伴っている。オプティマスがTM2チーターに手を差し伸べる場面は「マクシマイズ」のコードがドラマティックに使用された好例。第3シーズンは、キャラクターの変化(形態、立場の両面)エピソードが頻出するが、いずれの場合も、その段階的な手順を丹念に描いているのが特筆点である。

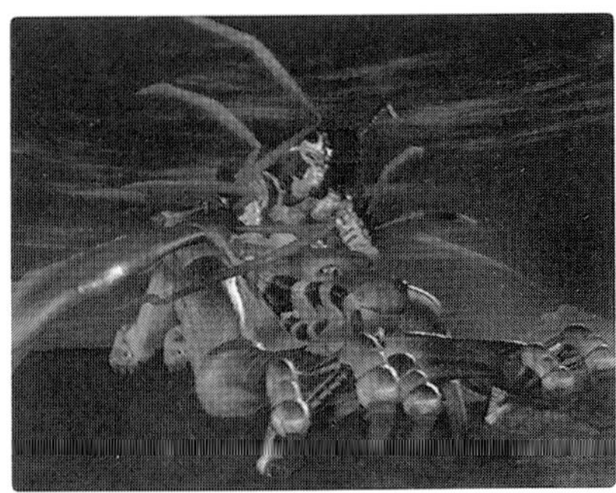

#046 PROVING GROUNDS

オプティマス達が、自分のプログラムをマクシマルズの物に書き換えようとしていると誤解したブラックアラクニアは、一人、マクシマル基地を飛び出してしまう。TM2ダイノボットと出会った彼女は、彼に手を組もうと切り出す。もはや彼女がマクシマルズに戻る事はないのか？

マクシマルズと行動を共にすることになったブラックアラクニアが、二つの属性の間で揺れるさまを描く。"シェル・プログラム"の存在にも触れ、48話へのセットアップとして重要なエピソードである。今回ただ一人登場の敵役、TM2ダイノボットが凶暴かつ冷静沈着なハンターとしての手腕を発揮。彼の人格を知る手がかりとなる台詞に、「俺のメガトロンへの忠誠心は疑う余地もない」と言うシーンが脚本にあるが、これは本編でカットされている。TM2ダイノボットが自己修復する場面では、彼のスパークがトランスメタル2特有の"エネルギー触手"のエフェクトを発している。ランページのスパーク核にも、TM2技術の影響が及んでいるようだ。

#047 GO WITH THE FLOW

新兵器ディスラプター・キャノンの建造に着手したメガトロンだったが、余りに強力なエナージョン・エネルギーに作業は中断。エナージョンの影響を受けない有機生命体にしか作業はできないと考えた彼は、マクシマルズの友人である原人の娘ウナの誘拐を企てるのだが…。

本話は、当初のストーリー構成にあったエピソード"DARK GLASS"が脚本段階でキャンセルされたため、その代案として用意されたストーリーである(P94参照)。悲壮な"DARK GLASS"とは打って変わって陽性のスラップスティックな小話になっており、また基本プロット(新兵器開発のために、人間に危害が及ぶ)も、さながらG1時代を想起させる大らかな物だ。ボルトをひしゃげさせるウナの力強さ(ネアンデルタール人は強靱な体力を持っていたと見られている)からすれば、ワスピネーターが手ひどくやられた事もうなずけなくはない。メガトロンに冷たくあしらわれた彼は「ワスピネーター、契約ノ再交渉シタイ」とこぼした(雇用関係だったのか)。

#048 CROSSING THE RUBICON

密かにトランスメタル・ドライバーを手に入れたブラックアラクニアは、自らをトランスメタル2へと進化させようとするが、以前、タランチュラスに書き加えられたシェル・プログラムに妨害されてしまう。決死の再プログラミング処置に挑むマクシマルズだったが…。

この回のスクリプトは海外SFTVシリーズのファンにはおなじみの女流ベテラン脚本家D.C.フォンタナが担当。電脳空間でのプログラム解除作業を見せ場にした、SF色の濃い一編である。またタランチュラスの悪辣さ、トランスメタル・ドライバーの神秘、復讐の鬼となるシルバーボルトなどドラマ性も高く、ランページの「新しい姿、気に入った。さらば！」など、気の効いた台詞も多い。ブラックアラクニアが、遂に"マクシマイズ"のコードで変形する(それまでは無言だった)。"シェル・プログラム"の存在は、第1シーズンの時点で既に触れられていた。原題の「ルビコンを渡る」は、ローマの故事で「後には引けない決断を下す」という意味。

#049 MASTER BLASTER

オプティマスの身体を乗っ取る事に成功したメガトロンは、アークに眠る初代メガトロンのスパークを自らに取り込み、パワーアップを図る。一度はタランチュラスの裏切りによって溶岩に落とされた彼だったが、巨大なドラゴンに姿を変えて復活。マクシマルズに新たな危機が迫る。

メインフレームのCGIアニメーター、エリック・トーリンが脚本を担当。初代メガトロンのスパークがドラゴン変身への起爆剤に(当初はオプティマルの変身もスパーク融合のみの現象とされていたので、本質的に二人の条件は同等とも言える)。メガトロンの台詞「裏切りに失敗は禁物である」に、プレダコンの道徳観念が如実に表われている。彼らにとっては裏切り行為自体より、「裏切りにしくじる事」の方が罪深いようである。これが(G1も含め)悪の軍団内で反逆者の処罰が甘い事への解答かもしれない。脚本の初稿にはメガトロンのビークルモードが登場している。原題"MASTERBLASTER"は、『マッドマックス3』の登場人物にちなんだ物。

#050 OTHER VICTORIES

ビーストウォーズへの介入を繰り返してきたエイリアン、ヴォックは、メガトロンのこれ以上の歴史改変を阻止すべく、以前拉致したタイガトロンとエアレイザーを合体させたタイガーホークの姿を借りて地球に降り立った。圧倒的な戦力でメガトロンを圧倒するタイガーホークだったが…。

タイガーホーク初登場。エイリアン"ヴォック"が遂に正体を表わす。本話は当初エイリアン・ストーリーに決着をつけるエピソードが構想されていたが、タイガーホークの投入が強く求められたため、残念ながらヴォックの正体や実験の目的に関しては、ついに明かされる事がなかった。脚本と実際の画面では、タイガーホークの誕生シーンの解釈に微妙な違いが見られる(詳しくはP96の用語集を参照)。タランチュラスが終局を目前に死亡、だがメガトロンをも下したタイガーホークを不意打ちで捕らえるなど、最後に一花咲かせた。また彼とトライプレダカス・カウンシルが、マクシマルらと異なる起源を持つ事が語られている。

#051 NEMESIS-PART1

ヴォックとの戦いで戦死したタランチュラスの巣窟を調べたメガトロンは、彼が強力な切り札を持っていた事を発見する。それは、ディセプティコンの戦闘艦ネメシスだった。海底に沈むネメシスを浮上させた彼は、マクシマルズに最期の戦いを挑む。ビーストウォーズ終結の時は近い！

予言書"カヴァナント・オブ・プライマス"が登場。終局に向けて、黙示録的な空気を与えている。ワスピネーターが遂にプレダコンズを脱退、タランチュラスと"スポーン・オブ・ユニクロン"の関係に言及。序盤でデプスチャージが、オプティマスを"オプティマル"と呼ぶシーンがある。また彼とランページが対決の末、相打ちに。その直後TM2ダイノボットに旧人格の姿が重なりあう。"DAEK GLASS"の一件があればこその展開だが、当時、その存在は知られておらず、ファンには唐突に映ったようだ。ネメシスについて劇中で「アークを撃墜した」と説明されているが、旧アニメでは、地球の重力に捉えられて墜落した事になっていた。

#052 NEMESIS-PART2

ネメシスを巡る戦闘で、デプスチャージとタイガーホークの2名を失ったオプティマスは、かつてない怒りに燃えるが、ネメシスの破壊力の前には手も足も出せない。アークを破壊せんと迫り来るネメシス。もはやこれまでなのか？ その時、TM2ダイノボットの目に光る物が。

TFコミックのライター、サイモン・ファーマンが最終話の脚本を担当。冒頭でメガトロンが暗唱する予言書の一節「我はアルファにしてオメガ、始まりにして終わり…」は、実際の黙示録からの引用である。TM2ダイノボットが旧人格を取り戻す場面では、彼の声から金属的なエフェクトが消え、元の声に変わる演出が。初代メガトロンの身体にスパークを戻すシーンがカットされたが、続く『ビーストマシーンズ』では「G1スパークは返されたものと考えるように」と前置きされている。ワスピネーターが原人達の王に迎えられた経緯は定かでないが、脚本では、原人の村を襲うサーベルタイガーを追い払う様子が描かれており、若干の説明になっている。

放映リスト

海外版（放映日は、アメリカ『パワーブロック』内の物です）

No.	放送日	タイトル（翻訳）	監督	脚本
1	1996/9/16 ※1	BEAST WARS-PART1 "猛獣大戦パート1"	イアン・ピアーソン	ボブ・フォワード
2	1996/9/17 ※2	BEAST WARS-PART2 "猛獣大戦パート2"	スティーブ・ボール	ボブ・フォワード
3	1996/9/18	THE WEB "蜘蛛の糸"	C.ミカエル・イーストン	ラリー・ディティリオ
4	1996/9/23	EQUAL MEASURES "比類行動"	TW.ピーコック	グレッグ・ジョンソン
5	1996/9/24	CHAIN OF COMMAND "司令系統"	アンドリュー・ドゥセット	ジェシー・ウィンフィールド
6	1996/9/25	POWER SURGE "力の奔流"	ニック・ケンドール	ラリー・ディティリオ
7	1996/9/30	FALLEN COMRADES "堕ちた同胞"	スティーブ・ボール	ボブ・フォワード
8	1996/10/7	DOUBLE JEOPARDY "二重の危険"	マーク・シェーマン	ジェシー・ウィンフィールド
9	1996/10/8	A BETTER MOUSETRAP "文化鼠捕り"	J.ファルコナー	K.Rウィルソン/C.ウェバー
10	1996/10/14	GORILLA WARFARE "ゴリラ戦法"	ジェームズ・ボッシャー	グレッグ・ジョンソン
11	1996/10/15	The PROBE "探査機"	イズィキエル・ノートン	C.ミラー/M. ウルフマン
12	1996/11/1	VICTORY "勝利"	スティーブ・ボール	ウェンディ・リアドン
13	1996/11/4	DARK DESIGNS "暗き腹案"	オーエン・ハーリー	イアン・ウェア
14	1996/11/5	DOUBLE DINOBOT "二人のダイノボット"	ジョン・ボーザー	ロウビー・ゴーレン
15	1996/11/11	THE SPARK "スパーク"	コリン・デイビーズ	ラリー・ディティリオ
16	1996/11/18	THE TRIGGER-PART1 "引き金パート1"	J. ファルコナー	ボブ・フォワード
17	1996/11/19	THE TRIGGER-PART2 "引き金パート2"	ミカエラ・ザブランスカ	ボブ・フォワード
18	1997/1/6	SPIDER'S GAME "蜘蛛の遊戯"	ジェームズ・ボッシャー	ラリー・ディティリオ
19	1997/1/7	CALL OF THE WILD "野生の呼び声"	ジョナサン・グッドウィル	ボブ・フォワード
20	1997/1/27	DARK VOYAGE "闇の旅路"	ブルース・デビソン	サミュエル.W.ジョセフ
21	1997/2/3	POSSESSION "憑依"	オーエン・ハーリー	イアン・ウェア
22	1997/2/10	THE LOW ROAD "裏街道"	J.ファルコナー	ボブ・フォワード
23	1997/2/17	LAW OF THE JUNGLE "ジャングルの掟"	ジョン・ボーザー	マーク.L.ヤング
24	1997/2/21	BEFORE THE STORM "嵐の前"	アダム・ウッド	L.ディティリオ/B. フォワード
25	1997/3/31	OTHER VOICES-PART1 "別なる声パート1"	コリン・デイビーズ	L.ディティリオ/B. フォワード
26	1997/4/1	OTHER VOICES-PART2 "別なる声パート2"	イズィキエル・ノートン	L.ディティリオ/B. フォワード
27	1997/10/24	AFTERMATH "残渦"	コリン・デイビーズ	ラリー・ディティリオ
28	1997/11/2	COMING OF THE FUZORS-PART1 "フューザーの到来パート1"	スティーブ・サックス	ボブ・フォワード
29	1997/11/7	COMING OF THE FUZORS-PART2 "フューザーの到来パート2"	カル・シュミアッチャー	ボブ・フォワード
30	1997/11/16	TANGLED WEB "もつれた蜘蛛糸"	クレイグ・マクユーエン	レン・ウェイン
31	1997/11/23	MAXIMAL, NO MORE "マクシマル脱退"	トレントン・カールソン	パトリック・バリー
32	1998/2/8	OTHER VISITS-PART1 "別なる来訪パート1"	ジョン・ボーザー	ラリー・ディティリオ
33	1998/2/8	OTHER VISITS-PART2 "別なる来訪パート2"	コリン・デイビーズ	ラリー・ディティリオ
34	1998/2/15	BAD SPARK "悪しきスパーク"	S.サックス/J.グッドウィル	グレッグ・ジョンソン
35	1998/3/9	CODE OF HERO "英雄の道"	ボブ・フォワード	イアン・ウェア
36	1998/3/10	TRANSMUTATE "トランスミューテイト"	J.ファルコナー/S.オズボーン	クリスティ・マークス
37	1998/3/11	THE AGENDA-PART1 "謀議パート1"	カル・シュミアッチャー	ボブ・フォワード
38	1998/3/12	THE AGENDA-PART2 "謀議パート2"	オーウェン・ハーリー	ボブ・フォワード
39	1998/3/13	THE AGENDA-PART3 "謀議パート3"	A.フィブキー/C.デイビーズ	ボブ・フォワード
40	1998/10/24	OPTIMAL SITUATION "最良の事態"	スティーブ・サックス	ボブ・フォワード
41	1998/11/1	DEEP METAL "深金属"	オーウェン・ハーリー	ラリー・ディティリオ
42	1998/11/8	CHANGING OF THE GUARD "守備交替"	スティーブ・サックス	イヴァン・サマーズ
43	1998/11/15	CUTTING EDGE "最先端"	トレントン・カール	イアン・ウェア
44	1999/1/31	FERAL SCREAM-PART1 "野獣の叫びパート1"	ジョン・ボーザー	グレッグ・ジョンソン
45	1999/2/7	FERAL SCREAM-PART2 "野獣の叫びパート2"	スティーブ・サックス	ジュールズ・デニス
46	1999/2/14	PROVING GROUNDS "証しの場"	ウィリアム・ラウ	アーサー・セラーズ
47	1999/2/18	GO WITH THE FLOW "流れと共に"	カル・シュミアッチャー	ボブ・フォワード
48	1999/2/22	CROSSING THE RUBICON "ルビコンを渡る"	トレントン・カール	D.C.フォンタナ
[illegible]	[illegible]	[illegible]	スティーブ・サックス	エリック・トーリン
50	1999/5/5	OTHER VICTORIES "別なる勝利"	ウィリアム・ラウ	ラリー・ディティリオ
51	1999/5/6	NEMESIS-PART1 "ネメシスパート1"	イズィキエル・ノートン	ボブ・フォワード
52	1999/5/7	NEMESIS-PART2 "ネメシスパート2"	カル・シュミアッチャー	サイモン・ファーマン

日本版（放映日等は関東地区の物です）

No.	放送日	タイトル
1	1997/10/1	超生命体トランスフォーマー登場!!
2	1997/10/8	倒せデストロン
3	1997/10/15	チータスの危機
4	1997/10/22	時限爆弾転送作戦!
5	1997/10/29	消えたコンボイ
6	1997/11/5	空中山脈大爆破
7	1997/11/12	孤独な戦士タイガトロン
8	1997/11/19	クモ女のキック
11	1997/12/10	さよならラットル!?
10	1997/12/3	殺人ウィルス
9	1997/11/26	恐怖の新兵器！
15	1998/1/7	メーク・ドラマだデストロン
16	1998/1/14	ライノックス大暴れ！
17	1998/1/21	ダイノボットが二人に？
12	1997/12/17	ハヤブサ戦士エアラザー
13	1997/12/31	浮島のデスマッチ前編
14	1997/12/31	浮島のデスマッチ後編
18	1998/1/28	地獄のアリ戦士インフェルノ
19	1998/2/4	よみがえれビーストパワー！
20	1998/2/11	ジャングルぐるぐる
21	1998/2/18	不死身のスタースクリーム
22	1998/2/25	ストップ・ザ・くしゃみ
23	1998/3/4	さらばでござるタイガトロン
24	1998/3/11	やつらが来る！
25	1998/3/18	恐怖の大王現る！
26	1998/3/25	平和を守るために…
27	1999/10/6	帰ってきたぜ！
28	1999/10/13	新戦士登場！ ギッチョンチョン ですっ！
29	1999/10/20	よみがえれコンボイ
30	1999/10/27	かっとびタランス
31	1999/11/3	やめます！
32	1999/11/10	え？お花が？
33	1999/11/17	え？かおが？
34	1998/12/19	※3
35	1999/11/24	あばよッ！
36	1999/12/1	カニじゃい！
37	1999/12/8	たいほだにゃ
38	1999/12/15	すきですっ！
39	1999/12/22	むか〜しむかし
40	1999/12/29	大きくな〜れ
41	2000/1/12	えーいっ！
42	2000/1/19	ぶくぶくっ！
43	1999/7/31	※4
44	2000/1/26	ふっかつダー
45	2000/2/2	たつんだ！チータス
46	2000/2/9	ラブタイフーン
47	2000/2/16	びりびりー！しびればびれぶー
48	2000/2/23	ぴかぴか[illegible]
49	2000/3/1	もえてドラゴン
50	2000/3/8	ただいまでござる
51	2000/3/15	ドッカーン
52	2000/3/22	ハッピー？これでいいのだ

STAFF

エグゼクティブプロデューサー……クリストファー・J・ブロー
エグゼクティブプロデューサー……イアン・ピアソン
エグゼクティブプロデューサー……スティーブン・デニューア
エグゼクティブプロデューサー……ステファン・ライチェル
プロデューサー……ジョナサン・グッドウィル
アシスタントプロデューサー……バーブ・ドーソン
アニメーション監督……フィル・ミッチェル
ストーリーエディター……ラリー・ディティリオ
ストーリーエディター……ボブ・フォワード
音楽……ロバート・バックリー
プロダクションデザイン……クライド・クロッツ
ボイスディレクター……スーザン・ブルー
クリエイティブ・コンサルタント……クリス・ウェルマン
広報……メアリー・ウェルマン
アライアンス・エグゼクティブ……ベス・スティーブンソン

CAST

ゲイリー・チョーク……オプティマス・プライマル
リチャード・ニューマン……ライノックス
イアン・ジェームス・コーレット…チーター、センチネル
スコット・マクニール……ダイノボット、ラットラップ、シルバーボルト、ワスピネーター
ブルー・マンクーマ……タイガトロン、タイガーホーク
ポーライン・ニューストーン…エアレイザー
デビット・ソボロフ……デプスチャージ
デビット・ケイ……メガトロン
ドナルド・ブラウン……スコーポノック
アレック・ウィロウズ……タランチュラス
ダグ・パーカー……テラソー、スタースクリーム
ビーナス・ターゾ……ブラックアラクニア
ジム・バーンズ……インファーノ
コリン・マードック……クイックストライク
キャンベル・レーン……ランページ

※1…1996/4/22にプレビュー放映。 ※2…1996/4/23にプレビュー放映。なお、#1〜#6までは1996年8月中旬〜9月中旬にかけて、PPV放映された。 ※3…同日公開の『映画版ビーストウォーズスペシャル』で、『ビーストウォーズ メタルス』のタイトルで上映。 ※4…同日公開の『'99夏東映アニメフェア』で、『ビーストウォーズメタルス コンボイ大変身!』のタイトルで上映。

BEAST WARS TRANSFORMERS
THE LOST EPISODE

ロスト・エピソード

映像作品においては、プロットの変更やシーンの削除など日常茶飯事であるが、当ビーストウォーズでも、連続ストーリーの一部でありながら脚本段階で制作が見送られ、日の目を見る事なく終わった"ロストエピソード"が存在する。TM2ダイノボットとラットラップが主役の「DARK GLASS」と題された、この未制作エピソードは一体いかなる物語であったのか、検討用台本を元に、その全貌を明らかにしてみよう。

この「DARK GLASS」は、本来ビーストウォーズの第47話として予定されていたもので、第36話「TRANSMUTATE」の脚本を担当したクリスティ・マークスによるスクリプト第1稿と、ラリー・ディティリオ監修の第2稿までが書かれたが、内容的に子供番組としては多分に難解で、かつ救いのない暗い話であると、スポンサーのハズブロ側に判断されたため、当初の予定とは180度異なったスラップスティック編のストーリー「GO WITH THE FLOW」と差し換えられてしまったという、まさに幻の一編である。しかしながらこの「DARK GLASS」は、第34話「BAD SPARK」(1998年12月に『ビーストウォーズ メタルス』の邦題で劇場公開され、TVのレギュラー枠では未放映となったエピソード)の中盤において、「ダイノボットが自分の脇腹からケーブルを伸ばし、基地のコンピュータに繋いだ」場面の意味が明らかになり、また最終話「NEMESIS-PART2」のクライマックスで、「ランページの死を契機に、TM2ダイノボットが"前世"の人格を取り戻す」場面の、そもそもの原因が描かれるという、全体のストーリーにおいて「伏線の連鎖」の一部となるべく構成されたものだったため、これが失われた事により、ビーストウォーズは一つの作品として消化不良を残す結果となってしまった。

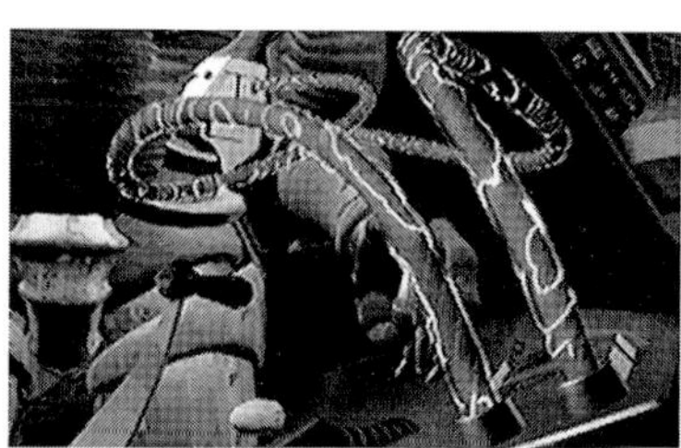

以下は、検討用のアウトライン稿を翻訳したものである(なお使用している図版は、既存のエピソードの物である)。

「DARK GLASS」

(アウトライン稿:1998年5月14日脱稿)
脚本:クリスティ・マークス

ダイビング・ベル(第41話に登場した潜水作業艇)に乗って、デプスチャージと共に海底に沈んだアクサロンの部品をサルベージするラットラップ。データ・ストレージ保管庫を調べていた彼は、そこでセントラル・データベース用の数枚のデータディスクを発見する。

回収されたディスクを試しに走らせたライノックスは、驚くべき発見をする。ディスクの中の一枚には、ダイノボットのコア・ダンプが保存されていたのだ! 驚く一同。彼らの誰一人、今は亡きダイノボットが、生前にそのような事をしていたとは知る由もなかったのである。

ラットラップは狂喜し、ディスクを使って元のダイノボットを復活させようと望むが、オプティマスはその計画を却下する。成功すればいいが、もし失敗した場合は、現在の凶暴なTM2ダイノボットに、旧ダイノボットが持つ全ての情報を与える事になる、彼はその危険を恐れたのである。ラットラップは反駁し、人類と彼ら自身を救ったダイノボットに恩があるはずだと訴える。だがオプティマスは、今のTM2ダイノボットはメガトロンによって造られたクローンに過ぎず、旧ダイノボットのいかなる要素も持ってはいないと指摘する。

同じ頃、プレダコンの前哨基地では、TM2ダイノボットが、彫像の如く不動の姿勢で、何もない虚空を凝視していた。いぶかしむワスピネーターがまとわりついても彼は微動だにしなかったが、しつこくつきまとうワスピネーターを、ついに目にも止まらぬ速さで切り刻むと「考え事の邪魔をするな」と冷たく言い放った。バラバラにされたワスピネーターは、いつものようにC/Rタンクへ転がって行った。

マクシマル基地では、このコア・ダンプ移植が成功する保証は何一つない、とオプティマスが反論を続けていた。ラットラップの気持ちもわかるが、この計画はあまりにも危険すぎる。ライノックスはオプティマスの意見に同意し、シルバーボルトとブラックアラクニアもこれにならった。チーターは同情を示すが、最初からダイノボットの事はあまり好きではなかったと本音を漏らす。ラットラップに同調する者はただの一人もなく、彼の提案は完全に却下された。だがもちろん、それしきの事で諦める彼ではなかった。

密かにダイノボットのディスクを持ち出したラットラップは、独りマクシマル基地を抜け出した。彼は皆の間違いを証明するつもりだった。ダイノボットは甦るのだ!

岩場にワナを仕掛けたラットラップは、プレダコンの前哨基地を目指す。基地周辺を偵察していたTM2ダイノボットは、ビークルモードで荒れ地を疾走するラットラップを発見し、思いもよらぬ幸運ににやつく。彼はラットラップを切り刻むべく、行動を開始した。

ラットラップの不在に気づいたオプティマスは、即座に最悪の事態を予感する。ライノックスがダイノボットのディスクが紛失しているのを確認し、オプティマスの懸念は現実のものとなった。彼らはラットラップと連絡を取ろうとするが、彼は通信機を切っていた。止むなくオプティマスは、チーターに捜索を命じる。

まんまとTM2ダイノボットをおびき出したラットラップだが、TM2ダイノボットは上手だった。追う者と追われる者の立場が逆転する中、ラットラップは何とかTM2ダイノボットをワナのあるグリッドへ誘い込み、遂に捕獲に成功する。だがそれも長くは続かない。ラットラップは、TM2ダイノボットが電撃のワナから回復するまでの僅かな時間の中で、旧ダイノボットのコア・ダンプを強制ダウンロードする。ワナから逃れたTM2ダイノボットは、ラットラップに飛び掛かり彼を引き裂こうとするが、ラットラップは得意の早口でまくしたて、かつての友情を目覚めさせようと試みる。

ラットラップの試みは成功したかに見えた。記憶は断片的で曖昧であったが、かつてのダイノボットが甦ったのだ。新しいトランスメタルの身体に困惑する彼は、コア・ダンプを作成した時点より後の出来事を全く知らなかった。

不運にも、ラットラップとダイノボットが対峙する現場を発見したチーターが、事態を早合点し攻撃を開始する。ダイノボットはチーターの攻撃に本能的に反応し、反撃。二人は割って入ったラットラップの制止も聞かず、無益な戦いを続けたが、ダイノボットを庇って倒れたラットラップの姿にチーターは衝撃を受け、ようやく耳を貸した。

マクシマル基地では、"回復した"ダイノボットが、かつての同胞らによって、尋問とも歓迎ともつかぬもてなしを受けていた。ダイノボットは、彼が真の戦士として死に、"英雄のリサイクリング"を受けた事を知り、純粋に喜んだ。だがそれでもなお、マクシマルの一同は、彼の復元に疑問を隠せなかった。

オプティマスはラットラップを激しく叱責した。ブラックアラクニアはダイノボットと共に働く事を特に嫌がり、シルバーボルトは日頃の高潔さを保とうと努めたが、彼の真意は明らかだった。

よそよそしい仲間達の態度にダイノボットの怒りが噴出する。彼は、自身の内なるプレダコン面が支配力を取り戻そうとしているのを感じた。

オプティマスはラットラップに、ダイノボットが完全に回復したと証明するチャンスを与えるが、その一方でライノックスに、安全のため二人をスキャナーで追跡するよう命じる。

プレダコン基地では、ダイノボットの帰還があまりにも遅いのを、メガトロンがいぶかしんでいた。と、メガトロンのスパイアイの一つがマクシマル基地の近くでダイノボットを発見した。傍らにはラットラップがいる。しかも、二人が争っている様子はない。一瞬後、ダイノボットはスパイアイを破壊した。何かがおかしい。メガトロンはランページに、ダイノボットを"迎え"に行くよう命じ、ランページは"稽古をつける"チャンスの到来を喜ぶ。

クレーターが拡がる荒れ地を進む二人。ラットラップは、ダイノボットがいよいよ分裂気味になってくるのを見て、不安をつのらせる。ダイノボットの内部では、新旧二つの人格の争いが激しさを増していた。そしてついにダイノボットは、回路をシャットダウンし、外部からの刺激に一切反応を示さなくなってしまう。ラットラップは不承不承うずくまって、彼の回復を待ち続けた。ランページがパンツァー戦車の如く、迫り来るのに気づかずに。

旧ダイノボットとTM2ダイノボットは、超現実的な精神世界の中で対峙する。実際の荒れ地より荒涼として、より歪んだ場所。TM2ダイノボットは、「名誉」や「誇り」といった言葉をあざ笑い、そうした概念には一切興味を示さない。だが、彼らはただ一つの点において意見の一致をみた。それは「力とは継続なり」という点だった。力ある者だけが生き残る。かくして二人は己自身を相手に、究極の死闘に身を投じた。

荒れ地では、ランページとラットラップの戦いが始まっていた。ランページの初弾をかわすラットラップ。だが、ダイノボットは微動だにせず、瞬き一つしない。ラットラップはランページの猛攻に劣勢に立たされるが、彼自身とダイノボットの命を守るために奮闘を続ける。

一方、ダイノボットの精神内での戦いは一進一退を極め、二人のダイノボットは互いに手ひどい傷を負わせ合う。そして一瞬の後、両者はスパークの導きによって、怒りの内に融合する。その一瞬、合体したダイノボットの人格は、提示された選択を見据え、決断を下す。ビーストウォーズの最終的な勝者は…彼はプレダコンとなる事を選んだ！　両人格は再び分離し、TM2ダイノボットは旧人格を切り裂き、その破片は霧のような粒子となって雲散していった。

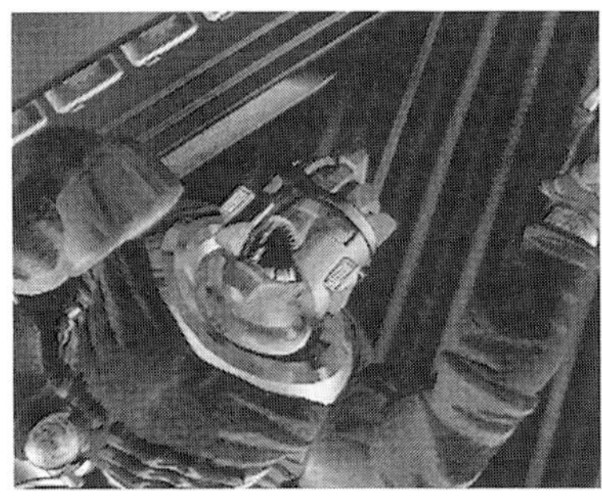

現実世界での死闘は、ランページ優位の内に進んでいた。必死でダイノボットに助けを求める絶体絶命のラットラップ。ついに再起動したダイノボットだったが、彼が牙を立てたのはランページではなかった。

死を覚悟するラットラップ。が、寸前の所でオプティマスとシルバーボルト、そしてチーターが駆けつけ、援軍の登場に、ランページとTM2ダイノボットは撤退する。オプティマス達は、負傷したラットラップを救出し、直ちに基地へ連れ帰った。

プレダコン基地に帰還したTM2ダイノボットを問い正すメガトロン。だが、TM2ダイノボットはいつものように寡黙だった。ようやく口を開いた彼は、旧ダイノボットのコア・ダンプは、マクシマルズに関する全ての情報と共に、完全に破壊されたと報告した。その言葉は真実味を帯びていたが、真相を知る事は誰にも不可能だった。審問を終えたTM2ダイノボットは、岩棚で再び直立不動の姿勢に戻った。何が得られ、何が失われたのかは、秘められたままに。

マクシマル基地。ラットラップは何が失われたのかを思い知っていた。C/Rチェンバーから出てきた彼に言葉はなかった。その沈んだ表情にオプティマスは、今は何も言うまいと心に決めるのだった。

夕闇の迫る海岸。ラットラップは、もう役に立たないダイノボットのディスクに別れを告げ、ディスクを水面へと投げ入れた。波間を跳ねたディスクは、夕日を受けて束の間きらめき、そして沈んで見えなくなった。星空を見上げ、亡き友の姿を思い浮かべるラットラップ。夕闇が静かに彼を包んだ。

<終>

このエピソードの存在を知らずに最終回を見た北米のファン達は、旧ダイノボットの人格が蘇った理由について、様々な解釈で頭を悩ませた（一般的には、ランページの死によって、TM2ダイノボットに納められたランページのスパーク核が"メイトリクス"と回線を通じ、そこにある旧ダイノボットのスパークとリンクしたのだという、やや強引な説が支配的だった）。が、既におわかりのように、ビーストウォーズは、このエピソードがあってこそ、初めて完結するのである。

丸ごと、エピソードがカットされたのは、この「DARK GLASS」のみであるが、制作されたエピソードにも、多くのカットシーンが存在する。第49話「MASTER BLASTER」のスクリプト初期稿では、メガトロンがG1メガトロンのスパークを手に入れる前に、第一目的として初代オプティマスを再び抹殺しようとする描写が存在した。この計画はマクシマルが設置した防御システムによって阻まれたため、代替案としてG1スパークの奪取に切り替えたのである。また、最終話「NEMESIS-PART2」では、ドラゴン・メガトロンから回収したG1スパークを、G1メガトロンの体内に戻す場面が実際に作画されたが、ポストプロダクション段階でカットされた。また初期案では、オペレーション・エターニティは成功し、マクシマルズは宇宙船アークを再発進させてネメシスと対決する予定であった。しかも最後にネメシスに突撃するのはオートボット・シャトルではなく、再起動された3体のディセプティコン、スラスト、ダージ、ラムジェットがその役を演じるはずだったという！　このアイデアは、予算と時間の問題で実現しなかったが、実現していれば、G1時代からのファンへの何よりの贈り物になっていただろう。

BEAST WARS TRANSFORMERS GLOSSARY

ビーストウォーズ グロッサリー

以下はBWで描かれた数々の武器、機能、舞台、謎等の要素に関して、オリジナル英語版スクリプトから設定文にあたる要素を抽出し、用語集の形にまとめたものである。また本作のストーリーエディター、ラリー・ディティリオ氏のコメントから、番組本編では明らかにされなかった"裏設定"も、併せて記述した（ただしこれらの設定の一部には、残念ながらスタッフの交替のため、続編の『ビーストマシーンズ』には継承されない物もある）。ともあれ、BW世界の探究にぜひ役立てていただきたい。

表記は全てアイウエオ順。<>内は登場話数、*印のついた数字はスクリプトのみの記述で、画面に出なかったもの。また文末には、日本語吹き替え版での表現を参考に添えてある。

ア

●アーシー Arcee:<36,48*> G1時代に活躍したオートボットの女性戦士。トランスミューテイトの誕生に驚いたラットラップが「アーシー大叔母さんの名において…」と口にした。これはトランスミューテイトの声優で、かつてアーシー役も演じたスーザン・ブルーに敬意を表して盛り込まれた台詞であり、実際に縁故を表わしたものとまでは言えない。また48話に、トランスメタル2化したブラックアラクニアがチーターに対して「あんたのアーシー大叔母さんじゃないわよ」と言う場面が、脚本の完成稿まで残っていたが、これは最終的にカットされた。

●アイデンティティ・サーキット Identity Circuits:<7> TFの自我を確立するための回路。タイガトロンはこの機能を損なったため、ロボットよりも虎である意識の方が強くなってしまった。<自己認識回路>

●アクティベーション・コード ActivationCode:<2～> 変形その他の各種機能を作動させるための起動キーワード。マクシマルは「マクシマイズ」プレダコンは「テラライズ」のコードを使用する。

●ECMアレイ E.C.M.Array:<18> マグナ・パルスを発してプレダコン・マクシマル両軍すべての電子機器をシャットダウンさせる装置。タランチュラスが使用。<ECM アンテナ>

●インシグニア Insignia: いわゆる"エンブレム"。マクシマルズはコウモリ、プレダコンズはハチをかたどっている（トイ版では、軍団カラーはそれぞれ緑と紫が基調だが、TVでは赤と黄色になっている）。

●インターナル・リペア Internal Repairs:<1> TFの内部補修機能。軽微な損傷程度なら自動的に修復できるようだ。<回復、手当て>

●インファーノ The Inferno:<6～17>"ピット"の旧名。"インファーノ"の名がアリ型TFの名前に使われる事になったため途中から変更された（→ピット、メイトリクス）。

●ヴァイラル・マイン Viral Mine:<10> サイバービーの搭載機能。コンテナであるサイバービーを除去しようとすると爆発し、周囲にウィルスをまき散らす。<ウィルス爆弾>

●ヴォック Vok:<50> 太古の地球を舞台に、何らかの実験を行っていたエイリアン。だがその実態は、地球にとっても、またトランスフォーマーにとっても、異質とは言い切れないものである。ヴォックは純粋エネルギーの存在であり、時間には左右されず、また本質的に不死である。個々の生命に対し無頓着に振る舞うが、必ずしも邪悪な存在というわけではない。

<**ヴォックの起源**>ヴォックとはかつて"スウォーム"と呼ばれたエネルギー生命体が変異した姿である。スウォームは宇宙を渡り歩く過程で、他の知的生命種族を吸収し、事実上破滅させてきた。その犠牲となったのは、外宇宙で帝国を築いた"G2トランスフォーマー"、爬虫人類"ジャダイ"、そして"地球人類"の3種族である（BW劇中で後世の人類が登場しないのは、スウォームによって失われていたためである）。スウォームとTFの戦いの際、初代オプティマスが彼のコア・コンシャスネスをスウォームに分け与えて以来、吸収された三つの種族は融合してヴォックとなった。ヴォックは温かい血肉と機械、そして冷血動物の、三つの意識の混合体である。（→スウォーム）

<**ヴォックの実験**>ヴォックの実験の目的とは、地球上に"より完璧な人類"を創造する事である。初代オプティマスに"良心"を与えられ、ヴォックへと変異して以来、彼らはスウォームとしてこれまでに一掃してきた知性体を修復しようと試みてきた。地球の場合、彼らは失われた人類の再生を、時空を遡り、原人達を、現在のように"好戦的な部族"の集まりではない、統一存在へと導く事で実現しようとした。この目的のために用いられた手段の一つが、地球の地下に純粋なエナージョン・クリスタルを埋設する事であった（これは時間と共に成長して、エナージョン・キューブとなる）。ヴォックは、このクリーンなエネルギー源が、化石燃料や核エネルギー等の、汚染の危険をともなう資源と取って替わるよう意図し、人類が十分に発達した暁には、彼らにエナージョンの存在とその使用法を伝え、高度技術の早期到来と共に人類の発達を加速させようとしたのである。また異なる手段として用いられたのが"宗教"である。ヴォックは人類の精神には"高次の力"への、本能的な希求があると見なしていた。つまり人間は神を必要としているのであり、ヴォックは人類が神への依存状態から脱却する時まで、自ら神の役割を果たそうとした。空飛ぶ島（ブリガドゥーン）は、そのために作られた"オリンピア"神殿の一つである。これと同種のものが惑星の各地に配置され、これら神殿において人類はヴォックに学び、宇宙で一人立ちできるほど十分に発達するように導かれるのである。

<**実験の中断**>埋蔵エナージョンは環境に優しく、動植物相はエナージョンの影響を受けない。むしろ植物のための土壌を肥沃にし、ひいてはその植物を摂取する動物をも繁栄させる。だがこのエナージョンの投入には裏の一面があり、実験が阻害された時には文字通り惑星を破壊するために用いられるのである。この実験阻害の要因となるのは、異種族、ことに高度な科学技術を持つ宇宙航行種族が偶然やって来た場合である。ヴォックが地球に到来したTF達に敵対的に振る舞い、多くのサイトに部外者のための罠が仕掛けてあるのはそのためである。ヴォックは"進化した人類の創造"という最終目的のために、これまでに何度も地球の破壊と再生を繰り返してきた。エイリアン・マシーンの攻撃が成功していれば、彼らは数千年をかけて再び地球をテラフォームし、実験を再開していただろう（その度に、時間流の調整が行われる）。だがこれは不首尾に終わり、後にタイガトロンらとの接触によって、彼らは自分達の手段の正当性を確信できなくなった。次に彼らは実験再会のため、惑星全体ではなくTFのみを限定攻撃し、メガトロン排除にあたってはマクシマルに協力する形となった。だがそれは、あくまで彼ら自身の理由によるものであり、TFとの和解を意味するものではない。（→タイムストーム）

●ヴォック・ネビュラ Vok Nebula:<50> ヴォックの本拠地である銀河の霊的階層。また、TFがその死後に帰還すると信じている"メイトリクス・ディメンジョン"の真の姿である（→メイトリクス・ディメンジョン）。TFの「魂」であるスパークは、ヴォックから生まれる。正確には、ヴォック自身が微小片に分裂し、善なる者は"メイトリクス"へ、悪なる者は"ピット"へと送られる（ヴォックの前身であるスウォームは、善悪両方の精神を吸収していた）。彼らが分裂する理由は、ヴォックを構成する三種族が本能的に個別の存在で、なるべくして集合意識となったものではないためである。そこで彼らは、知覚を持った一個のTFに姿を変える事で、任意に個体となる事ができるようにしたのである。そしてTFとしての人生を全うし、死したスパークは、宇宙を渡りヴォック・ネビュラに到達した後、再びヴォックの一部となる。だがその時には、TFとして過ごした経験によって（転生の如く）変化した存在となっている。

●エイリアン・ゴールデンディスク Alien Golden Disk:<24～33> エイリアンディスクは、ヴォックの「地球人類部分」の意識によって生み出されたものである。そこにはかつて人類がボイジャー・ディスクに託したのと同じく、ヴォックに関する広範な知識が収められていた。メガトロンがこのディスクから解読できた情報は、全体のおよそ1/5程度だという。

●**エイリアン・プローブ** Alien Probe:<5> ワームホールの彼方から惑星上に降り立ったヴォックの探査体。捕獲したオプティマスを分子レベルに分解し、そのロボット構造をくまなく走査した。

●**エナージョン** Energon:<1〜> G1からの伝統である、TFの主要動力源。事の始め、ゴールデンディスクには「エナージョンの源泉」のありかが記されていると説明されていた。初代メガトロンら旧世代のTF達の間では、太古の地球が「膨大なエナージョン・キューブの宝庫」として知られていたという(彼は太古の地球がヴォックの実験場となっていた事は知らなかったが、"メイトリクス"や"ピット"が、何らかのエイリアンの力によってもたらされた物であると、長年の研究から推理していた)。<エネルゴン>

●**エナージョン・キューブ** EnergonCube:<29〜> 安定状態のエナージョン。純粋エナージョンのクリスタルは時間経過と共に、結晶成長によってエナージョン・キューブとなる。なお旧シリーズの設定では、エナージョン・キューブはエネルギー凝縮、変換用の容器のような物として描かれていた。<エネルゴン・キューブ>

●**エナージョン・ステーション** Energon Station:<30> TFのエネルギー補給基地。メガトロンがエナージョンキューブの所在地に建設を命じた。また両軍の基地内にもTF用の補給ステーションがあり、メンバーはここでパワー供給を受ける。

●**エナージョン・ディスチャージ** Energon Discharge:<34*> プロトフォームXの墜落現場で、多量のエナージョン・エネルギーを浴びたチーターとタランチュラスが、蓄積されたパワーを意識的に放出し、武器として使用する場面があった。あたかもトランスメタル特有の能力であるかのように見えたが、この一連のシーンはカットされ、僅かにチーターの「ガス漏れ」の部分だけが残された。

●**エナージョン・ディスチャージ・ヴァイラス** Energon Discharge Virus:<22> タランチュラスが開発した、TFの体内からエナージョンを放出させるウィルス。しゃっくりと共に吹き出したエナージョン・ボルトは、かなりの破壊力を有する。<エネルギー放出ウィルス>

●**エナジー・シグネチャー** Energy Signature:<3〜> TFの発する"エネルギー紋"。その波形から、プレダコンとマクシマルを判別する事ができる。<パスワード、エネルギー波>

●**エモーション・チップ** Emotion Chips:<7> TFの感情を司るチップ。この働きが警戒回路を上回ると、「向こう見ず」な状態になる。

●**オイル風呂** Oil Bath:<9> TFには快適なものらしい。

●**オプティック・クーラント** Optic Coolant:<17*> 浮島の自然が永久に失われた時、タイガトロンの金属の頬に流れ落ちた光学器冷却剤。つまり涙の事。実際の画面では見せていない。

●**オプティック・センサー** Optic Sensors:<20> TFの視覚器官で、いわゆる「眼」の事(G1時代からの伝統的な表現)。20話ではスコーポノックの"ミサイル"によってこの機能が破壊され、危機に陥った。

●**オフライン** Offline:<15> 「装備の停止状態」を始めとして、さまざまな意味で用いられる言葉。「死ぬ」も含まれるかは不明。

●**オペレーション・エターニティ** Operation Eternity:<52> 絶対の危機的状況に際し、マクシマルズの手によって宇宙船アークを再浮上させる作戦。アークがあまりにも長く機能停止状態にあったため、実を結ばなかった。

●**オミクロン** Colony Omicron:<41> デプスチャージが保安主任を務めていたコロニー。植民星の類と思われるが、脚本初稿ではヒューマノイド型エイリアンがプロトフォームXの犠牲になる描写があったといい、果たしてマクシマルのコロニーであったかも定かではない。

●**オンライン** Online:<10> 「装備の作動状態」を始めとして、さまざまな意味で用いられる言葉。「生きる」もこれに当てはまる。

カ

●**カヴァナント・オブ・プライマス** The Covenant of Primus:<51> 「プライマスの聖約」と題された予言の書で、別名「データトラックス7.613」。"テープブック"と呼ばれる書物で、オートボットのインシグニアが刻まれた表紙を捲ると、内部にカセットテープ状の記録メディアが組み込まれている。アークとネメシスにそれぞれ保管された二部のみが存在し、ビーストウォーズの模様を表わしたとも取れる詩文が収められている。(→プライマス)

●**ガルバトロン** Galvatron:<21> G1の時代、ディセプティコンの頂点に君臨した悪のトランスフォーマー。その正体は初代メガトロンが強化再生された姿。

●**クォンタム・サージ** Quantum Surge:<27> エイリアン・マシーン(プラネットバスター)の爆発によって発生した量子の奔流。これらエイリアンの機械群はヴォック・ネビュラから分裂して実体化した、いわば"ヴォック頭脳"というべきもので、爆散した波動には超微量な意識体が内包されている。この照射を受けたビースト戦士達(後のトランスメタルとフューザー)は、ヴォックによる軽度の憑依状態となり、ヴォックと同質の身体構造を持つに至った。

●**クォンタム・ジェネレータ** Quantum Generator:<28,29> ライノックスがオプティマス・プライマルの復活のために使用した装置。コア・コンシャスネスを拡大してトランスワープ・スペースに突入し、オプティマスとアクサロンを"トランスワープ・アイオン(TransWarp Ion)"で結び、ブランク・プロトフォームの元へ導いた。

●**グラビトン・ジェネレータ** Graviton Generator <37> ブラックアラクニアが、ステイシス・ポッドを飛行艇に改造するために、シルバーボルトから入手した重力子発生装置。

●**コア・コンシャスネス** Core Consciousness:<7〜> TFの記憶や人格、情緒の要となる中枢意識。システムの制御や診断、分析などを行うオンボード・コンピュータとは別個に存在する。スパークと直結した精神機能だが、一個のプログラムパターンとして複製保存も可能である。また死したTFのコアは、スパークと共にメイトリクス(ヴォック・ネビュラ)へと帰還、合流し、スパークの新生に影響を与える。<大脳中枢、意識中枢>

●**コア・ダンプ** Core Dump:<34> コア・コンシャスネスの複製保存データ。ロストエピソード"DARK GLASS"においてラットラップが、沈没したアクサロン船内でダイノボットのコア・ダンプを発見する。戦いのさなかに自分が命を落とすであろう事を予感していたダイノボットは、もしも自分が倒れた場合に備え、仲間達に秘密にしていたメガトロンのマスタープランに関する知識を伝えるべく、自らの意識の複製を残していたのである。このコア・ダンプはラットラップによってTM2ダイノボットにインストールされ、ネメシスの戦いで彼が旧人格を回復する原因となった。なお、宇宙船指揮官であるオプティマス・プライマルはその職務上、アクサロンのコンピュータにコア・コンシャスネスのファイルを常に用意しているが、彼がトランスメタルとして再生した際は、回収されたスパークがコアを宿していたため、人格の回復に関してダイノボットと同じ方法は取られていない。

●**コーション・サーキット** Caution Circuits:<7, 10> TFの警戒心を促す回路。この働きが勇気を圧倒すると、「臆病」な状態になる。

●**コムリンク** Comlink:<1〜> TFの内蔵式通信装置。主に胸部と手首に装備されている。

●**コンフリクト・サーキット** Conflict Circuits:<1> TFの闘争心を司る回路。

サ

●**サーキットリー・フィールド** Circuitry Field:<48> ブラックアラクニアの再プログラミング作業時に舞台となったサイバースペース。画面では現実空間のようにも見えるが、脚本では彼女のマクシマル・プログラミングを包み込む、クモの形をしたシェル・プログラム、そしてトランスメタル・ドライバーの影響を示すエイリアン・エナジーの輝き等の、幻想的なイメージが描写されている。

●**サーベイ・ポスト** Survey Post:<4> マクシマルズのプレダコン基地爆破作戦の際、プレダコンのエナジー・シグネチャーを探知するために作られた装置。ホッケー・パック程度の大きさから棒状に伸縮する。設置作業の際にチーターが誤ってエナージョン・クリスタルに打ち込んでしまい、不安定エナージョンとの相互作用で偶発的に転送装置を形成、通信機を介して両軍の基地を転送ルートで結んでしまった。<探査装置、如意棒>

●**サーボ回路** Servo-Circuits:<8> ラットラップの隠し持ったシンクロレーザーに撃たれたメガトロンは、この回路を壊され変形不能になった。<変身回路>

●**サーボ・フルード** Servo Fluids:<8> TFのサーボ機構に充填された液体。高山地帯を歩くラットラップが、こう寒くては〜が凍りつく、とぼやいた。

●**サイドガン** Side Guns:<1> プレダコン戦闘艦の舷側砲。これにステイシス・ホールド(Stasis Hold:静止船倉)を打ち抜かれたアクサロンは、船倉内の全てのポッドを地球の軌道上に放出した後、地上へ墜落した。

●**サイバートロン** Cybertron:<1〜> 現在のサイバートロンはハイ・カウンシルの権威の統治下にあり、マクシマルズとプレダコンズは、共同で宇宙や他の銀河を探索してさえいる。なお「サイバートロン」には、星の名だけでなく「サイバートロン人(サイバトロニアン)」としての意味も含まれている<セイバートロン星>

●**サイバートロン年代記** Chronicles Of Cybert

ron:<21> “グレートウォー”の時代を始めサイバートロンの歴史が記されたデータベース。「テープブック」版も存在する。

●サイバトロニクス Cybertronix:<6> いわゆる“サイバートロン文字”。日本語に酷似している。

●サイバー・ピュバティ Cyber-Puberty:<45> いわゆる「電脳思春期」。TM2への変身によって、難しい年頃(のパーソナリティ)になったチーターを、ラットラップがこのように表現した。

●シークェンサー・プログラム Sequencer Program:<15> プロトフォームに、他惑星の原住生命体から得た生命情報を入力し、TFの完成体とするためのプログラム。

●G1スパーク G1 Spark:<49> BWでは、旧世代のTFも遡及的に、スパークを持っている設定になったが、彼らのスパークはヴォック・ネビュラから生まれた物ではない(ファンが各々信ずる所に従って“ベクターシグマ”や“プライマクロン”、あるいは“クリエーション・メイトリクス”等、適宜な起源を選ぶべし、との事である)。

●時間単位 Time Units:<6~> サイバートロンでの時間単位は以下の通り。
ナノクリックNano-Klik:「秒」
サイクルCycle:「分」
メガサイクルMega-Cycle:「時」
デカサイクルDeca-Cycle:「30日」
ステラサイクルStellar Cycle:「年」
ミリサイクルMilli-Cycle:「千分の1サイクル」
サイバートロンの1年は約400日、1日は約20時間に相当する。

●シックス・レーザース Six Lasers Over Cybertron amusement park:<37> サイバートロン本星にあるアミューズメントパーク。スペース・スライド、ギャラクシー・コースターなどの遊戯施設を取り揃えている。本星からの救援が来ると浮かれたチーターが、ここの楽しさをアピールした(アメリカの系列型アミューズメントパーク「シックス・フラッグス」が元ネタ)。

●シュラプネル Shrapnel:<13> G1時代に活躍したディセプティコンの電子戦闘員で、クワガタ状のロボットに変形する戦士(日本名は“シャープネル”)。13話にて、プレダコン化したライノックスに打ちのめされ、錯乱したワスピネーターが「自分はディセプティコンの英雄~だ!」と口走る場面がある。これは彼がシュラプネルの生まれ変わりという訳ではなく、何かG1について触れる台詞を入れたかっただけ、という事である。

●女王陛下 Queen:<24> 兵隊アリのメンタリティを持つインファーノが、メガトロンをこのように呼んで嫌がられている。

●食物摂取 Eating:<22> マクシマル、プレダコンのビーストモードに備えられたエネルギー変換機能。エナージョンが確保できない惑星環境下に置かれた場合等に効力を発揮する(ただし効率面ではエナージョンに劣る)。タランチュラスのウィルスによって動力電池のパワー残量がわずかになったライノックスは、エネルギーを補うためにビーストモードの有機物摂取機能を用いたが、野性の豆を消化しきれず超特大のエナージョン・ブラストを暴発させる事に…。

●シリコン・ヴァルハラ Silicon Valhalla:<22> 「ヴァルハラ」は、北欧神話に登場する戦士の霊が迎えられる場所、転じて栄誉ある人が祭られる記念堂の意にも。ダイノボットがラットラップに対していわく「貴様のような薄汚いネズミに背後から撃ち殺されたとあっては、~に席を得ること叶わぬ」

●シンクパルス・トランスミッター Synch-Pulse Transmitter:<34> メガトロンがプロトフォームXの回収に送り出したブラックアラクニアの背中に取り付けた盗聴器。装着と同時に、姿が見えなくなる。

●スウォーム Swarm: マーヴルコミックス刊『トランスフォーマーズ:ジェネレーション2(TRANSFORMERS:Generation2)』に登場した、巨大な暗黒エネルギーの集合意識体(“群れ”を意味するその名の通り、漆黒の羽虫の大群といったイメージで描かれていた)。TFを求めて宇宙を渡り、行く手にいる生命存在を分解吸収しながら地球を目指した。コミック版にのみ登場する要素だが、この「G2コミックシリーズ」を高く評価するストーリーエディターのラリー・ディティリオ氏は、BWの世界にG2のエレメントを持ち込み、また作品に第三の勢力を導入するために、強大なエイリアン・ヴォックを創造した。

<ストーリー>外宇宙の惑星で謎の敵TFと遭遇した初代オプティマスらは、自分達が400万年の眠りについている間に、“第二世代”を名乗るディセプティコン達が、宇宙の彼方に巨大なTFの帝国を築いていた事を知る。あまりにも強大な敵と凄惨な戦いを繰り広げる中、さらなる脅威“スウォーム”が襲来した。

<スウォームの起源>トランスフォーマーの神"プライマス"は、自らが憑依した小惑星を機械惑星サイバートロンに変え、ユニクロンに対抗するための勢力としてトランスフォーマー種を創造した(→プライマス、ユニクロン)。最初に、サイバートロンの金属の大地が変形、突出して(土塊からアダムが創造されたように)一体のロボットが生成。この繰り返しによって惑星上にロボット生命の一群が発生すると、次いで彼ら自身の自己分裂による“バイオモーフィック増殖”が始まり、この世代的、段階的な繁殖によってサイバートロンにTF種が確立した。あくまでユニクロンと戦う目的のために生み出された種族であるTFは、際限なき増大を許されておらず、このプロセスはある時点で終息、そして全種族的な記憶消去によって繁殖の原理も失われた(以後はわずかに"クリエーション・メイトリクス"だけが、TFに生命をもたらす手段だと知られるようになる)。そして時が流れ、宇宙船アークの中で初代オプティマスらTF達が400万年の眠りについている間、サイバートロンに残ったディセプティコンズの間で、TF増殖の原理が再発見された。これにより勢力を拡大した、いわゆる“第二世代トランスフォーマー(以下G2TF)”は、外宇宙に進出し巨大帝国を築いたのである。一方、彼らによってこの生命誕生プロセスが無限に繰り返される過程で、ある種の副産物として「闇」を帯びたエネルギーが生成、放出されるようになった。このエネルギーは宇宙空間で蓄積されるうちに意識を生じ、いつしか一つの生命となる。スウォームの誕生である。空虚と混沌に支配された者達から生まれたスウォームは、飢餓感に苛まれながらG2TFらを吸収し地球に迫った。スウォームの欲するものに気づいたオプティマスは彼の持てる全ての善意を与え、彼らを新たな存在へと生まれ変わらせる。こうしてスウォームは創造の力となったのである。

<BW版アレンジ>逆にコミック版にはない要素だが、ディティリオ氏はヴォックの起源をスウォームとした際、その誕生の直前、スウォームによって地球人類が一掃されていた、という驚くべき設定を加えている。こうしてヴォックを構成する知性体はG2TF、ジャダイ(これもディティリオ氏の創作)、そして我ら人類という事になった。(注:なお、この設定はもう一人のストーリーエディター、ボブ・フォワード氏との間で完全合意が出来ていない。ただ一つ引っ掛かっているのは「いかにして人類がヴォックの一部となったか」という部分である)(→ヴォック)

●スキッド・プレート Skid Plate:<1~> ラットラップの台詞「俺の~にキスしな!」等々によると、どうも「尻」の事らしい。

●スターベース・ラグビー Starbase Rugby:<51> プロトフォームXが襲撃した宇宙基地。ここでもデプスチャージの友人達が、Xの犠牲となった(この名は、アメリカのコレクター向けトイショップ、Rugby's Starbaseから取ったもの)。

●スターホッパー Starhopper:<41> デプスチャージがプロトフォームXの捜索に使用した、マクシマルの一人乗り宇宙船。

●ステイシス・ポッド Stasis Pod:<1> 他惑星に探査要員を兼ねたプロトフォームを送り込むための小型カプセル。着陸用のレトロ・スラスターとDNAスキャン、そしてTFのプログラミング装置を搭載する。<救命ポッド>

●スノーストーカー Snow Stalker:<7,23> ツンドラ地帯に住んでいた白いシベリアン・タイガー。タイガトロンの形態モデルであり、かけがえのない友であったが、プレダコンとの戦闘の巻き添えとなって死亡した。<トラジロー>

●スパイダーボット Spiderbot:<3~> タランチュラスの巣窟内を徘徊する小型ロボット。メンテナンスボット(Maintenance Bot)、フラッシュライト・スパイダー(Flashlight Spider)等、様々な呼び名がある。50話では、サイバーベノムの集中攻撃によってタイガーホークを倒した。

●スポーン・オブ・ユニクロン Spawn of Unicron: TFの仇敵ユニクロンによって生み出された者達による秘密結社。サイバートロンの各分野、各組織に紛れ込んでいる。

●ソニックパルス・エミッター Sonic Pulse Emitter:<9> ブラックアラクニアがマクシマル基地の真下に侵入口を開けるため開発した、音響パルス発生装置。<ソニックボンバー>

●ソリッドメタル・ケーシング Solid Metal Casing/Metal Shielding:<15> ステイシス・ロック状態で金属質の外被に覆われた、プロトフォームの“コンテナ”モード。タイガトロンやブラックアラクニアは、この形態でステイシス・ポッドに収容されていた。

タ

●ターミネーション・シークェンス Termination Sequence:<26> 惑星上での実験を断念したエ

イリアンが、全てを無に帰すために発動させた終局プログラム。<破壊プログラム>

●タイガーホーク Tigerhawk:<50> 脚本によると、タイガーホークの身体はタイガトロンとエアレイザーのボディを物理的に融合させた物ではなく、「スパーク融合によるエネルギー」から実体化した物のように描写されている。ここに新たなヴォック・プログラミングが注入され、ヴォック密使としてのタイガーホークとなる。他にも本編に登場しない武器、エレメンタル・ウォンド(Elemental Wand：天変地異を引き起こす杖)や、ダズラービーム(Dazzler Beams：ショルダーパッドから発せられる幻惑光線)等が登場している。

●ダイキャスト・コンストラクション Diecast Construction:<39> 「鋳造工法」の意。マクシマルズの攻撃を寄せつけない宇宙船アークについて、オプティマスが「～だからな、あれは失われた技術だ」と述べた。G1時代のトイが(BWでは使われていない)ダイキャスト部品を多用していた事に掛けたジョーク。

●大赦 Amnesty:<37> 有罪宣告の無効化によって訴えを免れる事。グレートウォーの終結後、敗者であるディセプティコンズの中の、ごく僅かな者達が大赦を受け入れた。その大半はリタイアしたが、ただ独りラヴィッジは、再改造、再プログラムを施す事によってプレダコンとなった。

●タイムストーム Timestorm:<39> メガトロンが初代オプティマスを破壊したために発生した宇宙規模の時間嵐。歴史改変は直後に食い止められたが、この影響で時間流が深刻な打撃を受け、自らの誕生の起源を脅かされたヴォックは、メガトロンを破壊すべく直接行動に打って出た。

●タイロニウム Tironium:<6> 浮遊山のパワーサージを受けたテラソーを、ラットラップが「～でも食いかねない勢いだ」と評した。非常に硬いか、或いは有害な物質と思われる。

●チップ・エクストラクター Chip Extractor:<15,18> ロッキング・チップを除去する際に用いる工具。ライノックス、タランチュラスが使用。(→ロッキング・チップ)

●ディスラプター・キャノン Disruptor Cannon:<47> "バイポーラー(双極性)エナージョン"の強力なパワーを利用した破壊兵器。フォースフィールドを持たないマクシマル基地を攻撃するために開発された(テレトラン1のシールドに守られたアークは、もとより標的としていなかった)。

●データトラックス Datatrax:<18～>"データファイル"の類を意味する用語。

●テラライズ Terrorize:<1～> プレダコンの変形起動コード。「脅かす」の意。<変身>

●テンポラル・ヴォーテクス Temporal Vortex:<41> メガトロンのタイムストームの影響で発生した時空変動場の一つ。トライプレダカス・カウンシルによってトランスワープ波の到来が妨害された後、ハイ・カウンシルは独自の調査の末、プレダコンの手によって危険な時空変動が引き起こされていた事実を知った。そして詳細な調査を終えるまでの間、これらの宇宙域を航行禁止としていたが、この禁を侵したデプスチャージは突如現れた時空渦動に呑まれ、太古の地球へと送られてしまった。

●テンポラル・プローブ Temporal Probe:<11> 行方不明のアクサロンが、もはや通常宇宙にいないと判断したサイバートロン本星の指示によって送り出された時空探査機、あるいは航時探査機。<探査機>

●トゥルース・サーキット Truth Circuits:<24> TFの誠実さをつかさどる正直回路。プレダコンに搭載されているかは定かでない。

●トーテム Totem of DinoBot:<43*> 原人達の村に奉られた、ダイノボットの姿を模したトーテムポール。脚本では子供達を送り届けたチーターが、これを見てしんみりする場面がある。

●トランスフィクシング Transfixing:<13> ライノックスをプレダコン化したトランスミューターの効果を逆転する処置。<再変換>

●トランスフォーメーション Transformation:<1～> "変形"の意。微少機械"ナナイト"で構成されたTFの身体は、一つのビーストモードだけでなく、プログラム次第で複数の変形形態を取り込む事が可能である(これは、番組企画時にオプティマスのトイである、ゴリラ版とコウモリ版の両方を登場させようとしていた時の名残りである。つまり彼は4段変形／クァドラフォームTFとなる可能性があった)。ただし際限のない形態追加は他の身体機能を圧迫するため、無限のモーフィングが可能というわけではない。<変身>

●トランスフォーメーション・ロック・レンズ Transformation Lock Lenz:<11> タランチュラスが開発した、敵を強制的にビーストモードへ引き戻し、そのまま再変形を不能にする装置。<ロックビーム>

●トランスミューター Transmuter:<13> マクシマルのプログラムを瞬時にプレダコンの物に改変する装置。<デストロン変換器>

●トランスメタル TransMetal:<27> トランスメタルとは、エイリアン・マシーンの破壊に伴い発生した量子波動"クォンタム・サージ"と、そこに含まれるエイリアン因子の影響によって、TFのボディを構成する微少機械群"ナナイト"が変異した事により生まれた、偶発的変身形態である。

<非トランスメタル>クオンタム・サージの照射を受けながらトランスメタル化しなかったのは、C/Rチェンバーに入っていた者を除けば、全てこの惑星で誕生したTF達である(仮にこれを一世、二世と分ける)。この太古の地球の動植物群は、ヴォックによる遺伝子操作によって彼らのフィジカル・パート(物質的一部)となっていた。二世TFのプロトフォームが起動プロセスを受けた時、彼らはこれら"ヴォック・ビースト"の改変遺伝子情報の全てを体内に取り込んだ。そのためクォンタム・サージが襲来し、一世TF達が変身を遂げた際も、既にヴォック・ビーストとなっていた二世達は変異を免れた(正確にはこれ以上の変異を拒絶した)のである。またこの時、一世とフューザー達の身体はクォンタム・サージの"ヴォック憑依"によって、より重度のヴォック化が進行した。(→クォンタム・サージ)

●トランスメタル・サイバーベノム TransMetal Cyber-Venom:<43> 敵トランスメタル攻略のためにタランチュラスが開発した速効性の猛毒。一時的な酩酊状態や頭部肥大などの現象を引き起こす。

●トランスワープ TransWarp:<1> TFの超時空航行に用いられる概念。ちなみに正確な発音は"トランズウォープ"。

●トランスワープ・シグネチャー TransWarp Signature:<1,11,37> トランスワープ使用時に、空間に残されるワープの痕跡。ディスクを奪い逃走したメガトロンの戦闘艦のワープ航跡を追尾ロックできたのは、アクサロンだけであった。<ワープスピード>

●トランスワープ・スペース TransWarp Space:<27,28> トランスワープ・セルの爆発で開いた"窓"により通じた超空間。この"窓"を通り、ライノックスはオプティマスのスパークを追跡した。

●トランスワープ・セル TransWarp Cell:<25> プレダコン戦闘艦のスペースドライブ機関を構成する、小型のトランスワープ装置。エイリアン・マシーンの爆破を始め、メタルハンター・ベースの時空移動、オートボット・シャトルの本星帰還等に使用された。<ワープ転換装置>

●トランスワープ爆発 TransWarp Explosion:<26> トランスワープ・セルの起爆によって引き起こされた超空間爆発。これによってエイリアン・マシーンは撃破され、その余波は時空を超えてサイバートロン本星に到達した。<体当たり>

●トランスワープ・マトリクス TransWarp Matrix:<11> 超時空航行の際、通常空間に開かれる「ワープ基盤」。宇宙船はここからトランスワープ・ワームホール内へ突入する(次項との区別のため、普通名詞と固有名詞とで発音表記を分けた)。

●トランスワープ・メイトリクス TransWarp Matrix:<29*>"メイトリクス・ディメンジョン"の、脚本上での正式表現。この29話脚本では「TFの"天国"としてのメイトリクス」が実在する物として克明に描写されており、それには「トランスワープ空間内に存在する、一つの銀河にも及ぶ巨大さの、おぼろげな多面体構造のクリスタル。その内なる深淵に無数の輝きが舞い踊っている」とある。これは実際の画面には登場せず、「メイトリクス＝ヴォック・ネビュラ説」のために、設定自体が抹消されたとも考えられる。

●トランスワープ・ワームホール TransWarp Wormhole:<1> トランスワープ航行時に突入する時空の穴。メガトロン達はこの空間を通って、数百万年前の時間域に到達した。

●ナチュラル・ストーン・アクロポリス Natural Stone Acropolis:<28,31,44> ダイノボットがディスクを隠した、ギリシア神殿跡に似た自然の岩場。ナチュラル・アンフィシアター(Natural Amphitheater:自然円形劇場)ともいう。

●ナナイト Nanites: TFやプロトフォームの身体を形成する微少機械群で、細胞よりも遥かに微少なスケールの構成単位。トランスメタル化などTFのミューテーション現象の根源ともなる。

●ハイ・カウンシル High Counsil:<41> 全サイバートロンの頂点に立つ統治機関。そのメンバーはオートボットやディセプティコンの名士達、および少数のマクシマルとプレダコンらによって構成される。初代オプティマスも主要メンバーとして名を列ねている。(→テンポラル・ヴォーテクス)<最高議会>

●ハイパーモード Hyper Mode:<3> やんちゃなチーターが浮かれ騒ぐ状態。この場合のHyperは「はしゃぐ」の意。

●パックス・サイバトロニア Pax Cybertronia:<37> 「サイバートロンによる平和」を意味する、グレートウォー終結後に達成された天下泰平の時代の事。

●パワーガントレット Power-Gauntlet:<1> 決闘の合図に、敵の足下へ投げられるもの。マクシマルズとプレダコンズの最初の全面対決の直前、チーターに不意打ちされたメガトロンが「～は投げられた」と宣言した。

●パワーシールド Power-Shield:<12,22,29> アクサロン再浮上の際、プレダコンに追われるダイノボットを救出するためオプティマスとチーターが使用した大型の盾(オプティマスの顔の輪郭に似ている)。ライノックスの"しゃっくり"から身を守る際にも、多数持ち出された。またTMオプティマスの最初の戦闘時にも使用。

●パワーセル Power Cells:<22> TFの動力であるエナージョンを備蓄する体内電池。エナージョン放出ウィルスのために、このエネルギー残量が低下したライノックスは、生命の危機にさらされた。

●パワーパック Power Pack:<32,42*> 負傷したTFのための緊急バッテリーとなる箱型の装備。磁気的に吸着し、安定したパワーバーストを供給して一時的な稼動状態を与えるか、またはステイシス・ロックを長引かせる。エイリアンのビームに襲われたチーターに対し、オプティマスが使用した。また42話の脚本にも、ラットラップが消耗したシルバーボルトに使用する描写があった。

●パワーポール Power-Poles:<35> ダイノボットの"戦士のリサイクリング"に使用された3本の柱状の「分解葬」設備。安置した遺体を分解、放散し、一部を吸収する。(→リサイクリング)

●パワーボンド PowerBonds:<35～> 敵や人質等を捕縛する際に使用する、光輪状の拘束具。エナジー・マナクル(Energy-Manacle)ともいう。解除の際は粒子状に分解する。ビーストウォーズに敗北したメガトロンは、これによりオートボット・シャトルの天板に拘束され、サイバートロンへ連行された。＜パワーバンド＞

●ビーストモード Beast Mode:<1～> 彼らTFの動物形態は機械の身体を有機組織の殻で覆った構造になっている。コムリンクやスキャンモード等のシステムが使用可能だが、基本的に武器は使えない(トランスメタル以降は別)。

●ビッグ・バーン Big Burn:<26,30> エイリアン・マシーン(プラネットバスター)の攻撃による大災害の事を、ブラックアラクニアがこのように称した。

●ピット The Pit:<23～> プレダコンのプロトフォームが生み出される創造施設。その存在はなかば神格化されており、驚きや祈りの言葉の中にその名が織り混ぜられる事がある("By the Pit!" など)。ピットは一度として画面には現れなかったが、サイバートロンの隔絶された地域にある巨大な構造物で、その形状は暗く混沌として、非対称形をなすものと考えられている。サイバートロン生まれのプレダコン、メガトロンやタランチュラス、テラソー等はピットから生まれ、プレダコンのスパークを持っている。(→メイトリクス、インファーノ)。

●フィールド・ダンパー Field Dampers:<9,15> エナージョン・フィールドから、TFの体を守るための緩衝装置。＜エネルゴン除去装置＞

●フェイスプレート Faceplate:<8,10,15,26> 戦闘時にオプティマスの顔面を保護する装甲版。これを閉じるとトイと同じ顔になるが、いつもほんの一瞬しか登場しない。

●プライマス Primus:<34～> TFの「神」にあたる存在。マーヴルUK(イギリス版)コミックスで初登場したキャラクターで、旧アニメシリーズには存在しなかったが、BWでは信仰の対象として描かれている。

＜コミック設定＞プライマスはTFユニバースにおける宇宙の守護者であり、闇の神ユニクロンと戦う光の戦士だった。彼は長き戦いの末に一計を案じ、ユニクロンの生命エッセンスを小惑星の中に封じ込める事に成功する。だが、そのために自らも宿敵と同じ運命を辿り、別の小惑星に囚われてしまう。プライマスは、いつか来るユニクロンとの決戦に備えるべく、この小惑星を金属の世界に変え、サイバートロンを創造したのである。(→スウォーム)

●プライム・リーダー Prime Leader:<13> マクシマルズの、高位の指導者を表わすと思われる呼称。オプティマス・プライマルがライノックスに対して「君が望みさえすれば、～にもなれるのに」と評している(オプティマス自身がプライム・リーダーであるのかどうかは定かでない)。"プライム"は代々、善のTFのリーダー格に付けられた名称で、これまで正式にこの名を持つのは初代オプティマス・プライムとロディマス・プライムの二人だけである(他には『ビーストマシーンズ』のトイとして発売が予定されている"プライマル・プライム"というのもある)。事によるとライノックスも、これらの司令官達と肩を並べる逸材だったのかもしれない。

●プラズマキャノン Plasma Cannons:<1> アクサロンの上部甲板に搭載された大型砲。最大出力の一撃でプレダコン戦闘艦を航行不能にした。

●プラネットバスター Planet Buster:<32> ヴォックの惑星破壊装置の別称。

●ブランク Blank:<28,44> スパークを欠いたプロトフォーム。"メイトリクス"や"ピット"の不調、あるいはその他の要因によって時々起きる現象である。これ自体は手の施しようのないものだが、TMオプティマスの復活に重要な役割を果たした。(→ラクシャーン)

●プレダコン同盟 Predacon Alliance:<9,33,37> プレダコンの勢力は代表的な統治機関を持たず、トライプレダカス・カウンシルやスターコンクレイヴ(Star Conclave)、ギャラクティコン・オーダー(Galacticon Order)その他の、いくつもの異なった組織によって率いられている。これは単一の権威を信頼しないプレダコンの混沌とした性質に起因し、その結果、彼らは自分達に合った独自の政治システムを作り上げている。

●プレダコン秘密警察 Predacon Secret Police:<38> サイバートロンとその周辺を管轄する警察機関で、プレダコンズあるいはその分派による犯罪行為を密かに監視し、またメガトロンのような過激分子の内偵を役割としている。それ自体が一つの独立組織であり、ハイ・カウンシルにのみ窓口を持つ。常にルールに従うわけではないが、本質的に平和維持機関である。

●ブローン Brawn:<40*> G1時代に活躍した、緑色のジープに変形する小型のオートボット(日本名は"ゴング")。2005年に初代メガトロンとスタースクリームの手で殺害される。40話脚本に、チーターが初代オプティマスの惨状を見て「早くリペアしないと、～の二の舞いだ!」と口走る台詞があったが、彼の名の部分だけカットされた。

●プログラミング・チップ Programming Chip:<18> プロトフォームの起動時に、外部からTFの人格や知識の情報を送り込むためのチップ。通常はステイシス・ポッドのコンピュータに搭載され、正常な起動プロセスを経たプロトフォームは、ほぼ完成された人格と知識を備えた状態で誕生する。

●プロトフォーム Protoform:<7～> マクシマルやプレダコンの誕生には、ヴォックの意図が大きく反映している。彼らはTFを、機械生命種族としての理想的な姿に近づける手段として、プロトフォームを生み出した(→メイトリクス)。プロトフォームを調査したG1TFは、それが新種のTFの原形であり、さらにロボット形態と動物形態の融合によって「生まれる」のを待っている状態と理解した。だが機械惑星であるサイバートロンには動物種が存在せず、プロトフォーム起動のためには動物をサイバートロンに連れてくるか、またはプロトフォーム自体を他の星へ降ろすしかない。この問題解決のため、彼らG1TFの手によってステイシス・ポッドが開発された。これはプロトフォームを完全機能するロボットとして起動させ、さらにはこのプロトフォームTFに探査要員としての役割を与える事で、宇宙の広域探査を行うというTFの目的とも合致したものであった。かくして新世代のサイバトロニアン、マクシマルとプレダコンが誕生したのである。かつて旧世代のG1TF達は、他の種族を探索し、手を取り合おうとしたが、彼ら自身の巨体が、しばしばこの目的の障害となっていた。対してマクシマルとプレダコンは、より小さくコンパクトで、他の種族と対等な立場で交流できるようになり、また(かつては不可能だった)有機生命形態への変身によって、これまでよりも容易に他種族と順応できるようになった。こうしてサイバートロンは、彼らの銀河の守護者であり友人であるという、その運命を叶える事ができたのである(これこそ、ヴォックが考える機械生命種族のあるべき姿である)。しばしば議論の対象にのぼりはするが、殆どのTFは、プロトフォームに込められたヴォックの意図について、何一つ気づいてはいない。ただ、ハイ・カウンシルの主要人物達(とりわけ初代オプティマス)は、ここにエイリアンの力が介在している事実を掴んでおり、その正体は不明だが、いずれにしろ善意に基づくものと理解し、あえて受け入れたのである。だがビーストウォーズ以後、この方針は変化した。＜プロトタイプ＞

●プロトフォームX Protoform X:<34> スタースクリームの不死身のスパークを再現する実験によって生み出されたTF(彼のクローンというわけではない)。その名はマクシマルでもプレダコンでもない存在である事から付けられたもので、通常のプロトフォームとは異なる完成されたロボットである。マクシマル自身プロトフォーム創造技術を持たないため、Xはいわゆる「G1テクノロジー」によって作られている。

●フュエル・ロッド Fuel Rod:<28> エアレイザーがビッグ・バーン後の地球環境調査に出発する際「～は温かいままにね、すぐに連絡するわ」と言い残した。"留守中もお変わりなく"を意味する言葉「暖炉を燃やし続けて」のもじり。＜燃料ロッド＞

●フルード・ポンプ Fluid-Pump:<17> TFの"心臓"を意味する。

●プレッド Pred:<2> 「プレダコン」の(軽蔑的な)略称。「～は死ぬまで～だぜ」

●ベアリング Bearing:<1> TFの「肝っ玉」の事。リーダーの座を賭けてオプティマスに挑戦したダイノボットを、ライノックスが「クロム鋼の～を持っている」と評した(英語で胆の座った状態を意味する「真鍮の玉を持っている」のもじり)。

●ペデスタル Pedestal:<25> エイリアン・サイトの一つで、四角い台座状の敷石。中央に安定状態のエナージョン・クリスタルを配し、これがフィールド・ジェネレータとなってバイオ・ドームを形成した。

●マクシマイズ Maximize:<1～> マクシマルの変形起動コードで「極限化」の意。＜変身＞

●マクシマル・エルダーズ Maximal Elders:<21～> 全マクシマルズを代表する最高理事会。彼らの指揮によってプロトフォームXの創造実験が行われ、またスタースクリームの情報が機密事項とされた。

●マシーンブラスター Machine-Blaster:<28,29,31> トランスメタル化したメガトロンの総攻撃に備え、ダイノボットが使用した50口径の大型銃。29話脚本では、同じ物がラットラップのビークルモード背部からせり出される場面がある(実際はダイノボットの装備を取り付ける描写になった)。

●ミッシングマン・フォーメーション "Missing Man" Formation:<35> 航空用語の一種で、チーム内に死者が出た際、その死を悼むために、編隊の当該ポジションを空白にする飛行隊形(ミッシング・ワン・フォーメーションともいう)。ダイノボットの葬儀の際、オプティマスらがこの隊形を組んで飛行している。また、同エピソード冒頭、ダイノボットの個室の外を3羽のカラスが同じ陣形で飛び、彼の行く末を暗示した。

●ミューテーター・ビーム Mutator Beams:<14> ダイノボット・クローンの創造に使用した装置。変異誘発光線の意。＜ピーマンとキャベツの繊切り＞

●メイス Mace:<11*> テンポラル・プローブに信号を送る送信塔シグナル・アレイを守る際、オプティマスが彼のメイス(トイの右腕に収納されている分銅)を使用する場面が描かれていた(実際はソニック・ソードが使用された)。

●メイトリクス Matrix:<11～> いわゆる"マトリクス"。BW劇中には、それぞれ微妙に役割の異なる、"三つのメイトリクス"が登場する。

＜**メイトリクス**(The Matrix)＞マクシマルのプロトフォームが生み出される巨大な創造施設。その存在はなかば神格化されており、驚きや祈りの言葉の中にその名が織り混ぜられる事がある("By the Matrix!"など)。メイトリクスは、ある時サイバートロンに文字通り忽然と現れた、難攻不落で完全自律稼動の要塞である。いかなるTFも足を踏み入れた事がなく、一定のサイクルでプロトフォームを送り出している。やはりヴォックの手による創造物で、彼らのエイリアン・アーティファクトと同種の物と思われる。この「メイトリクス施設」は一度として画面には現れなかったが、サイバートロンの隔絶された地域にあり、惑星の中心まで達する幾重もの地下階層(ここからプロトフォームが生み出される)を持つ、巨大な金属による対称形の美と光に満ちた場所と考えられている。(→プロトフォーム、ピット)。

＜**メイトリクス・ディメンジョン**(Matrix Dimension)＞TFのスパークが、その死後に辿り着くと信じられている場所。多くの宗教観にある「天国」のアナロジーだが、これらは単なる信仰に過ぎず、メイトリクス・ディメンジョンなる物は、実は存在しない。スパークが生まれ、また還る場所とは、銀河の霊的階層に存在するエイリアンの本拠地"ヴォック・ネビュラ"である(→トランスワープ・メイトリクス、ヴォック・ネビュラ)。ただし、BWの続編『ビーストマシーンズ』では、「天国である所のメイトリクス」が実在する場所として描かれ、巨大な魂の総体である"オールスパーク(AllSpark)"の姿で、画面にも登場する。

＜**メイトリクス・オブ・リーダーシップ**(Matrix of Leadership<40>)＞初代オプティマスの胸部に収められ、代々のオートボット・リーダーに受け継がれてきた指導者の証。ユニクロンに対抗するための、唯一の切り札である。メガトロンに破壊された初代オプティマスのスパークが、このメイトリクスと一体化したという台詞があるが、これは演出上のミスをカバーするためのもので、ヴォック・ネビュラとの関連を示唆したものというわけではない。

補足:＜**クリエーション・メイトリクス**(Creation Matrix)＞マーヴルコミック版に登場する、TFに「命」を与えるコンピュータ・プログラム。全ての「メイトリクス」の原形となった設定である(後にTFの神"プライマス"のライフフォースという設定に変更された)。

●メック・フルード Mech Fluid:<3～> 「機械液」の意味で、様々な形容に使われている言葉。3話ではタランチュラスがチーターから抜き取ろうとした"体液"、23話ではタイガトロンの流した"涙"、そして37話では"飲料"の一種とされている。

●メンタル・ターゲッティング・グリッド Mental Targetting Grid:<20> 射撃シミュレーション用の、TFの脳裏に表示される共通フォーマットの標的座標図。視覚機能を失ったマクシマルズが戦う際、射撃方向のガイドとして使用した。＜座標＞

●モア・ザン・ミーツ・ジ・アイ More Than Meets The Eyes:<18> トランスフォーマーズのキャッチフレーズで、「見た目よりすごい」という意味。旧TVアニメシリーズの主題歌の歌詞にも含まれていた。錯乱中のワスピネーターが口走っている。

●ユニクロン Unicron:<21> G1の時代、サイバートロンを襲った巨大惑星型TF。ディティリオ氏によると、メイトリクスによって破壊され頭部のみとなっていたユニクロンは、現在サイバートロンの軌道から姿を消し、別の銀河のコズミック・フォースとなって、そこで自らのコンシャスネスのかけらより新種のTFを生み出しているという(ヴォック・ネビュラと同じ状態になったと思われる)。

＜**オリジン**＞ユニクロンの起源はTV版とコミック版ではかなり異なる。旧アニメシリーズでは、ユニクロンは宇宙の破壊を目論む大科学者プライマクロン(Primacron)の創造物、コミック版では別名"ケイオス・ブリンガー(混沌をもたらす者)"と呼ばれる闇の神として描かれている。

●ユニクロンズ・スポーン Unicron's Spawn:<51> (→スポーン・オブ・ユニクロン)

●ラクシャーン Roc-Shaan:<28*> 「スパークを持たないプロトフォーム」の固有名詞として予定されていた名称。ライノックスが口にする場面も脚本に書かれていたが、最終的に"ブランク"へと変更された。その語源はアメリカの著名な女性TFファンの名前をもじったもの。

●リサイクリング Recycling:<2,34,35> TFの「葬儀」を意味する言葉。パワーボールによって分解吸収されたTFの遺体の一部は、何らかの用途に再利用される。

●リプログラム Reprogram:<13～> TFの精神プログラムを書き換える事。主にプレダコンが敵を洗脳する事を言うが、マクシマルもブラックアラクニアのシェル・プログラムを解除する際にリプログラムを行った。またラヴィッジのプレダコン化の際も何らかのリプログラムが施されたようだが、この場合は普段から話せるようになった事以外(ディセプティコン時代の彼は、相棒であるサウンドウェーブに収容された時しか、話す事ができなかった)、記憶や人格が変化した様子は見られない。

●リペアマシーン Repair Machine:<40> メガトロンに破壊された初代オプティマスの頭部を修復する際に使用した機械。「ジャック・カービー風のマシーンボックス」と説明されている(カービーは、パワフルな画風で知られるアメコミの巨匠。

●リペアモード Repair mode:<15> TFが補修処置を受ける際、自身の機能をオフラインにする状態。エアレイザーのプロトフォームをエナージョン・フィールドから守るため、チーターのロッキング・チップを取り外して転用する際、ごく短時間このモードに入った。ここで彼はスパークの幻視を見る。

●レクティファイアー・コイル Rectifier Coil:<19> エナージョン・フィールドの影響から基地を守るためのクリスタル状の整流コイル。＜ガードコイル＞

●ロジック・サーキット Logic Circuits:<8～> TFの論理回路。テラソーが、彼に降伏したラットラップに対し「やっと～のついた[illegible]ルにお目にかかれたな」と皮肉った。また、トランスミューテイトの論理回路は「ドローンのレベル」と診断されている。

●ロッキング・チップ Locking Chip:<15> TFにステイシス・ロック状態をもたらす安全装置。エナージョン・フィールドのため危機にさらされたエアレイザーのプロトフォームを凍結固定する際、ステイシス・ポッドに備えられたロッキング・チップが破損していたため、チーターの物を転用した。＜ロック用チップ＞

●ロボッツ・イン・ディスガイズ Robots in Disguise:<1,19> 「身を装ったロボット達」の意。"トランスフォーマー"の文語的表現で、旧アニメシリーズの主題歌の歌詞にも含まれている。

BEAST WARS TRANSFORMERS
CHRONOLOGY

トランスフォーマーズ クロノロジー

1984年に展開を開始した『トランスフォーマーズ』シリーズ。既に15年を越えるロングシリーズとなっているが、その間には様々な紆余曲折が存在した。本家アメリカで一切の展開が行われなかった時期もあれば、日本でも、その名が消えていた時期もあった。様々なドラマに彩られた『トランスフォーマーズ』の15年間を、年表の形で振り返ってみよう。

	海外での動き	日本での動き
~1983	タカラ、1982年2月のニューヨーク・トイフェアに、『ダイアクロン』『ミクロマン』の商品を出展。この出展をきっかけに、アメリカの大手玩具メーカー、ハズブロと協力関係を結ぶ。翌1983年、タカラの現地法人タカラUSAを通して『ダイアクロン』『ミクロマン』の海外版『クロノフォーム(KRONOFORM)』をニューヨーク近郊で試験販売。その年の11月に、ハズブロと正式な業務提携を結ぶ。	1970年、タカラ初の男児キャラクターとして、ハズブロの『G.I.ジョー』の日本版『ニューGIジョー』を発売。同シリーズは、1972年にタカラオリジナルの『変身サイボーグ』、1974年に『ミクロマン』シリーズへと発展する。1980年に『ダイアクロン』をスタート、『ミクロマン』『ダイアクロン』を中心とした展開の中、合体ロボット、変形メカが次々と登場。これらのロボットトイが、後の『トランスフォーマー』誕生に繋がってゆく。
1984	ハズブロ、『ダイアクロン』『ミクロマン』のロボットトイを統合した新シリーズ『トランスフォーマーズ』を、2月のニューヨーク・トイフェアにて発表。予測の十倍を上回る注文が殺到し、5月より待望の正式販売が開始される。6月には、全米最大手のコミック出版社マーヴルコミックスより、コミックシリーズがスタート。続いて9月には、TVアニメがスタート。トイ、コミックス、アニメの三本柱が揃い、全米を一大ブームに巻き込んでゆく。	6月、海外での『トランスフォーマー』の大成功を祝い、ハズブロ経営陣を招いての祝賀パーティが催される。年末、翌年の『トランスフォーマー』国内導入を睨み、『ダイアクロン』『ミクロマン』のロボットトイのみを集めた販売促進キャンペーン「戦え! ミクロマン 戦え! ダイアクロン 変身戦隊トランスフォーマー」が計画されるが、実際には展開されず。年末、『ダイアクロン』『ミクロマン』の展開が終了される。
1985	前年のクリスマスシーズンから夏期まで、入荷と同時に完売という、異常事態が続く。4月には、全米玩具売上No.1となり、その空前のブームは、『ウォールストリート・ジャーナル』など、金融専門誌でも取り上げられる。また、カナダ、イギリスでの売上No.1を記録。あまりの人気からか、翌年にかけて、タカラ以外のロボットトイがラインナップに加えられる。マクドナルド、子供向けセット「ハッピーミール」にトランスフォーマーを採用する。	ゴールデンウィークに、一部店舗で『変身戦隊トランスフォーマー』のテストセールを実施。6月より、『戦え! 超ロボット生命体トランスフォーマー』として、全国一斉販売を開始する。初回のラインナップは、実に24点。年末には49点まで拡大。5月より、『TVマガジン』誌上で記事展開がスタート。7月、日本テレビ系列で、海外版TVアニメの日本語吹き替え版『戦え! 超ロボット生命体トランスフォーマー』の放映が開始される。
1986	8月、劇場用新作映画『トランスフォーマーズ・ザ・ムービー』が公開される。オーソン・ウェルズ、レナード・ニモイら、大物俳優を声優に起用し話題となる。劇場公開に併せ、映画初登場の新悪役ユニクロンの名前を当てるキャンペーンが実施される。映画の劇中で、時代背景が2005年に移行した事に伴い、TVアニメの第3シーズンも、2006年を舞台にした未来編に移行。ロディマス・プライムが新たな主役となる。	国内でも『トランスフォーマー』は大ヒットを記録。多数の合体戦士、都市に変形する巨大TF、メトロフレックスの登場に伴い、「スクランブルシティ計画」キャンペーンが実施され、オリジナルビデオアニメも作成される。11月の『トランスフォーマー2010(米版の第3シーズン)』放映を前に(劇場版は未公開のまま)、主役交替をアピールする「コンボイが死んだ」キャンペーンが行われる。『TVマガジン』誌上にて、まがみばん氏による漫画連載スタート。
1987	TVアニメの第4シーズンとなる、『トランスフォーマーズ・ザ・リバース』放映。トイの新カテゴリー「ヘッドマスター」を主軸に据えた内容だったが、本数は3話のみ。完全新作アニメの放映は、1996年の『ビーストウォーズ:トランスフォーマーズ』の開始を待つ事になる。マーヴルコミックスのコミックシリーズは継続。ミニシリーズ『ヘッドマスターズ』発売。『G.I.JOE & トランスフォーマーズ』で、ハズブロの二大人気トイが初共演。	海外版アニメの終了に伴い、7月より、初の日本オリジナルアニメ『トランスフォーマー ザ☆ヘッドマスターズ』がスタート。これを機に、日本と海外がそれぞれ独自に展開を行うようになる。価格が1万円を越える超巨大TF、フォートレスマキシマス発売。初の日本国内オリジナルトイ、トレインボット・ライデンが登場。以後、日本独自商品の販売が盛んになる。海外では、TFとは別シリーズだった『ビーストフォーマー』を、TFの一環として発売。
1988	TVアニメの終了に伴い、TFのメディア展開は、TV CFを除き、マーヴルコミックス版に一任される。トイに新カテゴリー、「プリテンダー」が登場。前年に登場の「ヘッドマスター」「ターゲットマスター」など、トイのバラエティー化が進む。コミックの世界では1986年以来、死亡したままになっていたオプティマス・プライムが、「パワーマスター」として復活。トイも発売される。旧TVシリーズの再放送枠の、本編前後、アイキャッチに、CGIのオプティマスが登場。	4月より、新TVシリーズ『トランスフォーマー 超神マスターフォース』放映開始。トイでは、新カテゴリー「プリテンダー」「ゴッドマスター」登場。ロボットトイ史上初のシリーズ中盤でのパワーアップ合体トイ、超神合体ゴッドジンライ発売。『ビーストフォーマー』の新シリーズ、『レーザービースト』発売。
1989	トイのカテゴリーに、小型TF「マイクロマスター」登場。以後、新製品のラインナップは「マイクロマスター」と「プリテンダー」の2種類のカテゴリーのみで占められるようになる。初期の人気キャラクターがプリテンダーとなって復活した「プリテンダー・クラシックス」が発売される。	3月より、TV新シリーズ『戦え!超ロボット生命体 トランスフォーマーV(ビクトリー)』放映開始。トイでは「ブレインマスター」「ブレストフォース」などの合体ロボ、日本向けにパーツを変更した物など、日本オリジナル商品が主流となる。8月、チャリティー上映会にて、日本では長らく劇場未公開だった『トランスフォーマー・ザ・ムービー』が国内初上映され、10月には、字幕版と日本語吹き替え版のビデオが発売。
1990	非変形のアクションフィギュア感覚のTFトイ「アクションマスター」発売。オプティマス・プライム、メガトロンなど、様々なキャラクターが発売されるが(日本では一切未発売)、これを最後にアメリカでは小休止に入る。イギリス、ヨーロッパなどで、初期TFの再販シリーズ「クラシック」が発売される(1992年まで継続)。	日本オリジナルのTVシリーズは前年の『トランスフォーマーV』で終了。1話のみのオリジナルビデオアニメ『トランスフォーマーZ(ゾーン)』発売。日本オリジナルトイ「パワードマスター」発売。「マイクロマスター」を「マイクロトランスフォーマー」として発売。

年	海外での動き	日本での動き
1991	マーヴルコミックスのコミックシリーズ、7月発売の第80号をもって終了。同じく、イギリス版コミックも終了。イギリス、ヨーロッパのみで「アクションマスター」の新製品が発売される。また「ブレインマスター」など、日本オリジナルだったトイも販売される。	日本では、TVアニメ『トランスフォーマー ザ☆ヘッドマスターズ』で再び死亡したままであったコンボイの復活商品、スターコンボイを「リターン・オブ・コンボイ」のシリーズ名で発売。
1992	イギリス、ヨーロッパで、多数の新製品が発売される。アメリカでも、年末より新シリーズ『トランスフォーマーズ ジェネレーション2』の展開を開始。同タイトルで、旧TVアニメシリーズを再放送。オープニングがCGIとなり、本編中の画面にもCGI効果が施された。また『ジェネレーション2』のトイのTV CFもフルCGIで製作され、話題となる。	「合体大作戦」のシリーズ名で、マイクロトランスフォーマー・サイズのロボットが合体する「6体合体」シリーズが発売される。年末にイギリス版の商品が限定輸入販売され、これを最後に日本での展開は小休止に入る。
1993	イギリス、ヨーロッパで、独自商品の発売が続く。アメリカの『ジェネレーション2』は、旧商品を仕様変更した再販商品がメインだったが、徐々に新規商品が投入され始める。ハズブロ、玩具会社トンカを買収し、同社で以前発売されていた変形ロボットトイシリーズ『ゴーボッツ』の名称を冠したTFの新シリーズを発売。11月、マーヴルコミックスが『ジェネレーション2』のコミックシリーズを発売。	
1994	『ジェネレーション2』の新製品として、ロボットトイ史上、初めて関節可動を標準装備した「レーザーロッド」シリーズが発売される。ドレッドウィングなどの名作トイが続々登場。7月、トランスフォーマーファンの祭典「ボットコン'94」が開催され、以後、毎年の開催となる。10月、『ジェネレーション2』のコミックシリーズが12号で終了。	タカラより、1985年の旧アニメシリーズを収録したレーザーディスク「コンボイセット」発売。
1995	年末に『ジェネレーション2』シリーズが終了。代わって、新シリーズ『ビーストウォーズ』販売開始。同時に、トランスフォーマーシリーズの発売元が、ハズブロから、ハズブロの子会社ケナーに移行する(『スター・ウォーズ』『バットマン』で有名なケナーはトンカに吸収されており、1993年のトンカ買収と共にハズブロ傘下に入った)。	『ジェネレーション2』シリーズの一部を、『トランスフォーマー G2』として発売。ラインナップは、関節可動トイのみで占められた。タカラ、レーザーディスク「メガトロンセット」「トランスフォーマー2010」を発売。
1996	『ビーストウォーズ』が大ヒット。新製品の発売が相次ぐ。マクドナルド、「ハッピーミール」にビーストウォーズを久々の採用。4月、世界初のフルCGIロボットアニメとして『ビーストウォーズ』1、2話をプレビュー放送。その後、PPVを経て、9月より本格放送開始。翌年にかけて、第1シーズン26話を放送。	タカラ、レーザーディスク「トランスフォーマー ザ☆ヘッドマスターズ」を発売。
1997	『ビーストウォーズ』の快進撃に、玩具チェーン、ケイ・ビーで、ビークル変形トイによる「マシンウォーズ」シリーズを限定発売。10月より、TVシリーズは第2シーズンに突入。13話を放送し、オプティマス・プライム、ラヴィッジなど、旧アニメシリーズのキャラクターのゲスト出演が話題となる。	春に、熊本で『ビーストウォーズ』シリーズをテスト販売。7月より、全国発売を開始。10月より、海外版『ビーストウォーズ』第1シーズンの日本語吹き替え版『超生命体トランスフォーマー ビーストウォーズ』が、テレビ東京系列で放映スタート。年末のクリスマスシーズン、『ビーストウォーズ』のトイが品不足を起こし、新聞などでも取り上げられる。6月、「スーパーフェスティバル」と共催で「ボットコン・ジャパン'97」初開催。
1998	『ビーストウォーズ』の新カテゴリー「トランスメタルズ」「フューザーズ」が発売。マクドナルド、トランスメタル版「ハッピーミール」を販売。10月より、TVシリーズは最終シーズンの第3シーズンに突入。インターネットで日本オリジナルのBWトイを通販。9月より、本来TF/BWとは関連のないジュブナイルSF小説「アニモーフス(ANIMORPHS)」の実写TV番組がスタート、タカラ開発による変形ギミックを持った同シリーズのトイが、翌年ハズブロ/ケナーより「TRANSFORMERS」のブランド名を冠して発売される。	4月より、日本オリジナルのアニメシリーズ『超生命体トランスフォーマー ビーストウォーズII』を放映開始。『コミックボンボン』誌で、今木商事氏による漫画連載開始。以後、継続して漫画化。12月、全国東映系にて、劇場用新作を含む3本立て『ビーストウォーズ スペシャル』を上映。「ボットコン・ジャパン'98」初の単独開催。トイが「モノ・マガジン」誌の選ぶ「スーパーグッズ・オブ・ザ・イヤー」でホビー・楽器部門の金賞を受賞。
1999	『ビーストウォーズ』の放映権を、アメリカ第4のネットワーク、FOX TVが取得。『ビーストウォーズ』の再放送を開始。8月、TVアニメの新シリーズ『ビーストマシーンズ:トランスフォーマーズ』のプレビューが行われ、9月より本格放送がスタート。3月に大手ディスカウントストア「ウォル・マート」限定のBWのリペイント商品が発売され、秋からは「FOX KIDS」での放送開始記念商品などを始め、多数のリペイント商品が発売される。	2月、オリジナルのアニメシリーズ第二弾『超生命体トランスフォーマー ビーストウォーズ ネオ』が放映スタート。トイは、日本オリジナル商品が主流となる。7月、『'99夏東映アニメフェア』で、『ビーストウォーズ メタルス』を上映。10月より、海外版『ビーストウォーズ』第2、3シーズンの日本語吹き替え版『超生命体トランスフォーマー ビーストウォーズ メタルス』の放映がスタート。
2000	1月より、『ビーストマシーンズ』のトイの本格販売が開始。9月より、『ビーストマシーンズ』のアニメシリーズ、第2シーズンを放映開始予定。また、日本の『ビーストウォーズ ネオ』の商品のリペイント版の「トランスフォーマーズ:ダイノボッツ」や、「アニモーフス」の流用商品の「トランスフォーマーズ:ミュータント・ビーストウォーズ」等の、トイオリジナルの派生シリーズが多数発売される。	4月より、日本オリジナルの新アニメシリーズ『トランスフォーマー カーロボット』の放映開始予定。再び、ビークルが中心となり、トイの半数は日本オリジナル商品となる。

BEAST WARS TRANSFORMERS
THE MAKING

メイキング・オブ・ビーストウォーズ

世界初の「100%CG 変身ロボット 連続TVアニメーション」の栄誉を担う『ビーストウォーズ』だが、その誕生までの道のりは、当然ながら平坦なものではなかった。このコーナーでは、『ビーストウォーズ』の製作を担当した、カナダのCGIアニメーション製作会社、メインフレーム社の奮闘ぶりを中心に、脚本家陣のインタビューも交え、『ビーストウォーズ』がいかにして誕生したか、その誕生秘話をひもといてみよう。

■『ビーストウォーズ』誕生の軌跡

『ビーストウォーズ』の制作は、ディズニー映画『トイストーリー(1995)』に先駆けて、TV、映画分野における世界初の100% 3D CGI(Computer Generated Imagery)アニメーション作品『リブート』を制作した、カナダのメインフレーム社とアライアンス社によって行われている。この内、アライアンス社は番組配給などの実務面を担当し、メインフレーム社が実際のアニメーションの製作を行っている。

メインフレームにとって2番目のTVシリーズとなる『ビーストウォーズ』は、1996年1月から製作が開始され、同年4月には、ニューヨークなど、全米85%の地域において第1、2話のスニーク・プレビュー放送が行われ、各地域で高い視聴率を上げた。そして同年8月中旬から9月中旬に掛けて、DIREC-TVでPPV(Pay Per View)による第1~6話の先行プロモーション放送が行われた。このような新作番組の先行プロモーション放送はDIREC-TVにとっても初の試みであり、革新的な番組である『ビーストウォーズ』に対する放送関係者の注目度の高さがうかがわれるが、放送は好評を持って迎えられ、以降、米国でPPVによる新番組のプロモーションが一般化していく先駆けとなった。

そして、アメリカで『ビーストウォーズ』シリーズのトイを発売している玩具メーカー、ハズブロ社の子会社であるクラスターTVによって全米シンジケーションマーケットへの配給が行われ、同年9月16日日曜より、月~金曜に放送される子供番組枠『パワーブロック』内の1番組として、本格的なウィークリー放送が開始された(併映番組は『G.I.JOE EXTREME』『VOR-TECH』『リブート』)。そして、1997年10月から第二シーズン、1998年10月から第三シーズンが放送され、1999年には大手TVネットワークのFOX社が同シリーズの放送権を買い取り、FOX系の全米ネットワークで続編『ビーストマシーンズ』の放送が開始された(現在『ビーストウォーズ』は、FOX系列で火曜から金曜まで再放送されている)。

『ビーストウォーズ』がスタートするまで、アメリカでは子供向けのTVアニメーション、特にトイメーカーが企画に参画しているような作品は、日の当たらない存在であった。ハズブロ社は、当時停滞していた『トランスフォーマーズ』シリーズの状況を打開するために、タカラ側が開発した、それまでの同シリーズの既成概念を打ち破る斬新な実在生物変形トイによって大幅に路線変更を行う事を考えていたが、1984年の『トランスフォーマーズ』シリーズスタートの頃に比べ、子供もより「大人」になっており、トイシリーズの成功のためにも、アメリカにおけるTVアニメーションのこのような状況に新風を吹き込む事が必要と考え、番組内容に関しても、ビジュアル、ストーリーの両面で、それまで誰も見た事のないような、全く新しい作品を生み出そうと考えていた。そして、当時『リブート』の高度な映像とハイレベルなストーリーで注目を集めていた3D CGIアニメーションのパイオニアであるメインフレーム社に白羽の矢を立て、TVシリーズの製作を依頼したのである。

メインフレーム側も、ハズブロが提示したトイを、ドラマチックでインスピレーションを感じさせるものである、と高く評価したが、さらにそれを踏まえた上で、番組自体も単なる30分のコマーシャルには終わらせない、高い作品性を持ったものにする、という製作方針を立てて製作を開始した。そして同社の優れた3D CGI映像や、一般向けのSFドラマを数多くこなしている脚本家らによるハイレベルなストーリー、映画や舞台などでも活躍している実力派声優陣の演技によって、『ビーストウォーズ』はアメリカのシンジケーション系子供番組の視聴率トップを独占し、メインフレーム社のアニメーターのクライド・クロッツ氏がエミー賞を受賞するなど、番組自体も高い評価を受けている。

■ メインフレーム社について

メインフレーム社はカナダのバンクーバに本社を持つ3D CGIアニメーションの製作会社である。同社初のTVシリーズである『リブート』は、1994年9月から放送が開始され、以後、世界60カ国以上(日本では1996年)で放送された(因みに"Mainframe"とは"汎用大型コンピュータ"の事で、『リブート』の劇中用語でもある)。

メインフレーム社は、最初は小規模な3D CGIビデオ作品『Money for Nothing』などを製作していたスタッフが集まって作った"HUB"と呼ばれるプロダクションハウスに過ぎず、1993年に30名程度のスタッフで『リブート』の製作を始めたが、その後、業績を上げ続け、現在は240人以上のスタッフを抱える、カナダ随一の3D CGIアニメーション製作会社となっている。

同社の作品は、『ビーストウォーズ』のエミー賞のみならず、『リブート』や新作『War Planets』などでも、カナダのエミー賞に相当するジェミニ賞や、世界で最も古いインディペンデント系のフィルムフェスティバルである"ワールドフェスト"の最優秀賞を何度も受賞するなど、その作品は、各方面から常に高い評価を受けている。

■ 3D CGIアニメーションの製作

3D CGIアニメーション製作の第一歩は、ハード/ソフトウェアの両面における作業環境の準備及び、キャラクターデザインに費やされる。世界初の本格的な3D CGI作品である『リブート』では、これらの作業のために、最初の2話の製作に約18カ月間を要したが、この時のソフトウェアの開発や映像素材ライブラリーの蓄積、製作面での様々なノウハウの取得などによって、現在では『ビーストウォーズ』2話につき、プレ・プロダクションとポスト・プロダクションも含めて8~12週間程度、また1話につき約45万ドルの費用での製作が可能となっている。

●製作環境の準備

『リブート』が製作された当時は、3D CGIアニメーションを、TVのタイトなスケジュールと予算内で、しかもTV放送に耐えうる高品質で作成するのに十分な既存のハード及びソフトウェアが無かったため、あるものはカスタマイズし、また必要なものは社内でプログラミングしなければならなかった。

ハード面においては、シリコングラフィックス・コンピュータ社のR4000チップが登場して、初めてTVスケジュールでの製作が可能となり、現在では最新バージョンのR12000プロセッサーが使用されている。

ソフトウェアは、映画『ジュラシックパーク』でも使用されたAVID社のハイエンド3D CGIアニメーションソフト"ソフト・イマージ"を主に使用しているが、メインフレーム社は、このソフトウェアの開発に当たって、ベータ版のモニターも務め、同ソフトの開発に大きく貢献している。

現在アメリカでは、複数の3D CGIアニメーションによるTVシリーズが放送されており、これらの中にはモーションキャプチャーが使用されているものもあるが、メインフレームではあくまでピュアな3D CGIにこだわって製作を行っている。

現在ではコンピュータの処理速度が飛躍的に速くなったため、『War Planets』など、1998年以降の製作番組からは、より高度な処理速度や表現力を持ったソフトイマージの"メンタルレイ・レンダラー"を使用しており、これによって、それまでは不可能だった、霧や煙、大量の影といった、より大きなデータ容量を必要とする複雑なライティング処理も可能となり、画面に深みを与えるのに一役買っている。また同ソフトのカスタマイズによって、溶岩でできた、内面から光り輝くキャラクターのような表現も可能となっている。

●キャラクターのモデリング

製作準備に続いて行われるのは、キャラクターのモデリングである。『ビーストウォーズ』では、ハズブロ側から基本的なデザインが用意されていたが、完全オリジナル作品である『リブート』の場合は、コミックアーティストと協力してキャラクターデザインを作り上げていった。このデザイナーが描いたキャラクターの2D原画を元に、まず始めに、コンピュータ画面上で基準点となる"タグポイント"を作り、これらを結んで大まかな"スフィア(球面)"を形作り、さらにそれを"スカルプティング(彫刻)"する事によって形を作っていく。このように、初期段階のモデリングは、実際の彫刻を作るように、大まかな形から細かい部分へと進め、実際のキャラクターのデザインに近づけていく形を取っていた。そして全てのセクションが出来上がったら、これらを、キャラクターの解剖学的な構造を反映して考えられた"スケルトン(骨格)"に繋ぎ合わせていく。このスケルトンは、物理的にも、人間工学的にも矛盾なく動くように予め設計されており、例えば、手を引っ張れば、作用、反作用を考慮して、身体の各部がバランスを取りながら動くようになっている。

この時点で基本的なモデルのテストが行われ、妙な動きをするところがないか、干渉する部分がないか、というような事が入念にチェックされる。このように3D CGIアニメーションのキャラクターデザインの難しさの一つは、そのデザインが個性的であるだけでなく、立体的な矛盾点がない事が要求される点にある。そして、ソフトイマージやフォトショップなどのソフトを使用して、肌や衣類等の体表面のテクスチャーをモデルに張り付けていく。この時、質感の参考にはビデオなどの実写素材が利用される。

ここまでいけば、キャラクターモデリングは完成だが、もしもこれがデザイナーやスポンサーのイメージと合わない時は、前の時点にまで遡って、再度作業がやり直される。これらの作業はキャラクターデザインやモデラーの技術によっても異なり、平均して3週間程度(中にはたった1日ですむ事もあるが)、シーズン1のメガトロンの製作には、1カ月を必要としたという。

●プレ・プロダクション

実際のアニメーション製作に取りかかる前に、予め脚本から録音されたセリフによって、各エピソードの正確なランニングタイムが計測される。

同社の3D CGIアニメーションの特徴の一つは、その高度なリップ・シンク(セリフに合わせたキャラクターの口の動き)であるが、これには、同社内でプログラミングされたオリジナルソフトウェア"GRIN(「歯を見せて笑う」の意)"が用いられている。同ソフトでは人間の口の動きが類型化されており、セリフからその発音を分析する事によって、キャラクターの口の動きを自動的に作り出し、アニメーターは、笑いや瞬きなど、キャラクターのその他の表情付けに専念する事ができる。

●キャラクターのアニメート

現在『ビーストウォーズ』の3D CGIアニメーションの製作は、通常30人程度のチームに分かれて行われており、各チームが一つのエピソードを最初から最後まで担当している。これは、各人のコミュニケーションを円滑にするのみならず、各スタッフが末端まで、その作品の製作に関わっているという意識を持たせ、作業に対してのエネルギーを生み出すのにも役立っている。極初期の試行錯誤の段階では、ディズニー作品などのように、一人のキャラクターに対し、一人のアニメーターが専属する方式を取っていたが、これは実作業上の効率が悪く、すぐに各シークェンス毎に個々のアニメーターに割り当てられるようになった。

番組を製作していく上で必要となるストーリーボードは、初期の段階では手描きによる2Dのものが作られていたが、現在では、実際にアニメートされる素材を元に、コンピュータ画面上で簡単なストーリーボードが作られるようになった。このデジタルストーリーボードができると、ディレクターからアニメーション・スーパバイザーに渡され、アニメーション・スーパバイザーが8人程度のアニメーターにシーンを分配する。この時、個々のシーンの難易度とアニメーターの能力を鑑みて、経験の浅いアニメーターには、比較的容易なパートを、またベテランのアニメーターに対しては、各人がその仕事に対してエキサイトできるように程度を見極めて分配する目が必要とされる。シーンの分配が終わると、まず各シーンに必要なキャラクター、背景、小道具などがライブラリーから集められ、レンダリングソフト上でレイアウトされていく。そしてアニメーション・スーパーバイザーが、デジタルストーリーボードに沿って、カメラアングルやライティングを決めていく。『ビーストウォーズ』では、ディレクターの

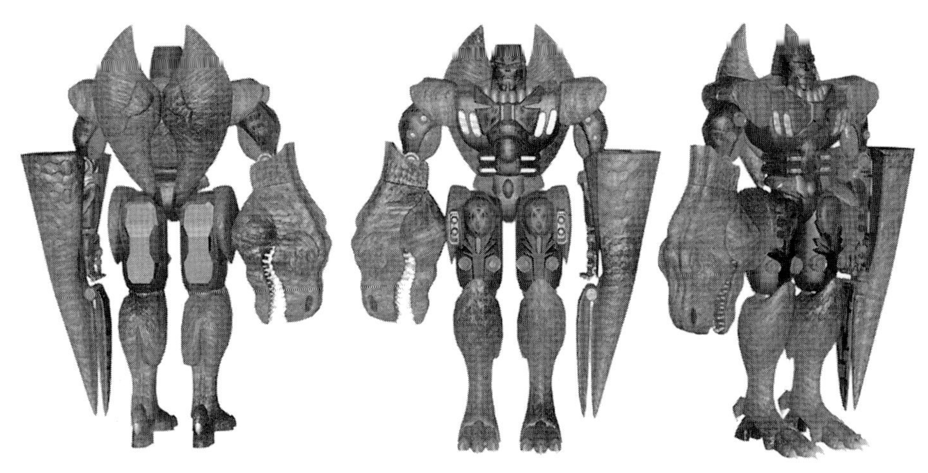

多くが実写畑の出身者であったため、効果的なカメラアングルや移動の仕方、ライティングなどを熟知しており、これが画面に良い結果をもたらしている。

個々のアニメーターは、実際のアニメートを始める前に具体的なアクションのプランを考え、各キャラクターの動きやタイミング、特殊効果などについて、ディレクターやスーパーバイザーとディスカッションし、ベーシックプランが決定したら、大きな動きから、より細かい動きへと、ステップ・バイ・ステップでアニメートを行っていく。画面に複数のキャラクターが存在する場合には、メインとなるキャラクターから先に動きを付けていき、その動きやタイミングを基準として、他のキャラクターへと進めていく。

もしも担当するシーンが難しいときは、各アニメーターは、作業場にある大きな鏡の前で、実際に自分や同僚の体を動かしてキャラクターの動きを研究し、またキャラクターをより個性的なものにするため、録音スタジオ内での声優の体の動きをビデオに撮って、その声優が担当するキャラクターの動きに活用したりもしている。

『ビーストウォーズ』のキャラクターはデータが非常に重く、動きに制限が加わる事があるため、初期の段階では、低分解能のポリゴン数の低い、プラスチックチューブでできたような"人形"を用いてアニメートのテストを行っていた。標準的な1シーンに対しては平均3～4時間が掛かり、最終的な準備段階に入るまでには2～3回のラフテストが必要とされる。このラフテストにOKが出れば、テストデータをエディターに送り、シーンの前後との繋がりなどについて、エディターのチェックを受ける。そして、この結果を元に、必要な修正を加えてアニメートを行い、最終的な承認を受けた後に、エディターが前後のシーンと繋ぎ合わせていく。キャラクターが大爆発の中から飛んでくる、というようなドラマチックなシーンの演出には"マッチング・アクション"という効果が使われ、この場合アニメーターは、1つのシーンについて、クローズアップやロングショットなど、異なったアングルからの複数のフレームを作成し、これをエディターが繋ぎ合わせていく。

このようにメインフレーム社では、各セクションのチーフやスタッフが緊密に連絡を取り合って製作が進められており、コミュニケーションを円滑にしてTVのスケジュールに見合った効率で作業を行うために、他のアニメーションの製作現場では、予算的な問題から複数の会社間での分業制が進められている中、イーサーネットで社内ネットワークを構築するなど、可能な限り、一つの会社内で全ての作業が行えるように作業環境が整備されている。現在、1話の製作には6～8週間、1日に換算すると2分間、最大10000～15000フレームまでという、かつては考えられなかった高い効率での3D CGIアニメーションの製作が可能となっている。

●ポスト・プロダクション

編集が終了した作品は、ポストプロダクションの過程に入り、音声の付加や放送基準に合わせた処理などが行われ、最終的なマスターが製作される。『ビーストウォーズ』の音楽は4チャンネルステレオのサラウンドサウンドで録音されており、通常の30分の子供番組の2倍の量の音響効果が使われているため、それぞれのエピソードに音楽を付加するのに、およそ200時間を必要とする。また番組内容の審査には、通常は番組製作時に作られる2Dのストーリーボードが用いられるが、『ビーストウォーズ』の製作現場では、ほぼ完全なペーパーレス化が実現されているため、審査のために劇中のシーンを部分的にスキャニングした"ワークテープ"と呼ばれるものが特別に製作されている。

●3D CGIアニメーションの将来

以上のようにメインフレームは、常に高い作品性と高品質の画面作りにこだわって製作を行っており、1998年から1999年のシーズンで、30分番組を105本、時間に換算して1800分の3D CGIアニメーションを製作しており、量の点でも世界有数の3D CGIアニメーションメーカーとなっているが、3D CGIアニメーションのパイオニアとして、現在の作品のクォリティーには満足しておらず、最終的には、大人の観賞にも堪えうるプライムタイム向けの作品や、現在『トイストーリー』『バグズ・ライフ』のピクサー社に独占されている感のある一般劇場向け作品の分野にまで進出する事を目標として(一時期、『ビーストウォーズ』でも劇場映画化の動きがあったようであるが)、常に技術革新と作品の品質の向上に努めている。現在メインフレームでは、ジャイアントスクリーン・ムービーのパイオニアであるカナダのIMAX社用の35mmフィルム作品を何本か製作しており、今後も新しい作品を生み出していく計画である。

現在の3D CGIアニメーションの問題点としては、キャラクターの体表面に、依然として若干の角張りや微妙な艶が出てしまう事が上げられている。これは特にヨーロッパで問題視されており、ヨーロッパでは3D CGIアニメーションのTV作品に対しては「画面に暖かみが無く、TVでビデオゲームを放送しているようなもの」との評価が一般的となっており、3D CGIアニメーションへの風当たりはきついようである。そのため、各社ともこの点を問題視しており、メインフレームでも、新作の『ウィアード・オーズ』では、ソフトイメージ・メンタルレイの"トゥーンシェイダー"を用いて3D CGIアニメーションを2Dアニメーションのような質感に変換するなど、様々な注意を払って、より優れた品質の作品の製作に努力している。

■メインフレーム作品リスト

●TV作品

『リブート』ReBoot(1994～1996,1999～)"リブート"とは「再起動」の事で、コンピュータ内の世界"メインフレーム"でのガーディアン・ツールのボブらとコンピュータ・ウィルスのメガバイトの戦いを描いている。3シーズン39話が製作され、メインフレームによる3D CGIを使用したPS用ゲームソフトも発売されている。

『ウォープラネッツ(カナダ版タイトル:シャドゥレイダース)』War Planets/ShadowRaiders(1998～)
全ての生命に危機をもたらす要塞惑星"ビーストプラネット"と戦うために、近隣の惑星に棲む異なった種族の間に同盟を作ろうとする、下層階級の主人公の孤独な戦いを描いた星間戦争ドラマ。現在2シーズン26話が製作され、その高いドラマ性によって1999年の全米シンジケーション系の子供番組で視聴率ナンバーワンとなっている。

『ウィアード・オーズ』Weird-Ohs(1999～)
車とレースが全てを支配する街"ウィアード・ビル"に住む奇妙なキャラクター達が繰り広げる、メインフレーム初のスラップスティックコメディー。キャラクターは一見すると漫画チックだが、内部ストラクチャーはより複雑化され、トラディショナルなペン＆インクスタイルの表現を狙うなどの新しい試みもなされている。現在13話が製作。

●IMAXシアター用作品

『コズミック・ボイジャー』Cosmic Voyager(1996)
モトローラ、スミソニアン航空宇宙博物館、全米科学協会のプロデュースによるIMAXシアター向けの科学フィルムで、メインフレームは同作品内の15分のCGIシーンを担当している。

『リブート・ザ・ライド/ジャーニー・イントゥー・ケイオス』ReBoot theRide/Journey into Chaos
『リブート』の世界を舞台にしたIMAX社のライドシアター用フィルムで、高さ14フィートの半円形大型スクリーンで上映される。

『ガリバーズ・トラベル』Gullivers Travels
一般IMAXシアター向けの初の100% 3D CGI作品で、2001年からの公開を予定。他にも何本かの新作が予定されている。

■ボブ・フォワード インタビュー

『ビーストウォーズ』のストーリー構成及び脚本を担当しているボブ・フォワードは、アメリカの数多くのアニメ作品に関わってきた。最初はストーリーボード・アーティストとしてこの仕事を始めたが、後に脚本家に転向し、劇場映画などの脚本も書いている。小説が好きで、自らも何本かの小説を書いている。BWでのお気に入りキャラクターはダイノボットで、理由は「彼は"Bad Ass(ワル)"なポテンシャルを持っている。彼にはまだ掘り下げられていない一面があると思う」とのこと、またお気に入りのエピソードは"Call of the Wild"で、理由は「このエピソードは生物と機械の交わりがどのような効果をもたらすかを探る良い機会で、そして実に奇異な物語に仕上がったから」とのことである。

Q.1:『ビーストウォーズ』以前に『トランスフォーマーズ』に関わられた事がありますか?

A.1:ありません。

Q.2:BWでは、TFの旧作アニメからの様々な引用が行われていました。どういった理由で、BWをオリジナルのTFの物語の一部とする事に決めたのですか?

A.2:両作品の複雑な関係については、我々がまだ脚本を書いている途中で放送が始まってしまった、という事実がかなり影響しています。過去のストーリーとのリンクについて考え始めていた頃に、インターネットで、ベン・イー(P110参照)のページを見つけました。そこでヒントを得た我々は、旧TFのバックストーリーをBWの物語に取り入れる事にしました。調べれば調べるほど、アイデアが湧いてきましたが、その取捨選択にはもっと注意するべきでした。TFには、TV、コミックなど様々なバリエーションがあり、率直に言って、いくつかのバックストーリーは明らかに当時の時代性を背景にしたもので、壮大な物語の一部としては考えられていないようなものもありました。しかし、それらを選んでしまった事については、我々にも責任があります。

Q.3:旧作のTFの情報源として利用したものは何でしたか?

A.3:ラリー(ラリー・ディティリオ、BWの脚本家)が、まずリサーチを行い、その情報に基づいて作業を始めます。私がある事柄について推測し、我々のアイデアを適合させる事ができる最も近い旧シリーズの設定を教えてくれるように、ベンに依頼しました。

Q.4:貴方が旧作との関連性を持たせた事について、ハズブロ側からの反応はどうでしたか?

A.4:面白い事に、彼らの旧作についての知識は、我々よりも乏しいものでした。しかし彼らは、この件に関しては概ね好意的なようでした。

『ビーストウォーズ』に、ラヴィッジ(ジャガー)が登場したのは、フォワード氏が、G1ラヴィッジのトイを非常に気に入ったからとのこと。なお、BWジャガーのトイは、日本のみの発売なので、アメリカのファンには垂涎の的となっている。トイもTVも、TMチーターを基にしている。

Q.5:あるストーリーのアイデアを考えてから、それを実際の作品にするまでには、どのようなプロセスで、どれだけの時間がかかりますか?

A.5:アイデアが承認を受けた後の作業は、まずそのエピソードの基本設定を1ページにまとめ、これが承認されれば、6ページ程のアウトラインを書いて、大体2回の準備稿の後、22ページのスクリプトを書き上げます。時間はその脚本家の能力とスケジュールによって異なりますが、私の場合、最も長くて6週間、最も短いものでは、例えば"Low Road"は、トータルで1 週間しかかかりませんでした。

Q.6:もしもBWの中で、1話だけ書き直しや再編集などができるとしたら、どのエピソードを、どのように直したいですか?

A.6:話の出来、不出来、というのは確かにありますが、それには常に理由があります。画面の裏側で起こっている事、上層部の意向、アニメーターのインスピレーションなど、それらが問題の原因であったり、問題点自体であったりします。私は"Nemesis"を、サイモン(サイモン・ファーマン、旧マーヴルコミックシリーズのライター)と私が最初に考えたプランのままやりたかったのですが、実際にはそうできませんでした。我々は常に出来る限りの事をやっていますが、もしも一つだけ変更できるとしたら、"Optimal Situation"の"Matrix Holder"について変更を加えたいと思います。

Q.7：“Nemesis Part 2"で、マクシマルズはオートボットのシャトルを改造するためのトランスワープ・セルをどこから入手したのでしょう?

A.7：“Nemesis Part2."の最終カットは、脚本に書かれ、途中までアニメートもされていましたが、最後までは作られませんでした。オプティマスはネメシスを脱出する時に、コントロールパネルからトランスワープ・セル(タランチュラスによってインストールされたもの)を抜き取ってきていたのです。

■ラリー・ディティリオ インタビュー

ボブ・フォワードと共に『ビーストウォーズ』のストーリー構成及び脚本を担当。TV版『ビーストウォーズ』の世界観の創造に最も貢献した一人といえる。1973年からTVや映画の脚本やストーリー構成に携わっているベテランライターで、一般向けの実写SF作品を得意とし、エミー賞、ヒューゴー賞他、数多くの賞を受賞した『バビロン5』を始め、『キャプテンパワー』『ヴォイジャー』『スワンプシング』『ジェシカおばさんの事件簿』など、様々な実写作品の脚本やストーリー構成を行っている。アニメーションの仕事も数多く、『ヒーマン』など、アメリカで有名なTVアニメシリーズを数多く手がけている。またボード/カードゲームの大ファンで、自らもRPGゲームのシナリオを手がけ、この方面でもいくつかの賞を受賞している。

Q.1：あるストーリーのアイデアを考えてから、それを実際の作品にするまでにはどのようなプロセスで、どれだけの時間がかかりますか?

A.1：もしも1カ月以上かかるようであれば、それは恐ろしい事です。TVは進行のとても早いゲームのようなもので、あまり時間的な余裕はもらえません。これらの事を除けば、そのプロセスはいつも全く同じです。まず、必ずキャラクターから始めてください。次に彼らをとりまく世界、彼らの目的、そして彼らが必要とするものを創り出していきます。またキャラクターを創り出さなければならないだけでなく、それと同じくらいの労力で、個々のキャラクターがお互いにどのように関係しているかについても考えなければなりません。これは物語が上手くいくためには必ず必要な事ですが、しばしば安直に無視されてしまう事でもあります。しかしそうすると、貴方はストーリーのプロットを求めて右往左往しなければなりません。BWの場合、これらの作業に約2週間程かかりました。

Q.2：BW以前に、TFに関わられた事はありますか?

A.2：私の膨大なコミックコレクションの中に、マーヴルコミックの『トランスフォーマーズ』が全巻そろっているのに気がつくまで、全く関わりはないと思っていました。冗談はともかく、コミックは読んでいましたが、TVはあまり見ていませんでした。ベン・イーや他のファン達が、TFのキャラクターとエピソードの完全リストを送ってくれたので、我々が旧シリーズの設定を活かそうと決めたときにはTFユニバースにすっかり詳しくなっていました。

Q.3：BWでは、TFの旧作アニメからの様々な引用が行われていました。どういった理由で、BWをオリジナルのTFの物語の一部とする事に決めたのですか?

A.3：既に大きなストーリーがあるのだから、それを無視するのは愚かな真似だと思います。私はTFを、アーサー王の物語のように考えています。それは、様々なバリエーションを持った、とても広大な物語です。

Q.4：第3シーズンの何話かは、非常にコミカルになってしまったとして批判的な意見もありますが、これについてはどうお考えですか?

A.4：それは理に適った批判だと思います。しかし私は、“コミカル"な部分の殆どは、脚本家によるものではなく、番組により多くの“ユーモア"を、という拳銃を、後ろから突きつけられたアニメーター達によるものだ、という事も指摘しておきたいと思います。

Q.5：もしもBWの中で、1話だけ書き直しや再編集などができるとしたら、どのエピソードを、どのように直したいですか?

A.5：でしたら私は、"Other Victories"を選ばなければなりません。私は特にタイガーホークに関して、画面上でできた以上の事をやりたかったんです。私は全く違った観点からあのキャラクターにアプローチしたかった…実際にはそんな機会は無いでしょうが。

Q.6：“Nemesis Part2"で、マクシマルズは地球を去る前に、全てのステイシス・ポッドを回収していったのですか?

A.6：多分違うと思います。多くはヴォックのプラネットバスターで破壊されてしまいました。救出が可能で回収されていったものも幾つかありますが、惑星上の遠隔地に、まだ少数の未回収ポッドが残っているのは確かです。いつの日か、この惑星への帰還の物語を書く事も可能でしょう。

Q.7：ビーストフォームだとエナージョンフィールドに耐える事ができるのは、どのような理由によるものでしょうか?

A.7：この惑星上の動物は、エナージョンフィールドへの抵抗力を持って

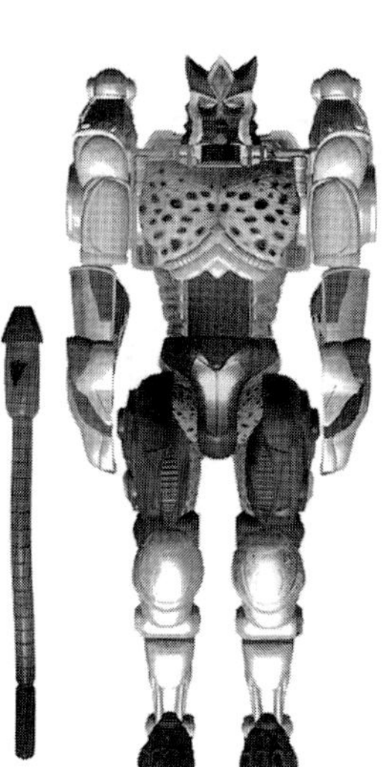

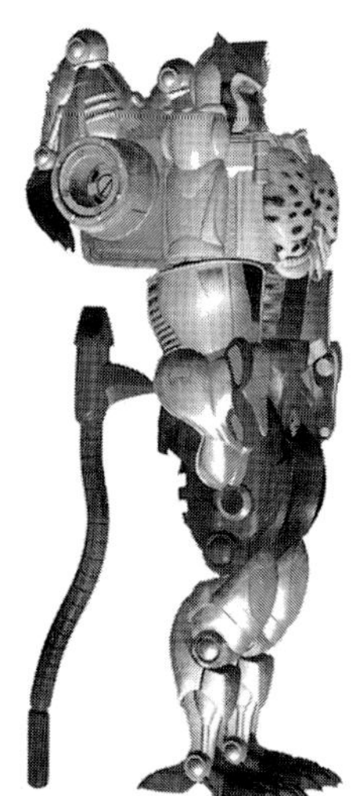

Revolutionizing the World of Animation.

います。ビーストウォリアーのDNAは、彼らが変形する動物のものを模しているため、彼らのビーストフォームはその"免疫能力"も受け継いでいるのです。

Q.8：トランスフォーマーの変形形態を有機生命体に変換する過程は、どのようなものなのでしょうか？　またビーストフォーム時の体表は、元となった生物のような暖かさや柔らかさを持っているのでしょうか？

A.8：ビーストモードでは、ナノマシーンが、内部の機械をシェルのように覆い、動物の特徴に合わせて擬態したオーガニックモードに変化します。彼らの皮膚は通常の動物よりも少し丈夫ですが（これは主に、内部に金属のフレームが存在しているからです）、これ以外の点については通常の動物と同じと考えて下さい。

Q.9：マクシマルズ、プレダコンズと、オートボッツ、ディセプティコンズの関係はどのようなものでしょうか？

A.9：彼らはお互いに上手くやっており、共に他の銀河などの宇宙を探索していました。我々は、私達のヒーローや敵役達を、「終わりのない戦争」という過去の設定から少し成長させたかったのです。

Q.10：タイガトロンのポジションには、当初、ウルファングが考えられていたそうですが、変更された理由は何でしょうか？

A.10：ええ、最初はウルファングがチームのメンバーとして考えられていました。しかし我々が製作に取り掛かる前に、ハズブロ側が、タイガトロンの方が良いという判断を下したため、実際の作業は行われませんでした。私は狼という動物が非常に好きなので、ちょっと残念でしたが、タイアップ作品に関わるときにはよくある事です。

Q.11：トイのみが発売されていて、TVには登場していないキャラクターについて質問です。例えば、①第一話で宇宙に放出されたステイシスポッドの中に入っている（そうすると、現在は殆どが死んでしまった事になると思いますが）。②TV版の世界には一切存在しない。③画面には出てこないが、この惑星上のどこかに存在しており、オプティマス・プライマルやメガトロン達とは別行動を取っている。④サイバートロン星などに、ビースト化する以前の状態で存在している、など、TV版の世界の中での彼らの存在について、何か設定はありますか？

A.11：これについては、全く考えていません。我々はTVに関する事にのみ意識を集中しており、もしもそのキャラクターがTVに登場しないならば、我々はそのキャラクターには関与しておらず、テックスペックにもタッチしていません。我々の仕事は忙しく、番組に登場しないキャラクターについて関わる時間はないのですが、上の考えはどれも、トイのみが発売されていてTVに登場しないキャラクターに当てはめる事が可能でしょう。

Q.12：初期のBWのトイには、ロボットヘッドとミュータントヘッドに変化するものがありましたが、TVでの設定は何かあったのでしょうか？

A.12：いいえ。メインフレームができないといったため、番組には反映できませんでした。これはトイをより面白くするためのフィーチャーなのでしょうが、番組に全てを反映させるには費用が掛かりすぎてしまいます。番組に登場させられなかったため、劇中での設定についても考えていません。

Q.13：BWはタイアップ作品としても非常に優れた作品であると思いますが、基本的にタイアップ作品や子供番組についてどうお考えでしょうか？

A.13：正直に言えば、私はタイアップ作品は好きではありません。私は何度もこの手の仕事をやっていますが、問題はいつも同じです。調和した矛盾の無いストーリーにする事よりも、新製品の発売に合わせる事が常に要求とされます。そして、メーカーが次のシリーズをスタートさせようと思った瞬間に番組が終わってしまうため、例え良いストーリーのアイデアがあったとしても、十分な幕引きを迎える事が難しいのです。しかし私は、BWはタイアップ作品であったにもかかわらず、いい仕事ができたと思っています。これはメインフレームの優れたアニメーションとクリエイティビティによる処が大であり、ボブ、私、その他の脚本家も、良い脚本が何本か書けたと思います。私はこれまでに多数の子供番組に関わってきましたが、一般的にいって、良い作品というのは、子供は非常にインテリジェントである、という事に常に敬意を払い、決してことさらに程度を下げた物言いをしない、という意志が見られる作品です。最良の子供番組とは、家族全員で見る事ができる番組…子供も大人も一緒に楽しむ事ができ、それぞれが異なった何かを得られる番組だと考えています。

Q.14：BWを3年間担当され、御自身がTFの15年に及ぶ伝説の一部となった事について、どうお感じですか？

A.14：非常に素晴らしい事です。それはまるでアーサー王や、以前RPGのシナリオを書いたクトゥルー伝説に加わったかのようです。しかし、TFサーガには様々なバリエーションがありますから、BWの新しい物語をそれらと継ぎ目が無いように繋ぎ合わせるのは非常に難しい作業でした。それだけに、やり遂げた充実感は、格別のものがありましたね。

BEAST WARS TRANSFORMERS

FANDOM SCENE

ビーストウォーズ・ファンダム

アメリカでは、ファン主催によるハズブロ／ケナー公認のコンベンション“ボットコン(BOTCON)”が、毎年開催されている。またホームページを開設しているファンが、実際のBWの番組制作に参画するなど、個々のファンの活動が非常に盛んである。ここでは、これらのアメリカのBWファンダムの活動の中で、特に注目すべき物をセレクトして紹介しよう。

アメリカのTF／BWファン大会「ボットコン」では、限定トイの発売のみならず、TVのストーリーエディターや声優、CGIアニメーションのスタッフのゲストトークなど、TF/BWに関する様々な企画が行われ、トイコレクターだけでなく、TVシリーズのファンにも十分に楽しめるものとなっている。ここでは、ボットコン'97限定トイに付属した、旧TFのマーヴルコミックシリーズ後期のスタッフであるサイモン・ファーマンとアンドリュー・ワイルドマンによるオリジナルコミックと、ボットコン'98で行われた、BWのストーリーエディターのボブ・フォワードの脚本によるシナリオドラマ“VISITATIONS”を紹介しよう。また、この他のBWに関する主な企画としては、ボットコン'99のコンベンションパンフレットに掲載された、サイモン・ファーマンによる書き下ろしショートノベル“REACH TO THE OMEGA POINT”がある。

ボットコン会場にゲストとして来場した、脚本家のラリー・ディティリオ氏。こうした番組スタッフに会えるのも、コンベンションの魅力の一つ。

■BOTCON'97 限定コミック “CRITICAL MASS”

プレダコンの地球科学者フラクティルは、彼が発見した新しいエネルギー“ファーマナイト”によって、ビーストウォーズ・ワールドの高エナージョンフィールドから彼らのボディを守る“エナージョンアーマー”を作り出す事を計画していた。だがその実験を、マクシマルの盗賊、パックラットが覗き見ていた。彼はエナージョンアーマーが何なのか知らなかったが、それが欲しくなった。フラクティルは、精製したファーマナイトのパワーを吸収し、彼自身がロボットモードで高濃度のエナージョンを浴びるという最終実験を開始した。パックラットはファーマナイトを盗み出そうと忍び寄ったが発見され、戦闘が始まった。この騒ぎのさ中、ファーマナイトの破片が高エネルギーのエナージョンに触れて大爆発を起こし、フラクティルは、ファーマナイトが反エナージョン物質で、低濃度のエナージョンであれば遮断効果を示すが、純粋なエナージョンクリスタルに触れると強力な破壊反応を引き起こす事を知った。まんまとファーマナイトを奪って逃げ出したパックラットだったが、インファーノに追われ、この星でも最もエナージョンに富んだ地帯へと逃げ込んだ。パックラットの救援のために仲間のマクシマルズ達が駆けつけたが、偶然ロボットモードに変形したパックラットの身体に高濃度のファーマナイトが取り込まれ、エナージョンアーマーに包まれたパックラットは、かつて無い強力なパワーが体に満ち溢れるのを感じ、インファーノを一撃の元に破壊した。臆病者として知られていたパックラットの変貌に、マクシマル達は驚きを隠せなかった。その時、フラクティルがマクシマルズに近づき、この星の破滅の危機について訴えた。パックラットの体からファーマナイトを取り出さなければ、彼の身体のみならず、この惑星全体が爆発してしまうかもしれないのだ！パックラットを説得しようとするマクシマルズ達だったが、いつも仲間に蔑まれていると感じ、自分のビーストモードにもコンプレックスを持っていたパックラットは、皆が自分の新しいパワーを横取りしようとしていると思い込み、彼らの話を信じようとしなかった。彼はこの強力なパワーによって、仲間に、そしてオプティマス・プライマルに認めてもらいたかったのだ。だが、真の敬意は安易な手段で得られるものではない、というライノックスの言葉によって、パックラットは、彼の体からファーマナイトを取り出す事を決意。惑星破滅の危機は去った。自分の好奇心によってこのような未曾有の危機を引き起こした事に科学者としての責任を感じ、仲間の処罰を覚悟するフラクティルだったが、自分の命を救ってくれたフラクティルに、パックラットは一つのアイデアを提案した…その直後、駆けつけてきたメガトロンは、独力でマクシマルズを撃退するフラクティルの姿に驚き、その勇気を賞賛した。そしてライノックスもまた、心の中でパックラットの行いを賞賛するのであった。

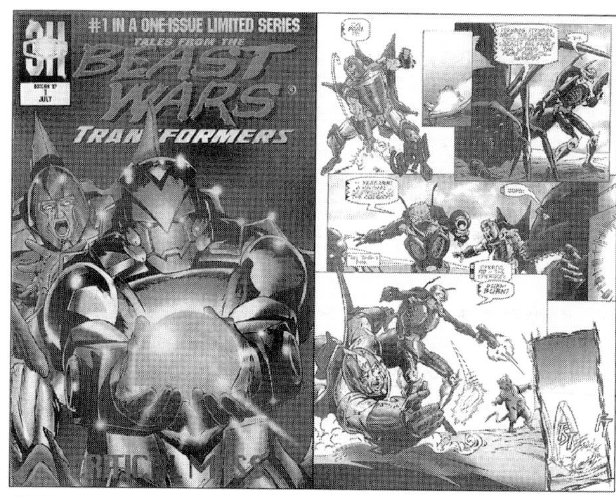

ボットコン'97で発売された限定トイ付属コミック。アーティストのアンドリュー・ワイルドマンは、マーヴルコミックスで活躍する中堅アーティスト。

●同コミックは、B5サイズ、表紙カラー、本編白黒16ページの本格的な物で、ストーリーはTV版の世界をベースとしている。この他のBW関連のコミックは、ケナーのコミック2パック付属のミニコミックと、イギリスでBWのTVゲームが発売された際に、チラシに掲載されたショートコミックがあるのみで、正式な体裁のコミックはこれが唯一である。因みに劇中の“ファーマニウム”は、サイモン・ファーマン氏の名前から来ている。

■BOTCON'98 シナリオドラマ "VISITATIONS-PART 1"

惑星の遠隔地で奇妙なエネルギー現象の調査を続けていたフラクティルとヴァイスグリップは、同じく異変を調査していたマクシマルズの調査チーム(オニクス・プライマルとパックラット)に遭遇した。続いて発生した戦闘は、突如として虚空から現れたかのようなアンタゴニーの出現によって中断された。最初に接触を試みたシルバーボルトは瞬時に撃退され、残りのメンバー達は協力してこの共通の敵に立ち向かった。だが、やはり易々と彼らを倒したアンタゴニーは謎の任務のために立ち去って行った。両軍のメンバーは、この新たな来訪者の出現を彼らのリーダーに知らせるために、それぞれの本部へと戻って行った…。

●以上が、アンタゴニーのパッケージに掲載されたストーリーダイジェストだが、実際のドラマは、アメリカの有名ファンやホームページまで実名で登場する、楽屋落ち続出のスラップスティック物である(因みにPART2は無い)。それまでのボットコン限定トイのBWキャラクターが総登場し、TVの声優達によって朗読劇として上演された。キャスティングはオニクス・プライマルがゲイリー・チョーク(オプティマス・プライマル)、パックラットとヴァイスグリップがスコット・マクニール(ラットラップ)、フラクティルがダグ・パーカー(テラソー)、アンタゴニーがスーザン・ブルー(G1のアーシー、BWのボイスディレクター)となっている。因みにオニクス・プライマルはマクシマルとして登場しており、ここで彼の設定が新たに追加されているので、紹介しておこう。

●オニクス・プライマル…弱点となり得るほどの自惚れを持った暗殺者。音も無く、致死的で、しばしばプレダコンズのテリトリーに潜入し、様々な情報を集める…メガトロン、あるいはオプティマス・プライマルと対抗するために。

ビーストウォーズの声優達によるトークショー。右から二人目が、オプティマス・プライマル役のゲイリー・チョーク。役そのままに、いかにも頼もしげ。

■ビーストウォーズ・ホームページ

アメリカのファンによるBWのホームページの中で最も充実した内容を持つサイトの一つである「WWW.BWTF.COM(http://www.bwtf.com/)」を運営するベン・イーは、旧TFの情報の提供など、BWの番組の製作に多大な貢献をしており、TV第39話のスタッフロールにクレジットもされている。アメリカでBWがスタートした当時、それまでのTFシリーズに対して、トイ及び作品の両面で革新的な要素を数多く持っていたBWに対して抵抗感を持ち、批判するファンが多かったが、ベン・イーは早くから同シリーズの高いポテンシャルに気づき、彼のサイトに論説をアップするなどの擁護活動を行っていた。BWの評価が不動のものとなった現在のアメリカでは、このような論議は過去のものとなったが、彼の一文には、BWに対するアメリカのファンの考えが示されており、また現在、新作『ビーストマシーンズ』に対して同様の議論が起きており、歴史は繰り返すの感が強いが、これに対しても示唆に富む点が多いため、最後に彼の論説を要約して紹介しておこう。

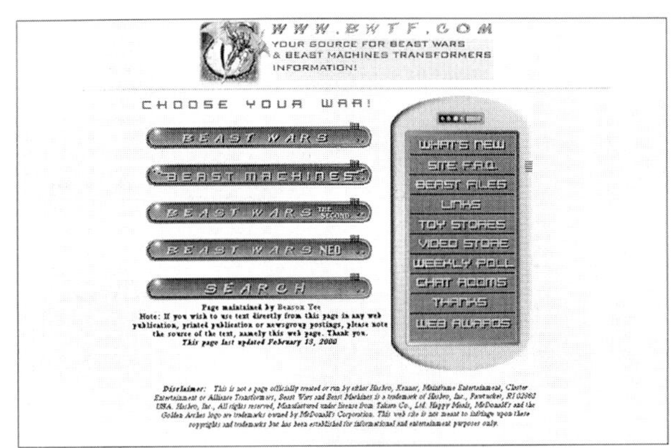

ベン・イーが主催するホームページ。もちろん英語だが、その驚異の情報量は、ビーストウォーズのファンならば一度は覗いてみるべき。

■"IN DEFENCE OF BEAST WARS:TRANSFORMERS"

BWのトイが初めて発売された頃は、それまでのビークル変形トイに馴れたファンから「こんなオモチャ売れるわけないよ」という意見が多かったが、BWのトイは以下のような様々な優れた特徴を兼ね備えている。まず、スポーン、スター・ウォーズ、バットマンなど、通常のアメリカのアクションフィギュアでは考えられない、平均9箇所もの関節可動部を持っている事が挙げられる。レギュラーサイズの"クイックスプリング"トランスフォーメーションについて不満を言うファンもいるが、これは小さい子供にも遊びやすく、また戦闘時の素早い変形というイメージは子供をわくわくさせるもので、変形に馴れた子供には、デラックスサイズ以上の"マルチステップ"トランスフォーメーションでバランスを取っている。またTV番組については、トランスフォーマーが生体要素を持つようになった理由付けに説得力がある。こういった部分をいいかげんにすませている作品も多いが、このような点を疎かにすると、視聴者が作品世界へより深く入っていく事を感覚的に妨げてしまう。また生物とロボットのカップリングに違和感を覚えるファンも多いが、生体とロボットの融合は、TFではこれまでにも頻繁に追求されてきたテーマで、ヘッドマスターやプリテンダーなど、部分的に生体要素を持つトランスフォーマーは数多く存在した(海外版設定)。「旧シリーズから300年後という設定は、トランスフォーマー達の何百万年という寿命に比べればほんの一瞬に過ぎず、様々なドラスティックな変化が起きるには短すぎるのではないか?」という疑問に対しては、旧シリーズでも、旧アニメ第1~第2シーズンから劇場版までの20年間に、サイバートロン星がディセプティコンズに完全に制圧され、一方、地球からディセプティコンズは完全に駆逐されており、オートボッツはサイバートロン星に二つのムーンベースと、地球に巨大変形要塞を建設し、またホットロッドらの新しいメンバーも加わっていた。そして劇場版から第3シーズンの1年の間には、両軍のリーダーが変わり、また惑星サイズの巨大TF、ユニクロンとの戦いが起こった。このように、TFの世界といえども、わずかな期間に様々な変化が起こる事はあり、マクシマルズとプレダコンズという新興勢力が台頭し、地球の記憶が失われてしまうといった変化が300年の間に起こる、という事は十分にあり得る事である。また「トイの世界は旧シリーズから直接続いているようだが、それまで車や飛行機だったのがいきなり動物の姿になってしまうのは荒唐無稽ではないか?」という意見に対しては、ケナー版のコミック2パックのコミックで描かれたように、トランスフォーマー達の戦いが自然の中で行われるようになれば、彼らが、それまでビークル形態をとっていたのと同じ考えで、自然の中での行動により適した動物形態を取る、というのは十分に考えられる事ではないか。ただ、彼らの戦いが何故自然の中に舞台を移したか、という理由は明らかにされていないが、これはファンが自由に想像して楽しむ余地が残されているとも言えるだろう。

オリジナル版スタッフ

SPECIAL THANKS TO

LARRY DITILLIO
MAIRI WELMAN

ALSO THANKS TO

DOUGLAS W.DLIN
BENSON YEE
3H ENTERPRISES
(JON AND KARL HARTMAN, GLEN HALIT)

プロデュース： 株式会社イオン
企画・構成・編集： 石川裕人 (イオン)
執筆： 市川裕文
秋山文彦
撮影： 村上浩次郎
デザイン： 清水佳子 (F.T.B)
松橋祐一 (F.T.B)

協力： 高屋浩志
資料協力： 池田明弘
伊藤真
土井孝悦
小池祐穂
尾本光
INFORMATION RESOURCE： LARS ERIKSSON (BW EURO INFO)
GREG "M SIPHER" SEPELAK (BEAST MODES LIST)
ROB JUNG

IN MEMORY OF
LARRY DETILLIO

復刻版スタッフ

企画： 石川裕人
執筆： 市川裕文
秋山文彦
デザイン： 大橋太郎
編集： 舟戸康哲
協力： 株式会社タカラトミー

ビーストウォーズ ユニバース [復刻版]

2023 年 7 月 31 日 初版発行

編集人／木村学
発行人／松下大介
発行所／株式会社ホビージャパン
〒151-0053　東京都渋谷区代々木 2-15-8
TEL03-5304-7601(編集)
03-5304-9112(営業)
印刷所／大日本印刷株式会社
Printed in Japan

ISBN:978-4-7986-3229-2
C0076

※ 本書は 2000 年 3 月 18 日に株式会社ソニー・マガジンズより発行されました「ビーストウォーズ ユニバース」を復刻したものです。
※ 本書で取り上げた商品は、基本的に海外で発売されたもので、現在、国内では販売されておりません。
※ 掲載商品に関するメーカー等へのお問い合わせはご遠慮ください。
※ 本書に記載されているキャラクター名などに現在とは異なるものもございますが、復刻版としての特性上、当時の表記を尊重して掲載しております。
乱丁・落丁 (本のページの順序の間違いや抜け落ち) は購入された店舗名を明記して当社出版営業課までお送りください。送料は当社負担でお取り替え致します。但し、古書店で購入したものについてはお取り替え出来ません。